知識労働者の人的資源管理

企業への定着・相互作用・キャリア発達

三輪卓己【著】
Takumi Miwa

Human Resource Management of Knowledge Workers

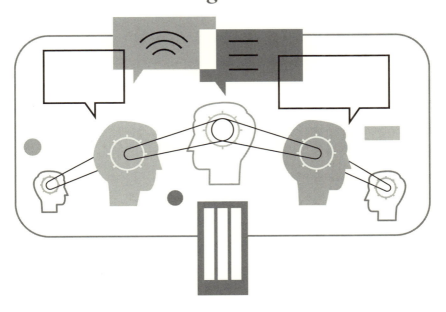

中央経済社

はしがき

　本書は，知識労働者の人的資源管理に関する研究である。知識労働者は，これからの社会，そして企業活動を牽引する存在である。彼（彼女）らの活躍と成長を促すマネジメントを明らかにすることが，本研究の最終的な目的である。

　今から約20年前，マイクロソフトからパーソナル・コンピュータのオペレーティング・システム（OS）であるWindows95が発売された。日本で販売が開始されたのは深夜であったにもかかわらず，販売店にはたくさんの人の行列ができた。当時，「OSで行列ができるのか?」と驚いた人も少なからずいたと記憶している。そしてGUI（graphical user interface）など一連の技術の普及により，様々なアプリケーションの操作が格段に容易になり，コンピュータは一部の人が使うものではなくなった。また電子メールやインターネットもごく身近なものになり，知識や情報のやり取り，連結，編集などが行いやすくなった。そして，そうした知識の活用によって，ユニークな製品やサービスの開発，提案等が迅速に行われるようになったのである。それまで，未来の話として聞かされていた「情報化社会」や「ソフトノミクス」が，あっという間に現実のものになったといえるだろう。そして今日では「知識社会」という言葉が浸透しつつある。

　それと同じ頃に，産業界に大きな変化が起こっていた。アメリカを中心にIT（information technology）企業をはじめとする情報サービス関連の新興企業が台頭した。社会に大きな影響力を持つ企業，あるいは産業が変わってきたのである。それだけでなく，幅広い領域で産業構造が大きく変化し，グローバル化もますます加速していった。1990年代は，これらの激しく，かつ重要な変化がはじまった時代といえるのであるが，そこからの時代をわれわれ日本人は，「失われた」10年，あるいは20年と呼んでいる。われわれの生活や仕事に大きな影響を与えた当時の変化は，日本にとって挫折の時代のはじまりを意味していたともいえるのである。

　1980年代まで，日本企業は順調に成長を続け，特に製造業はその品質をはじめ，製品開発や生産システムなどにおいて世界から称賛を浴びていた。ところがITの急速な発展によってモノづくりが大幅に変化したことに伴い，自動車や精密機器など一部の産業を除く多くの製造業が市場での競争力を失っていった。最も深

刻なのはデジタル化やネットワーク化が進んだエレクトロニクス産業であり，そこでは，それまで強さの源泉とされていた日本的な組織や経営が弱点となってしまい，批判にさらされることになった。

　もちろん，各企業が危機に際して様々な取り組みを行ったのであるが，それをどう評価するのかは多様な議論がある。しかし間違いなくいえることは，工業化社会において日本企業が形成してきた強みや，成功法則のようなものが，通用しなくなってしまったということであろう。そして，日本企業は新しい知識社会に対応した経営や，マネジメントをなかなか作り出せずにいる。失われた10年，あるいは20年を通して，苦しみながら試行錯誤を繰り返してきているといってよい。それに加え，情報サービス産業に代表される，モノづくり以外の企業が，国際的な競争力を持つには至っていないといえる。

　知識社会とは，創造的な製品やユニークなサービス等を提供することが企業の競争力となる社会であり，それを生み出す知識が最大の経営資源となる社会である。もちろん，そうした知識を実質的に保有し，活用するのは人である。本書のタイトルになっている知識労働者とは，知識を生み出したり，応用したり，結びつけることによって何らかの付加価値を作り出す人である。そうした人たちをうまく育て，活用することが，企業活動の成否を決めることになるのである。

　本書の研究は，そういう問題意識に基づいている。日本企業では従来，地道な実務経験の蓄積による熟練を重視した人的資源管理によって，多能工等の優れた作業労働者や，組織コミットメントの強いホワイトカラーを育成してきた。それが強いチームワークを生み，丁寧なモノづくりや柔軟な生産システムなどにもつながっていたといえる。工業化社会における日本企業の成功は，そうした人的資源管理に支えられていたとも考えられる。しかしその一方で，創造性や起業家精神に富んだ人材の育成はそれほど進んでいなかった。特に，モノづくり以外の領域での創造的人材は，その重要性があまり認識されてこなかったといえる。それらはむしろ，日本企業の弱点であったといっても過言ではない。

　ところが先述の通り，これからはそうした人たちの活躍こそが，企業活動の成功につながるのである。日本企業（あるいは社会）にとっては，知識労働者の人的資源管理の問題は，低迷の時代から抜け出し，新たな活力と競争力を得るために，最も重要なものだといえるのである。筆者は前著，『知識労働者のキャリア発達　―キャリア志向・自律的学習・組織間移動』において，新しい社会における知識労働者のキャリア発達を論じた。そこでは組織に依存せず，自らの意志で

学習してキャリアを切り拓く知識労働者の姿を詳しく分析した。しかし同書では，知識労働者個人のキャリア志向や主体的な学習に注目したために，彼（彼女）らを支援する企業の分析が不足していた。知識労働者が活躍するためには，個々の知識労働者が努力するのはもちろんのこと，彼（彼女）らを労働市場から獲得し，育成し，活用する企業のマネジメントが適切に行われなければならない。本書はそれに関する研究に取り組むものであり，新しい社会における人的資源管理を探求するものだといえる。

　本書では多くの企業に対するインタビュー調査によって，知識労働者の人的資源管理の実態が明らかにされる。一口に知識労働者といっても色々な働き方や人的資源管理があるのだが，そうした人的資源管理の特徴が詳しく分析され，いくつかの類型とそれぞれの違いが明らかにされる。そのうえで，実際の知識労働者へのアンケート調査などによって，それらの人的資源管理の下で，知識労働者の企業への定着や，相互作用，キャリア発達がどのように異なるかが明らかにされる。それらはまさに知識労働者の活躍や成長に関わるものであるが，どのような人的資源管理がそれに寄与するのかが分析されるのである。そうしたことが明らかになることによって，それぞれの人的資源管理の意義と課題が明らかになり，今後の人的資源管理に対する示唆が得られるものと思われる。もちろん本書で明らかにできたことは多くないのであるが，いくつかの小さな手がかりを示すことができれば，それが新たな研究につながる可能性はある。その意味では，本書は将来の研究のためのたたき台だということができるし，そうなれるのであれば幸いである。

　さて，本書は多くの方々のご支援やご協力によって完成したものである。まずは調査にご協力いただいた企業の方々，知識労働者の皆さんに心よりお礼を申し上げたい。それらの方々の協力なしには研究が成立しなかった。人的資源管理に関する情報には非公開のものも多く含まれる。そのような中でご尽力をいただけたのは，誠にありがたいことであった。もちろん，研究面でご指導や助言をいただいた方もたくさんいた。神戸大学大学院の恩師である奥林康司先生（大阪国際大学）はもちろんのこと，上林憲雄先生（神戸大学），三崎秀央先生（兵庫県立大学），原口恭彦先生（広島大学）をはじめ，たくさんの方々から貴重なご意見やご指導をいただいた。それらのお力添えがなければ，本書の研究は早々に頓挫していたであろう。

なお，この研究は学術研究助成基金の助成金（基盤研究C）を受けて行われたものである。さらに出版にあたっては，京都産業大学の出版助成金制度の支援を受けている。ここに記して感謝の意を表したい。また出版に際し，中央経済社経営編集部の納見伸之氏，酒井隆氏に大変お世話になった。研究者の意志や目的をよく理解し，それを尊重してくれる編集者の存在は，研究者にとって本当に心強いものである。心から感謝したい。

　最後に研究に関わる細かな作業を手伝ってくれたゼミ生の諸君や，筆者の心身の健康と研究環境を支えてくれた家族にも感謝したい。ゼミ生の活躍には驚くばかりであり，将来は優れた知識労働者になってくれるものと確信している。また妻と娘の気遣いや励ましは，筆者をとても元気づけてくれた。本当にありがたいことであった。

　こうした多くの方々のご支援があったにも拘わらず，本書には未熟な点も多い。もちろん，それらはすべて筆者の責任である。また知識労働者や知識社会の研究に取り組むことは，工業化社会の考え方からの脱却や変革を論じることになるため，必然的に従来いわれてきた常識や通念を問い直すことになる。実際に本書において，長年高い評価を受けてきた日本的な人的資源管理に対して，いくつかの疑問を投げかけている。そのことについても，本書は厳しい批判を受けることになるかもしれない。もちろんそれについては真摯に受け止め，さらに検討していかなければならないと考えている。そしてそのうえで，戻れない過去ではなく，将来とそれを支える次の世代を見据えた研究を進めていきたい。それが多くの方々のご支援に対する恩返しだと考えている。

2015年11月

三輪　卓己

目　次

序章　これからの人的資源管理の課題　——— 1

第1節　知識労働者への注目／1
1　知識労働者と知識集約型企業／1
2　これからの社会の知識労働者／3

第2節　知識労働者のためのHRM／7
1　HRMの重要性／7
2　知識労働者のHRM研究の現状／9

第3節　本書の課題／13
第4節　研究の方法／16
第5節　本書の構成／18

第1章　HRMについてのこれまでの研究　——— 23

第1節　はじめに／23
第2節　知識労働者の特性と多様性／24
1　知識労働者の基本的な特性／24
2　多様な知識労働者／27

第3節　HRMの先行研究／34
1　プロフェッショナル・モデルか組織人モデルか／34
2　市場志向か組織志向か／37
3　ヒューマン・キャピタルかヒューマン・プロセスか／43
4　HRMの実態と多様性を考える／45

第4節　何が多様性につながるのか／47

第2章 知識労働者の企業への定着と相互作用,キャリア発達 ・51

第1節　はじめに／51

第2節　企業への定着／52

第3節　他者との相互作用,コミュニケーション／56

第4節　キャリア発達／61
  1　知識労働者の学習と成長／61
  2　ソフトウェア技術者のキャリアの研究／63
  3　新しい社会におけるキャリアの研究／67
  4　近年の知識労働者のキャリアの研究／71

第5節　分析のポイント／76

第3章 SHRM（戦略的人的資源管理論）からの検討 ・81

第1節　はじめに／81

第2節　競争力の源泉としてのHRM／82
  1　HRMは競争力につながるのか／82
  2　ベスト・プラクティス・アプローチ／84

第3節　多様なHRM／88
  1　コンティンジェンシー・アプローチ／88
  2　コンフィギュレーショナル・アプローチ／92

第4節　HRMと知的資本／96
  1　知的資本を形成するHRM／96
  2　人材アーキテクチャ／100

第5節　知識労働者への応用／102

第4章 成果主義をめぐる議論 ・107

第1節　はじめに／107
第2節　成果主義とは何か／108
　1　成果主義の定義とそれに関する議論／108
　2　職務等級・役割等級制度／109
　3　職務給・役割給，業績連動型賞与／111
　4　目標による管理やコンピテンシーの評価／113
　5　その他の制度や施策／114
第3節　成果主義への批判／116
第4節　成果主義の実態に関する研究／123
　1　錯綜する成果主義のイメージ／123
　2　仕事管理とHRM／123
　3　プロセス重視，組織志向の成果主義／126
第5節　知識労働者と成果主義／128

第5章 コンサルタント等のHRM
―― インタビュー調査の分析結果(1) ・133

第1節　分析の視点／133
第2節　調査企業の概要／136
第3節　個人重視の競争的なHRM／137
第4節　個人と組織，競争と協働のバランスを取るHRM／141
第5節　非競争的なHRM／150
第6節　人材群ごとのHRM／152
第7節　HRMの背景にある要因／156

第6章 IT技術者のHRM
——インタビュー調査の分析結果(2) ・161

- 第1節　調査企業の概要／161
- 第2節　個人と組織，競争と協働のバランスを取る HRM／163
- 第3節　能力主義を強化したHRM／168
- 第4節　非競争的なHRM／174
- 第5節　HRMの背景にある要因／176
- 第6節　コンサルタント等とIT技術者との比較／179
- 第7節　知識労働者の定着，相互作用，キャリア志向／181

第7章 HRMの多様性に関するアンケート調査の分析結果 ・187

- 第1節　はじめに／187
- 第2節　基本的な分析枠組みと調査の概要／188
  1. 基本的な分析枠組み／188
  2. 調査の概要／190
- 第3節　HRMと背景にある要因の詳細——分析枠組みの次元構成／193
- 第4節　HRMの類型別の分析／200
- 第5節　HRM特性と背景にある要因との関連性の分析／207
- 第6節　見出された四類型／210

第8章 知識労働者の意識や行動，成長に関するアンケート調査の分析結果 ・215

第1節 分析枠組み／215

第2節 分析枠組みの次元構成と概略的な仮説／216
1 知識労働者の意識や行動，成長の詳細
　　──分析枠組みの次元構成／216
2 HRMは意識や行動，成長に影響を与えるのか
　　──概略的な仮説／221

第3節 企業への定着と相互作用／224

第4節 キャリア発達／230

第5節 HRMによる分析のまとめ／242

終章 HRMの新しいステージ ・247

第1節 本書が明らかにしたもの／247
1 本書の結論／247
2 IT技術者とコンサルタント等との違い／250
3 四類型の意義と課題／251

第2節 強い成果・能力主義型の企業／255
1 強い成果・能力主義型の企業の共通点／255
2 採用に時間と労力をかける／256
3 挑戦と承認の機会／258
4 統制の少ないHRM／260
5 経営理念の浸透／262
6 共感と自由と承認／264

第3節 さらなる考察に向けて
　　──理論的インプリケーション／265
1 HRMの多様性の解明／265
2 強い成果・能力主義型の発見／266
3 キャリア研究への応用／267

第4節　効果的なHRMを目指して
　　　　——実践的インプリケーション／268
　　1　適切なHRMの選択／268
　　2　日本的なHRMの意義と限界の認識／268
　　3　成果主義の評価と運用／270

第5節　今後の研究課題／271
　　1　四類型のより厳密な分析／271
　　2　動態的なHRMの分析／272
　　3　理念的インセンティブの研究／273
　　4　さらに人間性を尊重したHRMの探求／273

【引用および参考文献】・*277*

【索引】・*293*

序　章
これからの人的資源管理の課題

第1節　知識労働者への注目

1　知識労働者と知識集約型企業

　本書は複数の調査を通じた研究によって，知識労働者（knowledge workers）の人的資源管理（human resource management：以下HRM）の実態と，そこにおける知識労働者の意識や行動，ならびに成長を明らかにしようとするものである。知識労働者のHRMにはどのような多様性があるのか，またHRMの違いによって彼（彼女）らの企業への定着や相互作用，キャリア発達などがどう異なるのかを明らかにしたい。そのことによって，多様なHRMの意義や課題を論じることが可能になる。

　工業化社会から知識社会への変化がよく議論されるようになってきた[1]。Toffler（1980）やDrucker（1993）などの先駆的な研究にはじまり，現在では多くの研究者が知識社会の進展による様々な変化を論じている。知識社会を簡単に説明するならば，人々の持つ知識が主たる生産手段となる社会であり，創造的，あるいはユニークな製品やサービスの提供が企業の競争力となる社会だといえるだろう。

　その進展とともに，知識労働者の重要性が認識されるようになってきた。知識労働者は生産手段である知識の持ち主であり，新しい製品やサービスを作り出す人たちであるが，彼（彼女）らはこれからの社会における企業の競争力となる存在であり，それゆえに非常に重要な労働者といえるのである。また多くの知識労働者を雇用し，知的な活動を行う知識集約型企業（knowledge-intensive firm）も増加している（Starbuck, 1997; Alvesson, 2004）。古くからある知識集約型企業の代表的な例としては，弁護士事務所や会計事務所などのプロフェッショナル・サービス・ファーム（professional service firm）があげられるが，近年は知識や情報を用いて企業における問題解決や様々な提案などを行うコンサルティ

ング・ファームやIT企業も増加してきた。また製造業などの中にも，高度な技術を取り扱う企業や独自性の強い新製品開発を行う企業が増えてきている。それらの企業では，生産性やコストよりも，研究開発や新しいアイディアの応用，実用化の成否によって業績が大きく変動する。知識社会の進展により，様々な領域で知識の創造や活用を競争力にする企業が増加しているのである[2]。

　知識社会の進展にはいくつかの要因があったと考えられる。一つは情報技術（information technology：以下IT）の発達により，情報や知識のやり取り，編集，加工などが格段に行いやすくなったことがあげられるだろう。そのことによって，社会のいたるところで知的な活動が急速に増加し，推進されたものと思われる。もう一つは先進国経済の成熟化であろう。知識社会とは成熟社会でもあるといえるのである。工業化社会は物質的な製品が行き渡っていない社会であり，そこでは多くの人が製品を欲しており，様々なものに対する購買意欲が高かった。何らかの製品の大量生産に成功した企業は，そうした高い購買意欲に支えられて，売り上げを伸ばすことができたのである。その時代には，高品質，あるいは間違いのない品質の製品を適正な価格で提供している企業であれば，事業を着実に発展させられる可能性が高かったといえるだろう。つまり工業化社会は成長途上の社会であり，それゆえに多くの企業や産業が成長力を持ちやすい社会であったといえる。

　ところが，多くの人たちが必要な製品をほとんど所有しているような社会，すなわち成熟した豊かな社会になると状況は変わってくる。品質に間違いのない製品を提供する企業であっても，顧客はそう簡単に製品を購入してくれなくなってしまう。消費の対象が物質的な製品からサービス等へとシフトするだけでなく，それらが何らかの新しい価値を持っていることが求められてくる。生活の基本的な部分において満ち足りている顧客が欲するのは，これまでにない新しいものや独創的なもの，他とは違うユニークな製品であり，自分のニーズに適合したサービスだけなのである。そしてそうした製品やサービスを生み出すために，企業は創造的な活動や知的な活動に重点的に取り組まなければならなくなったといえる。

　そのように考えると，知識社会においては多くの企業，産業が同時に成長するのは難しいことがわかる。成長できるのは，新しいものやユニークなものを提供できる企業だけということになる。したがって，知識社会において多くの企業が非常に厳しい競争にさらされることになるのであるが，そこでの企業活動の成否を分ける鍵を握るのが知識労働者だといえるだろう。知識集約型企業における最

も重要な経営資源は，その知識を保有する人材だからである。企業にとって，知識労働者が保有する知識を十分に活用して成果をあげるかどうかは，企業の発展や存続に関わる極めて重要な問題だといえる。それゆえ彼（彼女）らのマネジメントは，企業の最重要課題の一つとなったのである。本書が知識労働者のHRMに注目する理由はそこにある。

2　これからの社会の知識労働者

さて本書は今後の社会を支える人材として，知識労働者に注目するのであるが，一口に知識労働者といっても，そこには多様な人たちが含まれている。知識労働者の先駆的研究者の一人であるDrucker（1993）は，知識労働者を正規の高等教育を受け高度な知識を保有している人と表している。またDavenport（2005）は，知識労働者を，「高度の専門能力，教育または経験を備えており，主に知識の創造，伝達，または応用を目的として働く者」と定義している。これらをみても，多種多様な仕事がそこに含まれることが推察できる。本書においても基本的にそれらに則り，知識労働者を「何らかの専門知識，ならびに関連する知識や思考力を用いて，知識の創造，伝達，編集，あるいは応用や改善を行う仕事に従事する者」とやや幅広く定義するのであるが，研究を進めるうえでは，その対象となる知識労働者を絞り込んでおく必要があるだろう。

最も古くからある知識労働者は，医師，聖職者，法曹，科学者などのプロフェッショナル（professional）と呼ばれる人材であろう。プロフェッショナルの特性については，Greenwood（1957），Wilensky（1964），Hall（1975）など多くの研究者によって議論がされてきた。その代表的なものをあげるならば，①長期的な教育訓練によって得られる体系的な知識や理論を用いて働くこと，②プロフェッショナルとしての倫理や規範があること，③公共の利益のために働くこと，④同業者団体に所属してそれに準拠すること，⑤自律的で自己統制を行うこと，⑥天職意識を持つこと，などということになる。しかしながら，知識社会の進展によって社会の様々な領域で知識労働が増加し，プロフェッショナル以外の知識労働者が多数現れてきている。それをまとめると次のようになるだろう。

①　企業などの組織に勤務し，新製品や新技術の研究開発に従事する研究者や技術者
②　ソフトウェア技術者，経営コンサルタント，各種のアナリスト，プランナー，プロデューサーなど，近年急激に増加した新興専門職

③　企業などの組織の中で経営企画や事業創造に，あるいは各職能部門における企画や分析，問題解決に従事するマネジャー，およびホワイトカラー
　④　主として定型的な作業やサービスを行いつつも，作業の改善，設備や作業システムの保守・保全などの知的な業務にも従事し，一定の判断力が必要とされる作業労働者

　これらをみるとわかるように，ほとんどすべての仕事の領域に知識労働者が存在しているといえる。そしてそれらの人々が，それぞれの立場で知識の創造や応用を行っているのである。日本において，経営や労働における知識の重要性を知らしめた野中（1990）やNonaka and Takeuchi（1995）の知識創造理論では，組織的な知識の創造が論じられている。そこではすべての職種，階層の人たちが知識創造に携わっており，技術者やホワイトカラーだけでなく，現場の作業労働者も自らの暗黙知を持ち寄ることで知識創造のプロセスに関与する[3]。またDrucker（1999, 2002）では一定の範囲で定型的なマニュアル・ワークにも従事するテクノロジスト（technologist）が知識労働者として重視されているし，Florida（2005）でもほとんどの仕事がクリエイティブになりえるという基本姿勢がとられている。そこでは，日本の自動車工場で働く作業労働者のクリエイティビティが高く評価されてもいる。このようにみると，知識労働者とは特定の職種や階層を指す概念ではなく，むしろ人々の働き方に基づいた概念だということがわかる。自律的に考え，何かを生み出そうとする人や，今よりも優れた仕事をしようとする人は，すべて知識労働者と呼ぶに値するのである。

　しかしながら，研究を進めるにあたってはこうした知識労働者の幅の広さに注意しなければならない。あまりに多くの人々を対象とした研究は焦点が定まらず，議論が拡散してしまう恐れがあるからである。従来からホワイトカラーやマネジャーに関する研究は多数行われてきたし，日本では知的な活動に従事する作業労働者の研究なども盛んであった（小池，1993a; 奥林，1988）。それらの人々も知識労働者の一つであると考えるならば，知識労働者のHRMの研究は従来からかなり蓄積されてきたといえる。ただその一方で，研究がほとんど蓄積されておらず，特に日本における調査や分析が極めて少ない知識労働者もいる。本書に求められるのは，そうした知識労働者に焦点をあてたうえで，従来のホワイトカラーや作業労働者のHRM，特に工業化社会における彼（彼女）らのHRMとの違いが明らかになるような研究であろう。そのことによって，今後の知識社会を見据えたHRMを論じることができるものと思われる。そのような認識に基づき，まず

本書で研究対象とする知識労働者を絞り込むことにしたい。

　結論からいうならば，本書では研究対象を先にみた②の新興専門職，具体的にはソフトウェア技術者などのIT技術者[4]，各種のコンサルタント（以下コンサルタント），金融・保険の専門職にすることにしたい。以下でその理由を述べていく。

　これまで日本の産業社会に，知識労働者が少なかったわけではない。モノづくりに関わる領域においては，工業化社会であった頃から他国よりも豊富な知識労働者がいたといえる。日本の製造業には，世界的に高い評価を受けている企業が数多くある。特にインテグラルな製品アーキテクチャ[5]を持つ組み立て加工産業の企業は，その品質に高い信頼感が持たれている（藤本, 2003）。そうした優れたモノづくりのために，研究開発や生産技術開発などの知識労働が必要だったのはいうまでもない。日本の製造業はそれに熱心に取り組んできたからこそ，今日のような発展があったのだといえる。さらにそれに加えて，日本の製造業では製造現場の作業労働者が知識労働に参加してきた。現場での品質向上やコスト削減活動に積極的に関与し，優れたモノづくりに貢献してきたのである。まさにNonaka and Takeuchi（1995）の知識創造理論でいわれていたように，職種や階層を超えた組織的な知識労働が行われていたといえる。

　例えばトヨタ生産システムを支えている人たちを想起されたい。彼（彼女）らは複数の仕事をこなせる多能工として育成され，生産設備の保守保全や改良にまで関与する。それだけでなく，絶え間ない改善活動によって品質や生産性の向上に寄与している。日本企業にはこのような知的な仕事にも従事する作業労働者が数多くいるのである（小池, 1993a; 石田・三谷・冨田, 2009）。彼（彼女）らはまさに優秀な知識労働者だといえるだろう。このように，日本企業ではモノづくりにおける知識労働や，地道な現場の知識労働は高い水準にあり，それらの知識労働者が活躍していたといえる。

　しかしながら，上記の知識労働はあくまでモノづくりに関するものであり，またそこで日本企業がなし得てきたのは，独創的な新製品の開発というより，漸進的な技術革新や改善活動の積み重ねによる品質の向上であったといえる（奥村, 1986）。したがってその知識労働は，工業化社会の文脈に適した知識労働であったといえるだろう。

　それに対し，今後の日本社会，あるいは先進国の社会において，モノづくり以外の領域での知識労働が重要になることは間違いないだろう。現在の産業社会を

牽引している企業の中には，情報産業やサービス産業の企業が多数含まれている。日本でも第三次産業の従事者が急速に増えており[6]，今後はこうした領域の知識労働者が増加し，活躍することが必要になる。それに伴い，そのような知識労働者に関する研究が強く求められてくるだろう。またそうした知識労働者に注目することにより，知識社会の文脈に応じたHRMを議論することが可能になるものと思われる。新興専門職に該当する職種はどれも主としてサービスやソフトウェアに関わるものであり，しかもIT技術者などは急速に増加してきた職種である[7]。研究対象として取りあげるだけの重要性は十分にあるものと思われる。

さらに，日本企業に勤務する専門職人材のHRMを考えることの意義も大きいだろう。日本企業のHRMに対する高い評価は，主に製造業，とりわけ現場の作業労働者に関するものが多かった。しかしながら専門職人材についていうならば，必ずしも高い評価を受けてきたわけではない。日本企業では組織人を前提としたHRMが行われるため，組織にそれほど準拠しない専門職のマネジメントには問題があるという批判もある（太田，1993）。特にモノづくり以外の専門職や創造的人材については，あまり研究が蓄積されていないという事実もある。これらのことを考慮しても，ソフトウェアやサービスの領域において，専門的な仕事や創造的な仕事に従事している人のHRMが，研究されるべきテーマとして浮かびあがってくるのである。それに取り組むことによって，工業化社会のHRMとは異なる，知識社会のHRMが見えてくるものと思われる。それらのことから本書は，IT技術者，コンサルタント，金融・保険の専門職を研究対象に選んだのである。

なお，金融・保険の専門職については少し補足説明が必要であろう。本書で取りあげるのはベンチャー・キャピタルや投資銀行で企業を育成する人材，あるいは個人の生活設計を支援して様々な金融商品，保険商品を提案する保険会社の人材などである。これらの人々の仕事の内容には，コンサルタントとよく似た要素が多分に含まれており，複雑で提案力を要するものが多いのである。

Sharpe（2011）では，ベンチャー・キャピタル（venture capital：以下VC）の仕事の概略が紹介されている。VCは本来，投資家から資金を集め，高成長企業に対して株式，あるいはそれに関連した投資を行う組織であり，それによって企業を育成しながら投資家にも利益をもたらすことを目的としている。その基本的な仕事のプロセスは，①資金を調達する（投資家とVCマネジャーの間の交渉），②選考する（投資機会の審査），③交渉する（投資先との交渉），④監視する（モニタリングとアドバイス），⑤退去する（IPOを行う，別のファンドへ売却する

他）というようになっている。しかしながら，近年のVCでは投資先への非財務的支援がますます重要になっているという。その支援内容は以下のようにまとめられる。
① 戦略開発サービス
② ビジネスプランニング・アドバイス
③ マーケティングとプロモーション
④ 会計ファイナンス・サービス
⑤ 人的資源およびリクルート関連のサービス

特に戦略開発を投資先の経営者とともに行ったり，ビジネスプランへのアドバイスを行うことは非常に重要になってきている。また，投資先の成長のために必要な人材を紹介したり，その獲得のための協力を行うこともVCの重要な役割になってきている。VCマネジャーは投資先のボードメンバーであることも少なくない。そのことを考えれば，彼（彼女）らの仕事が単に資金を貸し付けることだけではないことがわかる。高度な判断と提案力を要する知識労働に従事していることは明らかである。それゆえ，本書では金融・保険の専門職を研究対象に加えたのである。

第2節 知識労働者のためのHRM

1 HRMの重要性

ここからは本書で議論するHRMの内容について少し詳しくみていきたい。知識労働者のマネジメントの中でも，特にHRMは重要なものだと思われる。一般に経営資源とは，ヒト，モノ，カネ，情報（知識）であるといわれているが，知識集約型企業における最大の経営資源はもちろん知識である。そしてその知識を実質的に保有し，より良いものにするのがヒト，すなわち人的資源なのである。したがって，HRMが知識集約型企業の活動の成否に，大きく影響するということができる。

HRMはかつて労務管理，人事管理と呼ばれていたものが，変化・発展した概念である。奥林（2010）は，HRMはヒトを経営資源として積極的に捉え，その開発と活用をより重視するものだと説明している。また岩出（2002）では，HRMという概念が形成されてきた中で，次のような変化があったと論じている。
① 労働者観の修正

②　人事労務管理の地位と役割の向上
　③　人事労務管理の担い手の変化
　④　人間的存在としての従業員の取り扱い
　⑤　従業員のコミットメントの重視

　まず①については，労働者，あるいは人材が「富を生み出す創造的なエネルギー」を持つ価値ある経営資源とみなされるようになったとされている。②については，人事労務管理部門が利益創出部門と同等の地位に位置づけられ，その長がトップ・マネジメントグループの一員に加えられるべきものとして考えられはじめたとされている。③については，従業員に直接関わるライン管理者の責任が重視されるようになったという。そして④については，従業員が人間として本来的に持っている多様な欲求を仕事上で実現することや，人間的な尊厳を重視した従業員の取り扱いが意識されはじめたとされている。最後に⑤については，従業員一人ひとりが重視されることによって個人への対応がマネジメントの中心に置かれるようになり，その副産物として労働組合活動に代表される集団的労使関係が軽視されるようになったとされている。より積極的な労働者観が形成され，そのマネジメントが集団をベースとしたものではなく，個人をベースとしたものに変わったといえるだろう。

　もちろん，労務管理や人事管理と呼ばれていた概念とHRMとの違いについては，様々な意見や議論があるだろう。しかしながら，個人の能力や意欲をより重視することや，集団として労働者をみるのではなく，個々の人間として労働者をみるということは，産業社会の発展や企業経営の進歩に伴って強くなった考え方だと思われる。かつての労務管理や人事管理で人の能力が軽視されていたとは決めつけるべきではないが，時間の経過とともに，それらがより重要になったのは間違いないだろう。そして高度な仕事に従事する知識労働者を研究対象にした場合，そうした考え方はより重要になるものと思われる。それゆえ本書においても，HRMという言葉を使用する背景には，こうした積極的人間観に基づいたマネジメントが念頭に置かれていることを述べておきたい。そのうえで，次章以降でHRMをどのような点に注目して研究していくかを述べておく。

　表序－1は，HRMの諸活動を表わしたものである。本書が主に取り扱うHRMの施策は，表中の雇用管理から報酬管理に至る施策である。元々HRMは労働者の能力の開発と活用，個別のマネジメントを重視するものであるが，特に知識労働者をその対象として考えるならば，経営資源である彼（彼女）らの知識を豊富

表序-1　HRMの具体的な施策の内容

施　策	内　容
雇用管理	募集・採用から退職の世話までの一連の活動
人材育成	仕事の割り当て，配置転換 集合研修などのOff-JT，OJT等を含む 従業員の能力開発
昇進・昇格	部門長への人材登用 上位等級への優秀者の格付け
評　価	人事考課に代表されるような従業員の業績や能力等の評価
報酬管理	賃金（月例給・賞与）の管理 退職金，報奨金の管理 その他の報酬管理
福利厚生	住宅や健康保険など賃金以外のサービス提供
労使関係	労働組合との団体交渉や労使協議制度

出所：奥林（2010）を参考に筆者作成。

にし，活用することが何より重要になる。またそれだけでなく，知識労働者は一人ひとりの意志や意欲を尊重して扱われなければならない。知識労働者の持つ知識は彼（彼女）ら自身にとっても競争力の源泉であり，個人の努力の積み重ねで得られたものである。したがってそれらは適切に評価され，処遇に反映されるべきである。特に他者では代替不可能なほどにユニークな，あるいは高度な知識の持ち主は，大勢の中の一人として画一的な管理下に置くわけにはいかなくなる。したがって，様々なHRMの制度や施策の中でも，彼（彼女）らの知識や能力の開発や活用に関するものや，個人別の評価，処遇に関わる諸施策が，特に重要なものになると思われるのである。

もちろん，福利厚生や労使関係がHRMの中で重要でないというわけではない。それがこれまでの企業経営に大きく貢献してきたのも事実である。しかしながら，知識労働者に特に重要なHRMを考えようとする中では，労働環境の整備に関わることや，集団としての労使関係よりも優先して議論されるべきことが多い。それゆえ，本書ではそうしたHRMの諸施策を主に取りあげることにしたのである。

2　知識労働者のHRM研究の現状

さてここで，知識労働者のHRM研究の現状について，少し概略を述べておき

たい。そのうえで，本書において何が明らかにされるべきかを示していく。

　まず知識労働者のHRMについては，まだ豊富な研究蓄積があるとはいい難い。いくつかの先行研究において，HRMを考えるための枠組み等が示されているが，大規模な調査による実証分析や，多くの企業事例の比較分析はほとんど見当たらない状況である。特に日本では製造業等に比べ，情報サービス産業のHRMの研究は少なく，実際の日本の知識集約型企業のHRMがどのようなものなのかも，ほとんど知られていないといえるだろう。

　次に，あまり多くない研究の中においてではあるが，よくみられるアプローチがある。それは対照的な二つのHRMを提示して，それに該当する知識集約型企業を例示するようなアプローチである。例えば，知識労働者をプロフェッショナルとみなしたうえで，それに則ったHRMを行うか，あるいは彼（彼女）らを組織人とみなしたうえで，それに則ったHRMを行うかを議論する研究である。これは企業などの組織に所属する専門職が，どちらの特性をより強く持つかを論じるものであり，研究開発技術者のマネジメントの研究で長く行われてきた議論だといえる。もう一つは，非常に競争的で，労働移動が多く，金銭的なインセンティブが強いようなHRMと，協働的で，長期雇用であり，報酬格差の少ないHRMを対比する研究である。これは知識社会の進展による企業競争の激化に着目したものであり，それに伴って競争的になっているHRMの是非を論じるものだといえる。

　それらの先行研究では，議論の出発点は異なるものの，二つのHRMのモデルを扱って同じような対比を行っていることが特徴的である。一つは個人を重視した競争的なHRMであり，もう一つは組織やチームを重視した協調的HRMである。少し具体的にみるならば，前者のHRMでは高額のインセンティブが用意されていたり，アップ・オア・アウト（up or out）といわれるような激しい昇進競争が行われていることが特徴となる。そして個人の自律性とそれに基づく業績が尊重されている。一方，後者のHRMでは，チーム活動やそこにおける協働が重視されており，報酬の格差はそれほど大きくない。また昇進しない人がスペシャリストとして別のラダーを上っていけるような仕組みも用意されていて，苛烈なほどの競争はみられない。そこでは個人の自律性は重視されるものの，組織が大事にする価値の共有がより重視されている場合が多い。先にみたHRMとは異なり，組織としての一体感が重視されたHRMだといえるだろう。いくつかの研究では，こうした二つのHRMを対比することによって，対照的な知識集約型企業の特徴

や，そこで働く知識労働者の姿を描写している。また別の研究では，こうした二つのHRMのメリット，デメリットを論じようとしている。

　その中の一つである個人を重視した競争的なHRMであるが，知識労働者が創造的，あるいは複雑な思考を伴う仕事をしていることを考慮すれば，知識労働者に適しているとも考えられる。創造的な能力は，経験の増加とともに向上するような性格のものではない。おそらく個人によって大きな差のつく能力であり，年齢や経験年数とは関係の弱いものであろう。それを武器に働く知識労働者の仕事の成果に，大きな個人差がつくであろうことは容易に想像できる。そのような働き方をする彼（彼女）らを年功的に処遇してしまうと，それが不公平につながる可能性が高い。もし優秀な知識労働者がそれに不満を持ち，企業を離れるようなことがあれば，その企業の発展は期待できなくなる。優秀な知識労働者に十分に応えていくためには，競争的なHRMが必要であると考えられる。

　しかしながら，反対に金銭等の外的報酬だけを強調するHRMは，知識労働者に不適切であるとも考えられる。Drucker（1993）では，知識労働者は金銭では動機づけられないとされている。彼（彼女）らが真に動機づけられるのは仕事そのものであり，それに挑戦することによる成長なのである。知識労働者が最も求めているのはそうした内的報酬なのであって，それを重視しないままに外的報酬を強調するようなHRMは，彼（彼女）らにとって魅力的なものではないと考えられるのである。

　また知識労働者の多くがチームで働くことも事実であり，それゆえ組織の一体感を重視したHRMが妥当性を持つことになる。Drucker（1993）では，知識労働者とは古くからの言葉と思想を重視する知識人を指すのではなく，そこに人や仕事を重視する組織人の要素を統合した概念であると述べられている。それをみても，知識労働者の個人としての能力や，自律性ばかりに着目するわけにはいかないことがわかる。むしろ過度に個人を重視すれば，チームワークが阻害される恐れもあるだろう。

　このようにみると，個人重視で競争的なHRMと，組織重視で協調的なHRMは，ともに意義があることが推察できる。おそらくこのような対照的なHRMによって検討することが，知識労働者のHRMを考えるうえでの基盤だといえるのだろう。しかし本書ではそれにとどまらず，さらに詳しく知識労働者のHRMを検討してみたい。

　これまでの先行研究の状況を踏まえて考えると，大きく二つの疑問がわいてく

る。その一つは，知識労働者のHRMはもっと多様なものがあるのではないかという点である。先行研究で示されていた二つのHRMの対比は，彼（彼女）ら個人の専門性を重視するか組織と協働を重視するのか，あるいはどこまで競争的なものにするのかといったことを表わすものであった。非常にわかりやすく，簡潔な図式において知識労働者のHRMが捉えられようとしていたといえる。しかし先にみたように，知識労働者は非常に多様であり，そこには色々な働き方があるものと思われる。

　Davenport（2005）によると，知識労働者は仕事の複雑さと協働の度合いによって，四つのタイプに分けることが可能だという。それぞれ仕事における判断の複雑さと，他者と協働する度合いが異なるので，当然そのマネジメントも異質なものになる。またMaister（1993）をみると，同じコンサルタントという仕事の中にも，仕事内容にかなりの差があり，新奇性の高い課題に取り組む者，過去の経験に基づく知識を個別のクライアントに合わせて応用する者，比較的定型的な知識サービスを効率よく行う者などがいるという。それぞれ仕事に使用する知識も異なるし，働き方にも違いがあるものと思われる[8]。

　このような知識労働の多様性を考慮すると，これまでのHRM研究はやや単純化されすぎており，また知識労働者のある側面のみを強調した議論に陥る可能性があるようにも思われる。現在の社会における実際の知識労働者や，そのHRMを理解できる形になっていないと考えられるのだ。もちろん，過度に議論を具体化，個別化していくことは慎まなければならない。しかし，知識労働者がますます増加していることを考えると，そのHRMも多様になることは容易に想像できる。現実的に考えると，知識労働者は専門職と組織人の両方の特性を備えているわけだから，個人重視と組織重視のバランスをとるようなHRMが十分にありえる。またそのバランスのとり方にも多様性があると考えられる。さらに，比較的定型的な仕事を行う知識労働者，いわゆるテクノロジストに該当するような人たちのHRMは，先にみた二つのステレオタイプのHRMとは異なるものであるかもしれない。もちろんその他にも色々な可能性があるわけだが，現状ではHRM研究が対照的な二つのHRMの対比にとどまっており，知識労働者や知識集約型企業の実態を捉え，実践的な意義を持つ議論ができるまでには至っていないように思われる。

　それに加えて，日本の知識集約型企業には日本企業ならではの特性があることも考えられる。年功や熟練を重視した日本型のHRMは，近年の変化の中でも完

全に捨て去られたわけではなく，程度の差はあっても多くの企業に残されているものと思われる。そうした歴史や背景の中で，日本の知識集約型企業が独自のHRMを形成している可能性もある。さらにいえば，これまでの先行研究では多くの知識集約型企業を対象としたHRMの調査もあまりなされていない。それゆえ，多様な組織で多様な働き方をしている知識労働者を視野に入れた具体的な分析や検討は進んでいないといえる。この点は，本書が知識労働者のHRMを研究するうえで，取り組むべき課題であると考えられる。

　もう一つの疑問は，HRMとそこで働く知識労働者の意識や行動，成長等との関連性が検証されていないという点である。工業化社会の日本企業のHRMが高く評価された際には，それがそこで働く人々に良い影響を与えることが論じられていた。年功や熟練を重視した日本的なHRMは，働く人々の企業への定着を促し，対人的な相互作用を強化するとともに，長期的なキャリア発達を可能にしたということが盛んに議論されていた（小池, 1991; 小池, 1993a）。そのことからもわかるように，HRMがそこで働く人々の意識や行動，成長等に何らかの影響を与える可能性がある。もしそうだとしたら，HRMが知識労働者にどのような影響を与えるかを明らかにする必要があるだろう。現在のところ，個人重視のHRMと組織重視のHRMの対比はなされるものの，それらが知識労働者にどのような影響を与えるかは検証されていないのである。その意味では，各々のHRMの意義や課題が明らかにされていないといえるだろう。この点についても，本書において取り組むべき課題だと思われる。もし知識労働者のHRMが多様であるのなら，そこでの彼（彼女）らの意識や行動，成長にも，何らかの差異があるはずである。それを明らかにすることが必要である。

第3節　本書の課題

　以上のような問題意識に則り，本書の研究課題として次の二つを設定した。

【研究課題1】
　知識労働者のHRMの実態について，特にどのような多様性があるのかという観点から明らかにする。

【研究課題2】
　HRMの違いによって，知識労働者の意識や行動，成長がどのように異なる

のか。彼（彼女）らの企業への定着，相互作用（コミュニケーション），キャリア発達に着目して比較を行う。

【研究課題1】から説明しよう。既述の通り，知識労働者のHRMについては二つのHRMを対比するような形で議論されることが多い。もちろんそこには一定の合理性があり，それらのHRMをモデルとして考察を進めることは有効なことである。ただし，知識労働者の複雑さや多様性に着目して考えれば，二つのモデルでHRMを捉えるのには限界がある。仕事の難しさや新奇性，さらには協働の度合いもかなり異なる人が混在しているのが知識労働者であれば，HRMももっと多様なものが存在するはずである。またこれまでの先行研究には，大量サンプルの調査による実証分析や，多数の企業事例の比較分析が少ない。知識労働者のHRMの実態をつかむためには，ぜひともそのような調査を伴う研究が必要である。【研究課題1】はこうした考えに基づいて設定された。

先行研究の状況から考えると，知識労働者のHRMの多様性の把握に関しては，まだその手がかりがいくつか得られているだけの段階にあると思われる。それを明らかにするためには，ある程度多くの知識集約型企業を対象として，実際にどのようなHRMが行われているのか，そこにはどのような違いや共通点がみられるのか，丁寧な調査を行う必要があるだろう。

さてその際，知識労働者のHRMの違いの背景にある要因の特定が必要になるだろう。単に色々なHRMがあるというのではなく，なぜそのような違いが生まれるのかを説明できるようにする必要がある。知識労働者の仕事の多様性はその最も大きな要因になると推察される。いくつかの先行研究が指摘している通り，彼（彼女）らの仕事には高度で複雑なものから，やや定型的なものまである。それだけでなく，基本的に個人で行う仕事もあれば，チームで行う仕事もある。そのような仕事の違いによってHRMが異なることが予測される。おそらくそれ以外にも，HRMの多様性には色々な要因があることが考えられる。それらのことを詳しく検討し，解明していく必要がある。

次に【研究課題2】についてである。【研究課題2】は，様々なHRMでの知識労働者の意識や行動，成長の違いを明らかにすることによって，知識労働者にとって，また企業にとって，それぞれのHRMがどのような意義や課題を持つかを明らかにすることである。先行研究では2種類のHRMが知識労働者にどのような影響を与えるかが検証されているわけではない。

簡単に推論するならば，例えば個人重視で競争的なHRMは，知識労働者に高い報酬を与え，自信や有能感を与えてくれる可能性がある。しかしその一方で，その企業に安心して勤め続けるような気持ちにはなれないかもしれない。それは企業にとっても同様で，競争的なHRMでは優秀な知識労働者が活躍することが期待できる一方で，チームワークが育たないかもしれないという不安がある。また，組織重視で協働的なHRMは知識労働者に企業への帰属意識を高め，チームに貢献する意識を高めることが期待できる。しかしその一方で，知識労働者が組織に依存してしまい，自律的に新しいことに取り組むような人が育たないという可能性もある。企業にとってみると，人材が定着し組織活動が円滑になる半面，異質な人材や突出した人材は現れにくくなる恐れがある。このような差異を調査し，検証することがこの研究課題の目的である。これが明らかになることにより，それぞれのHRMの意義や，その実践における課題を展望することが可能になる。

　さて，知識労働者の意識や行動等をみるといっても，どのようなものに注目するのかが問題となる。それについて本書の考え方を示しておく必要があるだろう。先に日本企業のHRMが人々の企業への定着，相互作用，キャリア発達に影響を与えていたことを紹介したのだが，実はそれらの意識や行動は知識労働者にも同様に重要なものである。むしろ，彼（彼女）らにとっては，さらに重要なものだといってよい。それゆえ本書では，知識労働者の意識や行動，そして成長を，企業への定着，相互作用，キャリア発達からみようとしているのであるが，その理由は次のようにまとめられる。

　まず企業への定着であるが，知識集約型企業において人材は最大の経営資源，あるいは唯一の経営資源ともいうべき存在であり，優秀な知識労働者の離職はそのまま経営資源の喪失となる。それゆえ，彼（彼女）らを引き留めるためのHRMが求められるのは当然のことといえるだろう。次に相互作用であるが，知識労働者は自らの持つ知識が，企業内外における自分の価値を決めるものであることを十分に知っている。それゆえ，ともすればそれを守ろうとする気持ちが強くなり，そう簡単に他者に教えたり，与えなくなってしまうことも考えられる。そうなってしまうと，知識の共有や交換が進まず，個人の知識がチームの知識や企業の知識へと発展していかない。そのような状態では企業としての競争力は強化されないし，先述のように，優秀な個人の離職が企業に大きな損害を与えてしまう。知識労働者が積極的に他者と相互作用を行い，知識や情報のやり取りを行うことは，企業の製品やサービスをより良いものにするうえでも，企業の長期的

な競争力を維持・強化するうえにおいても重要なのである。したがって，それを促すようなHRMが求められることになる。最後にキャリア発達である。その企業で働くことによって知識労働者が成長し，豊かなキャリア発達を遂げることは，企業にとっても個人にとっても望ましいことはいうまでもない。優秀な知識労働者を育てられる企業は競争力を高めるだろうし，充実したキャリアを手に入れた個人は働くことに自信と喜びを見出すであろう。特に知識労働者のように高度な仕事に従事することの多い人材は，成長することや自身の長期的な目標を達成することへの関心が強いだろう。そうしたことが実現するようなHRMが求められているといえる。ただし，知識労働者のキャリアは多様であり，個人が持つキャリアの目標や目的意識も多様である。それらのことを考慮に入れたうえで，キャリア発達とHRMの関連性が探求されるべきであろう。

　以上のような理由から，本書では知識労働者の意識や行動，成長を，企業への定着，相互作用，キャリア発達から検討することにしたい。実はこれらは，知識労働者に関する研究の中で度々議論されているテーマでもある。これらとHRMとの関わりを明らかにすることによって，多様なHRMの意義や課題を明らかにしていきたい。

第4節　研究の方法

　ここでは，上記の研究課題に取り組むための研究方法について述べていく。本書では，実際の知識集約型企業の人事担当者に対するインタビュー調査と，知識労働者自身に対するアンケート調査の二つの研究方法を取り入れている。

　まずインタビュー調査については，特に【研究課題1】に取り組む際に，メリットが大きいものだと思われる。知識労働者のHRMの実態を把握するうえにおいては，細部にわたる丁寧な聞き取り調査が必要になるであろう。HRMは諸制度の仕組みだけをみれば理解できるものではない。その細かい運用方法にこそ，各企業の特性が現れる。例えば近年日本において，成果主義の人事制度が普及したと言われているが，それを構成する諸制度は一見すると共通しているようにもみえる。例えば職務等級制度や役割等級制度，目標による管理（management by objectives：以下MBO）を活用した評価制度，業績連動型賞与や職務給，役割給などである。それらを備えていればみな成果主義と呼ばれ，同じような制度だと理解されることが多い。しかしながら，制度の名称は同じでもその運用は

まったく異なることは珍しくない。同じ役割等級制度でも昇格，降格の頻度や速度，ならびにその審査の厳格さは，企業の考え方や運用によって大きく異なる。また同じMBOと呼ばれているものでも，一人ひとりの目標達成度を厳しく問うものもあれば，むしろ個人の目標設定への参加を重視するものや，能力開発を目的に行われるものもある（中村・石田，2005）。その点も企業の考え方や運用によって大きく異なるのである。そうした点を理解し，企業のHRMの実態を正しく把握するためには，企業の人事部門の担当者への詳しいインタビュー調査を行うことのメリットが大きいものと思われる。元より，本書の研究対象である知識労働者のHRMについてはわかっていないことが多い。丁寧なインタビュー調査を通じて，その詳細を記述することの意義は大きいものと思われる。

　次にアンケート調査については，【研究課題2】に取り組むうえで特に重要になるものと思われる。【研究課題2】は，知識労働者の意識や行動，成長を分析するものであるため，企業の人事担当責任者に対するインタビュー調査だけでは不十分となる。多くの知識労働者を対象としたアンケート調査による定量的研究が必要であろう。そうした研究は，例えばHRMの様々な特性を変数として設定し，それらと個人の企業への定着意志や相互作用，キャリア発達などとの関連性を検証することが可能である（因果関係の分析）。さらにHRMを類型化したうえで（クラスター分析），知識労働者の意識や行動を比較することもできる（平均値の比較，検定）。そうしたメリットはインタビュー調査では得られない。また定量的な分析は，疑わしい論理や曖昧な根拠に基づく誤解を回避し，変数間の関係を厳密に検証することなどが可能なものである。その意味では一般化，体系化をより強く志向した研究が可能になるといえるだろう。

　もちろん，知識労働者自身から回答を得ることの意義も大きい。本書では，知識労働者の意識や行動等の調査を，知識労働者自身に対して実施する。その点において，それらを正確に測定することが可能になっている。協力してくれた企業一社ごとに10名から数十名程度の知識労働者から回答を得る形式であり，回答企業数をみるならば，決して多くはない数である[9]。そのことを研究の欠陥として指摘されることにもなるだろうが，まだ新しい研究領域で企業から調査協力を得るには今回の数が精一杯であった。その点は筆者の力量不足として認めなければならない。しかしながら，知識労働者の意識や行動等を彼（彼女）ら自身によって回答してもらうことのメリットは大きいと思われる。HRMをはじめ，あらゆるマネジメント活動は，それを行う経営者，管理者側と，その対象となる人々に

よって評価が大きく異なることがよくある。そうした評価のずれが放置された中で，何かが議論されるのは問題があるだろう。その意味で，企業と個人の双方の視点からHRMをみること，そしてその影響が検証されることは，非常に重要であると思われる。

第5節　本書の構成

　本章の最後に，本書の構成について述べたい。
　次の第1章から第4章までにおいて，先行研究のレビューを行う。まず第1章では，知識労働者とそのHRMに関する先行研究をレビューする。知識労働者の特性とその多様性を踏まえたうえで，彼（彼女）らのHRMについてこれまでどのような議論がされているか，そして本書が何に取り組んでいくのかを改めて整理していく。
　第2章では，知識労働者の意識や行動，成長に関する先行研究をレビューする。本書が注目しているのは，企業への定着，相互作用やコミュニケーション，キャリア発達などであるが，それらを一つひとつレビューすることによって，それらを本書でとりあげる理由と，その研究の動向を確認していく。
　続く第3章では，戦略的人的資源管理論(strategic human resource management：以下SHRM）の諸研究をレビューする。SHRMの研究者には知識労働を取り扱う人もおり，両方の分野にまたがって研究を行っている。そのことからもわかるように，SHRMの研究成果には，知識労働者のHRMを考えるうえで有益なものが多いのである。その中から，特に多様なHRMの有効性を論じる研究や，HRMが知的資本の蓄積を促すことを論じる研究について詳しくみていく。
　そして第4章では，成果主義人事管理に関する諸研究をみていく。知識社会が本格的に到来したといわれるのは1990年代であるが，その頃から日本において成果主義のHRMが喧伝されるようになった。先述の通り，知識労働者の仕事には創造的なものが多いので，年功的なHRMよりも成果主義のHRMの方が適しているとも考えられる。ただもちろんそこには批判的な議論もあるわけで，それらについての理解が必要になる。成果主義といわれるHRMの内容を整理したうえで，その知識労働者への意義を検討していく。
　第5章以降においては，本書における独自の調査の分析結果をみていく。第5章と第6章では，インタビュー調査の結果を明らかにする。第5章がコンサルタ

ントや金融・保険の専門職に関する調査結果であり，第6章はIT技術者に関する調査結果である。実際の知識集約型企業のHRMの内容を詳しくみていくとともに，その多様性について議論していく。第5章では13社，第6章では10社の企業から協力が得られており，前者では4通りのHRM，後者では3通りのHRMが見出されている。

続く第7章と第8章ではアンケート調査の分析結果をみていく。第7章では，知識労働者のHRMの多様性と，その背景にある要因の分析を行う。まずHRMのクラスター分析を行い，多様なHRMの類型化を行う。そしてそこから見出された類型ごとに，背景にある要因が分析されることになる。そして第8章では知識労働者の意識や行動等の分析結果をみていく。第7章で見出された類型ごとに，知識労働者の企業への定着意志，相互作用，キャリア発達がどう異なるのかを分析する。

そして終章では，本書の結論とインプリケーションをまとめたうえで，今後の課題をあげていく。その際には，第5章から第8章までの分析に基づき，知識労働者のHRMの多様性が整理される。各々の類型の背景にある要因，そしてそこにおける知識労働者の意識や行動，成長を検討し，それぞれのHRMの意義と課題を明らかにしていく。さらに，本書の調査において知識労働者の意識や行動等が特に良好であった2社を取りあげ，そのマネジメントの特性を補完的に論じる。

本書は知識社会，あるいは新しい社会で活躍する人々のHRM研究であるといえる。日本企業ではかつて，年功主義，あるいは能力主義のHRMが普及しており，それが企業の発展に寄与していると評価されてきた。工業化社会においては，チームワークや熟練を重視した日本独自のHRMが，優れた現場労働者の育成や柔軟なチーム生産方式の実現に役立ったものと思われる。1990年代以降，成果主義の導入を含め，様々な変化が日本企業のHRMに起こったのであるが，それは知識社会の到来や知識労働の増加と無関係ではないだろう。日本の知識労働者にはどのようなHRMが行われているのか。そしてそれは従来のHRMとはどう異なるのか。本書ではそうしたことも議論することになる。新しい社会のHRMの探索は日本企業にとって大きな課題といっていいだろう。もちろん，本書で明らかにできることはわずかである。終章に記したこともまとまった結論というよりも，将来につなぐための小さな手がかりといった方がよい。その意味で本書ができたことは問題提起でしかないのかもしれない。しかしそうした試行錯誤から新たな探索がはじまり，研究が進展する可能性はある。本書がそういう役割を果たせる

なら幸いである。

● 注

1　1980年代から情報化社会という言葉が使われはじめ，その後に知識社会，知識経済，知識基盤社会などがいわれるようになった。三輪（2011）ではそれらを総合的に表わすものとして知識・情報社会という言葉を使用したのであるが，近年になって知識社会という簡潔な言葉がかなり広く普及し一般化されてきたので，本書においてもそれを使うことにしたい。
2　Alvesson（2004）などでも知識集約型企業の範囲は広く捉えられており，その要件として，企業の競争力を左右する要因として，製造コストよりも知識の重要性が高いことがあげられている。
3　Nonaka and Takeuchi（1995）では，言語化されにくい暗黙知を共有する共同化のプロセス（Socialization），それがメタファーやアナロジー，コンセプトなどによって形式知になる表出化のプロセス（Externalization），コンセプトを組み合わせて一つの知識体系を創り出す連結化のプロセス（Combination），模倣や追体験によって形式知を暗黙知に転換する内面化のプロセス（Internalization）の4つのプロセスによって知識が創造されるとされている。
4　本書でいうIT技術者には，ソフトウェア技術者の他に，ハードウェアやデバイスなどの開発に従事する技術者を含んでいる。
5　インテグラル・アーキテクチャとは，設計思想がすり合わせ型の製品を表わすための概念である。対照的な概念として，モジュール・アーキテクチャがあるが，製品を一つのシステムとしてみた場合に，モジュール・アーキテクチャではそれを構成するサブシステム（モジュール）が半自律的で一定のルールに基づいて連結されている。各モジュールはそのルールのもとに独立に設計できるのであるが，インテグラル・アーキテクチャでは，そのように半自律的なサブシステムへの分解は非常に難しい。それゆえ一つの部品の変更が，他の部品にも影響することになり，設計の際には多くのすり合わせが必要になる。自動車や精密機器はインテグラル・アーキテクチャの代表的な製品であり，モジュール・アーキテクチャの代表的製品としては，パーソナル・コンピュータやデジタル機器があげられる。詳しくは青木（2002），安本（2000）などを参照されたい。
6　総務省統計局によると，第二次産業（鉱業・建設業・製造業）の労働力比率は，1970年に34％を超えたものの，その後減少傾向となり，2005年には26％台になっている。それに対し，サービス業などの第三次産業の比率は，45％程度だったものが68％を超えるようになっている。
http://www.stat.go.jp/data/kokusei/2010/kouhou/useful/u18.htm
7　総務省統計局によると情報通信業の就業者は2004年の171万人から，2014年の203万人へ増加している。

http://www.stat.go.jp/data/roudou/sokuhou/tsuki/
また経済産業省の2014年度の調査資料では，日本には約100万人のIT技術者がいるとされている。

http://www.meti.go.jp/committee/sankoushin/jouhoukeizai/jinzai/001_s02_00.pdf

8　詳しくは第１章で議論するが，知識労働者の違いは様々な形で捉えられている。North and Gueldenberg (2011) は，知識労働者をナレッジ・クリエイター（研究者，建築家，作曲家），ナレッジ・コミュニケイター（ジャーナリスト，教師，マネジャー），知識集約型サービスのプロバイダー（ドクター，ロイヤー，コンサルタント），ナレッジベースの業務プロセスの実行者（コールセンター，保険のエージェント），モノづくりの知識労働者（サービス・テクニシャン，メンテナンスワーカー），学習者（すべての知識労働者）などに分類しており，知識をどう使うか，どこで使うかなどによる多様な分類があることがわかる。

9　定量的な研究の中には，全ての質問項目に対して人事部門の責任者が回答するような形式のものもある。かなり多くの企業からサンプルを得られるというメリットがあるが，人事部門の見方，考え方による回答しか得られないというデメリットもある。

第1章
HRMについてのこれまでの研究

第1節　はじめに

　本章では知識労働者，ならびにそのHRMに関する先行研究のレビューを行う。序章でも触れた通り，知識労働者には多様性があり，そこから考えるとそのHRMも様々なものがありえると思われる。先行研究のレビューを通じてそれらを議論し，本書におけるHRM分析のポイントを探索していくことが本章の目的である。

　知識労働という概念はかなり曖昧で幅広いものであり，多種多様な知識労働者が存在している。本書では，議論が拡散することを避けるために，研究対象をIT技術者，各種のコンサルタント，金融・保険の専門職に限定しているが，その中においてさえかなりの多様性がみられる。そのため，知識労働者のHRMを検討する前に，彼（彼女）らの基本的な特性を把握したうえで，その仕事内容や働き方の多様性を整理しておく必要があるだろう。仕事の新奇性や独自性の高さ，協働を必要とする程度，さらには使用する知識の特徴など，様々な視点から多様性が検討される。

　次に知識労働者のHRMの先行研究であるが，こちらはまだ，それほど蓄積が多くないのが実情である。しかし，そうした中でも比較的よくみられるのが，対照的な二つのモデルを用いて知識労働者のHRMを論じる研究である。プロフェッショナルの人材観をベースとしたHRMと組織人の人材観をベースとしたHRM，市場志向のHRMと組織志向のHRM，そして個人が持つ知識やスキルを重視するHRMと組織やチームが持つ知識やスキルを重視するHRMなどが研究されている。本章ではそれらの先行研究を参照したうえで，先にみた知識労働者自体の多様性との関わりの中で，新たに検討すべきことを明確にしていきたい。

第2節　知識労働者の特性と多様性

1　知識労働者の基本的な特性

本書では知識労働者をDrucker（2002）やDavenport（2005）の考え方に則り，「何らかの専門知識，ならびに関連する知識や思考力を用いて，知識の創造，伝達，編集，あるいは応用や改善を行う仕事に従事する者」と定義している。まずそれらの代表的な先行研究をみることによって，知識労働者の基本的特性を理解することからはじめたい。

工業化社会の次の社会（第三の波）を予見したToffler（1980）では，従来の社会とは異なるタイプの労働者が必要になるとされており，そのような知的な環境で働く労働者は次のような特徴を持つと述べられている[1]。

① 自らの責任を自覚している
② 自分の仕事が他人の仕事とどう関係しているかを理解できる
③ 従来体験したことのない大きな仕事をこなせる
④ 環境の変化に敏速に対応できる
⑤ 周囲の人に気をつかい調和していける
⑥ （即興演奏するジャズ・ミュージシャンのように）あらかじめプログラムを決めずにてきぱきやっていける

要約するならば，自律的であり，柔軟な学習（変化）能力に優れ，他者と協調できる人ということであろう。自ら考えて新しいことに挑戦できる人だということもできる。さらにToffler（1980）はそうした人たちについて「複眼的思考力を持ち，個性的で，自分が周囲の人たちと異なった生き方をしていることを誇りにしている」，「自分たちの才能と技術を投じて悔いのない重要な仕事をしたいと願っている」，「金銭的な報酬の他に仕事の意味を求めている」[2]と述べている。自律的に働くことを望んでおり，強い学習意欲や成長欲求を持っていて，達成，承認，自己実現などの高次欲求が非常に強い人たちだと考えることが可能であろう。

Drucker（1993）も，早くから新しい社会の到来（ポスト資本主義社会）を予見していたのであるが，そこでは知識労働者という概念が明確に示されており，その特徴が次のようにまとめられている。

第一に，知識労働者とは古くからの言葉と思想を重視する知識人を指すのでは

なく，そこに人や仕事を重視する組織人の要素を統合した概念である。それゆえ彼（彼女）らの持つ知識とは，伝統的な教養にあたる知識よりも，より実践的で応用的なものが多くなる。そして第二に，必然的に知識労働者は組織で働くことが多くなる。ポスト資本主義社会は組織社会でもあり，マネジメントはそこにおいて不可欠なものだとされている。しかし第三に，知識労働者はこれからの社会の生産手段である知識を保有しているがゆえに，どこにでも行くことが可能である。そのため，彼（彼女）らと組織との関係は相互依存的であり，組織人に比べて高い自律性が維持される。そして第四に，彼（彼女）らの参加する組織は官僚的なものではなく，個々の役割分担が柔軟なサッカーチームやオーケストラ，あるいは即興を重視するジャズバンドやテニスのダブルスに似たようなものになる。

そのうえで，Drucker（1999）では，知識労働者の生産性を高めるために重要となるポイントが次のようにまとめられている。

① 仕事の目的は何か（What is the task?）を考えること
② 自律性，自己管理
③ 継続的なイノベーション
④ 継続的学習と，それを人に教える機会があること
⑤ 仕事の量ではなく質を重視すること
⑥ 組織において資産として扱われること

Drucker（1993, 1999）からは，二つの際立った特徴がみてとれる。一つはToffler（1980）と同様に，自律性や学習意欲が強調されていることである。特に，What is the task? を問うということは，知識労働の本質的な部分を表わしている。知識労働者の仕事の内容は必ずしも最初から明らかなわけではない。ぼんやりとした顧客の要望や，曖昧な問題意識が提示されるだけの場合もある。そのため，仕事の本当の目的は何か，どんな問題を解決すべきかを自ら考える姿勢が必要になる。自律的に考え，目標を設定し，そのために継続的に学習することが知識労働者の特徴となるのである。

もう一つは，知識労働者が組織で働くことが多く，組織人の要素も備えていると述べられていることである。これは，現代の知識労働者が伝統的なプロフェッショナルとは異なる特徴を持っていることを示すものであり，また彼（彼女）らにとって組織が重要なものであることを表わすものである。多くの知識労働者はチームで働き，そのマネジメントにも参画する。したがって，組織の力を活用し，成果の最大化を図ることも，知識労働者にとって重要な要件になるのである。

そしてこれらのことは，他の先行研究においても論及されている。まず自律性についてであるが，そのことはKelly（1985）が提唱したゴールドカラー（gold collar）においても述べられている。ゴールドカラーとは，自らの頭脳を使って働き，複雑な問題を解決する人であり，研究科学者，設計技術者，ソフトウェア技術者，音響技術者，法律家，経営コンサルタント，金融コンサルタント，経営情報専門家，戦略プランナー，工業デザイナーなどがそれに該当する。それらの仕事の多くはホワイトカラーを起源に持つものであるが，ホワイトカラーとの最も大きな違いは，仕事の質と仕事をする時の自由さ，柔軟性にあるとされている。ゴールドカラーは複雑な問題解決に従事し，決まりきった仕事にはタッチしない。そして彼（彼女）らは組織の一方的な管理を受けることがなく，自分で仕事を創り出し，自分で勤務時間を決めることもできるとされている。またDavenport（2005）においても，知識労働者が自律性を好むことが強調されている。とりわけ業務を遂行する時の細かなプロセスについて，自己流にやろうとする傾向が強いとされている。さらに，彼（彼女）らは仕事における自律性は自分が受けた教育と訓練の当然の報いだと考えており，受ける教育のレベルが高いほど自律能力も高くなると述べられている[3]。

　一方，組織で働くことについても，Davenport（2005）において知識労働の多くが協働を通じてなされることが明記されている。またReich（1991）が提示したシンボリック・アナリスト（symbolic analyst）に関する議論の中でも，他者との協働の重要性が指摘されている。シンボリック・アナリストとは，データ，言語，音声，映像表現の操作と取引きを行う人たちであり，研究科学者，設計技術者をはじめ，ソフトウェア技術者や法律家，投資銀行家，各種コンサルタント，プランナー，プロデューサー，映画監督，写真家などがそれに該当する。それらは伝統的なプロフェッショナルとは異なり，何らかの問題解決や創作活動，仕組みづくりに専門知識を応用する仕事だといえるだろう。Reich（1991）もその点を強調しており，シンボリック・アナリストに必要なのは専門性そのものよりも，その知識をいかに有効に，かつ創造的に活かすかであると述べている。そして同時にシンボリック・アナリストの多くがチームで活動することも強調されており，彼（彼女）らに必要な基礎的技能として，抽象化，体系的思考，実験の他に，共同作業をあげ，彼（彼女）らが孤高の専門職ではなく，他者との交流の中で成果を実現する存在であることが明記されている。

　このようにみると，知識労働者には伝統的なプロフェッショナルと共通する特

徴もあれば，組織人に近い特徴もあるということができるだろう。それゆえに彼（彼女）らは複雑な存在なのであり，そのマネジメントも難しいものになると考えられる。しかも知識労働者には色々なタイプがあり，新奇性の高い仕事をする知識労働者もいれば，そうではない者もあり，チームワークが多い知識労働者もいればそうでない者もいる。次からはその多様性に着目して先行研究をみていきたい。

2　多様な知識労働者

序章でも述べた通り，知識労働者には多種多様な職種が含まれる。またそもそも知識労働者であるかどうかは，職種の違いよりも働き方によるものだといってよい。例えば Davenport（2005）では，知識労働者には次のような仕事があるとされている。

① 知識を発見する人（司書や競合情報アナリスト）
② 知識を創造する人（製薬会社の研究者，広告代理店のクリエイティブ・ディレクター等）
③ 知識をパッケージする人（記者，編集者）
④ 知識を配信する人（ナレッジ・マネジメントを専門とする人）
⑤ 知識を応用する人（会計士，監査人，あまり専門能力の高くない専門職や医療関係者）

一口に知識を用いて働くといっても，これだけの多様性があるのであり，その中には新しい知識を創造する人もいれば，既存の知識や他人のつくった知識を有効活用する人もいるのである。これをみると，知識労働者といわれる人たちの中に，仕事の性質や難易度に相当の違いがあることは明白である。またそれだけでなく，どの程度他者との協働が必要になるかにおいても違いがみられる。

図1－1は，Davenport（2005）による知識労働者の分類例である。業務の複雑さと協働の度合という二つの基準を用いて知識労働プロセスのマトリクスを作成し，四つの類型が示されている。それぞれの内容を簡単にみていこう。

まず図中の取引型には，コールセンターでの仕事などがあてはまる。仕事のかなりの部分がルーティン化されており，主に個人で行う仕事である。次に統合型には，情報システムの開発があたるとされている。これらの仕事もルーティン化された部分が多いのであるが，チームで仕事をすることが取引型との違いである。統合型の仕事も反復作業が多いので，マニュアルなどの知識資産の再利用が可能

となる。情報システム開発の下流工程などでは、プログラマーが作成したコードをライブラリーに記録しておき、それを他のプログラマーに利用させることも珍しくない。取引型や統合型の知識労働者は、知識労働者の中でも一定の型に依拠しながら働くタイプだといえるだろう。

一方、図の専門家型には主治医などが、そして協働型には投資銀行の仕事などがあたるわけだが、これらの仕事は複雑であり、その時々に解釈や判断が必要となるため、古い知識を再利用することは難しい。特に専門家型の仕事は個人による仕事であり、彼（彼女）らは自分の知識を高く評価する傾向があるので、他の誰かの知識を使わせるのは困難である。また協働型の仕事も修正の繰り返しが多く、時には即興的でもあるため、仕事に一定の型をあてはめてしまうのは困難である。そしてこれらの仕事をしているのは、高い教育を受け、高い報酬を得ている人が多いと述べられている。

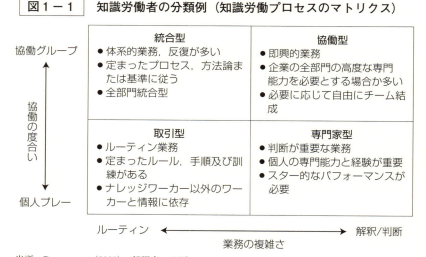

図1-1　知識労働者の分類例（知識労働プロセスのマトリクス）

出所：Davenport（2005），邦訳書、49頁。

Davenport（2005）では、業務の複雑さと協働の度合いの二つの基準から、知識労働者の多様性が説明された。平易な言葉でいえば、仕事の難しさとチームワークの多さにおいて、知識労働にかなりの違いがみられるということである。そしてこのような違いを指摘する研究は他にも存在している。そこでは、仕事の新奇性や独自性の高さ、仕事の標準化や定型化の程度、さらには企業に蓄積され

た知識を再利用する程度などにより,多様な知識労働があることが示されている。まずはそれに関する研究として,Cusumano(1991)によるソフトウェア開発企業の研究をみていきたい。

表1-1は,Cusumano(1991)によるソフトウェア開発の分類である。

表1-1　ソフトウェア開発の三つのタイプ

クラフト方式	
戦　略	●製品と生産工程を個々の顧客向けに個別化,サービスと引換えに高額の料金を受け取る
実　施	●顧客の要求に合わせた生産工程の柔軟性 ●製品と顧客の要求に制限を作らない ●工程と品質の分析,管理の機会はほとんどない ●(あるとすれば)プロジェクトベースの工程研究開発 ●熟練労働者に依存 ●生産工程の標準化への依存は最小限度 ●体系的な再利用の機会はほどんとない ●個別またはプロジェクトごとのコンピュータ利用ツール ●個別化された製品および顧客サービスに重点をおく
問題点	●顧客の要求,製品や工程の柔軟性と発明力,必要ならさらに工程の効率性
評　価	●プロジェクトを超えた戦略的管理,統合の不足 ●規模の経済,範囲の経済は実現されない ●中規模で革新的なカスタムプロジェクトに最適
ファクトリー開発	
戦　略	●異なる製品の効率的な製造,高いコスト・パフォーマンス,大型で複雑なルーティンワークの効率的な運営
実　施	●工程改善への経営者側からの関与,分析 ●幅広いが制限のある製品工程の市場分析 ●広範囲にわたる工程や品質の分析と管理 ●類型化された工程研究開発 ●規格化され平均化された労働者の技能 ●ダイナミックな標準化 ●製品の構成要素の機能的な再利用 ●広範囲にわたるコンピュータ利用ツールの使用 ●漸進的な製品の改良
問題点	●工程の柔軟性や個人の創造性と,工程や組織の効率性とのバランスをとる努力が要求される
評　価	●ハイレベルの戦略的統合と管理 ●組織的な範囲の経済を提供

		●規格化，再利用，管理的手腕が重要な大規模で複雑なプロジェクトに適する
	製品やアプリケーション指向のプロジェクト	
戦　略		●ベストセラー製品の設計，大量生産および低価格製品の販売
実　施		●製品の魅力の強調（ベストセラーを作りだすために） ●広い市場向けの特定のアプリケーションに絞り込む ●設計の魅力を工程の効率より重視 ●特定の製品に合わせた工程研究開発 ●高度な技能を保つエンジニアの重視 ●工程基準をあまり重視しない ●再利用よりベストセラーの設計を重視 ●設計者に負担にならない程度のツール再利用 ●漸進的な改良より技術革新を重視
問題点		●設計における工程の効率性を上回る製品の革新性と差別化
評　価		●プロジェクトを超えた戦略的管理や統合の欠如 ●パッケージ販売で規模の経済が達成される可能性 ●大規模で複雑なプロジェクトには不向き

出所：Cusumano（1991）53頁より筆者作成。

　ソフトウェア開発は企業によって，その戦略や方式が異なることが示されている。おそらくは，そこで働くソフトウェア技術者の特性も，それぞれ異なるものと思われる。

　一つずつみていこう。まず一つはクラフト方式と呼ばれるものである。これは製品であるソフトウェア，その生産工程を個々の顧客ごと，注文ごとに個別化するものである。開発の仕方は個々の製品に関与するソフトウェア技術者に委ねられ，異なるプロジェクト間での製品，あるいは工程の標準化等はほとんど行われない。顧客の細かい要求に丁寧に応えていくような戦略を志向する企業において選択されやすい方式だといえよう。個性の強い製品，特別注文の製品に対応できるという強みがある一方，規模の経済を利用してコスト・パフォーマンスを上げるということが難しくなる。また工程が標準化されないため，ソフトウェア開発において，熟練技術者への依存度が高くなるという特徴がある。

　二つ目はファクトリー方式である。この方式ではソフトウェア開発の効率的な実施が追求される。基本的に共通点が多く認められる製品を数多く開発する必要がある場合に選択される方式であろう。例えば生産管理や販売管理といった特定のアプリケーション領域において多くの顧客を持っている企業等がこの方式に適

している。ファクトリー方式においては，開発工程が可能な限り標準化され管理される。プロジェクト内でのソフトウェア技術者の分業体制も確立されており，ルールに則った形での開発プロセスが展開される。また設計の標準化，規格化が追求され，開発されたプログラム，モジュール（あるいはオブジェクト）等はライブラリーと呼ばれる共有データベースに記録され，可能な限り再利用が試みられる。技術者はライブラリーに登録された互換性の高い部品を使って仕事をすることが求められ，同時にライブラリーに登録可能な部品を開発することが求められるのである。ファクトリー方式は，工程が標準化され，部品の再利用が行われること等により，クラフト方式に比べて非常に高い生産性が期待できる方式である。高いコスト・パフォーマンスが実現されることがファクトリー方式の大きなメリットであるが，そこで働く技術者の技術やスキルも規格化，平均化が進むため，大きな革新が起こりにくいというデメリットも予測される。

　三つ目は製品やアプリケーション指向のプロジェクト方式である。言い換えればベストセラー製品を指向する方式である。この方式は幅広い一般市場向けの特定のアプリケーションを開発する企業に適している。例えばワープロ・ソフト，表計算ソフト等のパッケージ・ソフトウェアをパソコン・ユーザーに広く販売していく企業等である。パッケージ・ソフトウェアは，開発された商品を大量にコピーして販売するため，開発段階での効率の重要性が相対的に低くなる。その開発にあたっては市場で競争力を持つ魅力的な機能を付加すること，技術的なアドバンテージを追求することが重視され，ファクトリー方式で重視されていた生産性はそれほど追求されない。そのため，技術者に特定の設計ルールが強制されることは少なく，比較的大きな裁量権が与えられることが多く，高度な技術，スキルを持つ技術者が非常に大切にされることになる。

　これらを比較してみると，それぞれの開発方式で働くソフトウェア技術者の仕事の創造性の高さや使用している知識の内容，協働の重要性などに，かなりの差があることに気がつく。ファクトリー方式のソフトウェア開発では，高度な技術開発あるいは新しい技術開発に挑戦するというより，組織のルールに則った円滑な仕事の遂行が求められるといえる。そこでは自由に発想することによって創造性を発揮することよりも，組織人的な行動や協働が強く求められることも理解できる。一方，クラフト型や製品やアプリケーション指向のソフトウェア開発では，より仕事が非定型的になり，それに伴って自分で考える働き方が必要になる。そこでは，ルールに則ることよりも，個人のスキルを活かしたり，アイディアを試

すことが求められるからである。特に製品やアプリケーション指向では，特定顧客の要望に縛られることが少ないために，より自律的な行動や発想を求められるだろう。さらにいえば，ファクトリー方式とその他の方式では個々の技術者が保有する知識，あるいは仕事に用いる知識が違うことも推察できる。ファクトリー方式の場合のように，組織に蓄積された知識を再利用する技術者であれば，企業特殊性[4]の高い知識やスキルを保有することになるだろうし，独自の開発を行う技術者では，汎用的な知識や先進的な知識を保有するようになると思われる。このことはソフトウェア技術者の学習が企業内で集中的に行われるか，企業の内外で自由に行われるかにも関わってくる。どんな知識を用いて働くかは，知識労働者の多様性の一つの重要な要素だといえるのである。

さてこのような知識労働の多様性は，コンサルティング・ファームにもみられている。一口にコンサルティングといっても仕事の質や難易度，あるいはそこで使われる知識にかなりの差があるのである。Maister（1993）はコンサルティング・サービス（ファーム）を次の三つに分類している。

① 頭脳型サービス

最も新奇性の高い問題に直面するクライアントのニーズに応えるファームといえる。徹底的な分析を行い，高度にカスタマイズされた提案を行うようなコンサルティングを行う。新しいプラクティスの開発は優秀な個人によるものとなり，そのような個人の名声が重要な役割を果たす。高い時間単価で収益をあげており，これを事案の複雑さやリスクといった点で正当化している。

② 経験型サービス

創造性よりも，特定の問題・分析に経験が豊富なことを期待するクライアントに応えるファームである。過去の業務から派生する集合的な知識を提供できる能力が鍵となる。実態分析よりも，予測可能な作業を実行していくことに，より多くの時間を割くことが要求され，若いコンサルタントを活用して効率をあげられる半面，時間単価は低下することになる。

③ 効率型サービス

リスクの低い，見慣れた問題を取り扱い，効率性を求めるクライアントに応えるファームである。特定の種類の問題を取り扱うシステムと手続きを確立しており，コスト，信頼性，スピードといった性質が前面に出される。多くの若いコンサルタントをマネジャーがしっかりと管理する中で業務が遂行される。

これら三つの分類は，サービス内容の新奇性や創造性の高さによるものといえる。頭脳型は他の二つに比べ，それが高くなっている。また頭脳型のファームでは，個人の自律性も高いといえるだろう。一方，経験型や効率型においては，個々の知識労働者は新しい知識やアイディアを追求するのではなく，組織に蓄積された知識を使うことが多くなり，それに従って自律性よりも一定のルールや手順に則って働く傾向が強くなると考えられるだろう。

　このように，IT技術者，コンサルタントのどちらに関する研究をおいても，多様な知識労働が論じられているのがわかる。Davenport（2005）が指摘したのは業務の複雑さと協働の度合いによる多様性であるが，ソフトウェア技術者やコンサルタントの研究で取りあげられていたのも，それらと関わりの深いものであったといえるだろう。仕事の創造性や新奇性の高さ，そして使用する知識の企業特殊性などである。これらが強いか弱いかによって，知識労働者の働き方は大きく異なってくる。そして必然的に，彼（彼女）らのHRMも変わってくるものと思われる。知識労働者のHRMを論じるうえでは，これらの多様性に十分注意する必要があるだろう。

　さてここで，ファクトリー方式のソフトウェア開発，あるいは効率型のコンサルティングに従事する知識労働者について少し触れておきたい。彼（彼女）らの仕事には，定型的なものが多分に含まれていることがみてとれる。中には，むしろ基本的には定型的な仕事に従事しながら，時折専門的な知識を用いて判断や改善といった知識労働を行うという人も多くいるように思われる。Drucker（1999, 2002）では，そのような知識労働者が，テクノロジストという概念で表わされている。テクノロジストにあたる仕事としては，X線技師，超音波技師，理学療法士，精神科ケースワーカー，歯科技師などの医療テクノロジスト，コンピュータ，製造，教育等の領域におけるテクノロジスト，弁護士補助職のような事務テクノロジストがあげられている。ファクトリー方式のソフトウェア開発におけるプログラマーなどはコンピュータのテクノロジストの例として考えることが可能であろう。テクノロジストは高度に先進的，あるいは創造的な存在とはいえず，見方によっては知識労働者らしくない人たちといえるかもしれない。しかしながら，テクノロジストと他の知識労働者が協働することによって，高度な仕事が実行されるようなことも多々あるし，数多くの人がこのような知識労働に従事していることも事実である。それゆえ，知識労働者のHRMを考えるうえで決して軽視されるべきではない。そこには他の知識労働者とはかなり異なるHRMが必要にな

るかもしれないのだが，彼（彼女）らを含めて知識労働やHRMを考えないと，現実的な議論にはならないものと思われる。

第3節　HRMの先行研究

1　プロフェッショナル・モデルか組織人モデルか

　さて，ここからは知識労働者のHRMについての先行研究をみていく。知識労働者のHRMに関する研究はそれほど多くなく，研究蓄積が豊富だとはいい難い。ここではHRMやその諸制度の内容，あるいは特徴を明らかにしようとする研究をみていくわけであるが，そこには一つの傾向がみられる。対照的な二つのHRMのモデルを提示して，それを使って知識労働者のHRMを論じようとするのである。もちろんそこには一定の意義があるのだが，知識労働者の一側面のみを強調した議論になりがちであり，彼（彼女）らを全体的に捉えた実践的議論ができるレベルに至っていないようにも思われる。先述の知識労働者の複雑さや多様性を考慮に入れた場合，もう少し詳しい分析や，多くの企業に対する調査が必要なように思われる。ここではいくつかの先行研究の内容と，その主張を比較検討することによって，本書において何が議論されるべきか，そのポイントを抽出していきたい。

　まず取りあげるのは，知識労働者をプロフェッショナル，あるいはそれに近い人材として捉えたHRMと，組織人として捉えたHRMを対比させる研究である。高度な専門性を持った人材は，所属する組織よりも自らの専門性を重視し，自律的に働くことを好む傾向がある。それゆえ，プロフェッショナルや何らかの専門職には，それを前提としたマネジメントが必要だといわれている。しかしその一方で，企業などの組織に所属している以上，それに対する貢献も重要になる。そのため，組織人を前提としたマネジメントも必要になるわけだが，現代の知識労働者は，専門職的な一面と組織人的な一面を併せ持っているために，どちらを重視すべきかが問題となるのである。

　Dickmann, Graubner and Richer (2006) は，コンサルティング・ファームにおける，こうした対照的なHRMを比較している。Dickmann, Graubner and Richer (2006) によると，アメリカのコンサルティング産業の歴史には，大きく分けて三つの波があったのだという。最初の波，すなわちコンサルティング産業の成り立ちの段階では，Tayler, F. W.の科学的管理[5]に則り，工場の作業効率化

を指導するコンサルタントやファームが現れた。その頃のコンサルティングは多分に技術的なものであったという。その後1950年代，第二の波が現れる。経営戦略の立案を含めた，より包括的なマネジメントのコンサルティングを行うファームが台頭するのである。代表的なものとしては，マッキンゼー（Mckinsey & Company）やボストン・コンサルティング・グループ（Boston Consulting Group），アーサー・D・リトル（Arthur D. Little）などがあり，そこでは弁護士事務所などと同様のパートナーシップ制による経営が行われた。その中で，コンサルティング・ファーム特有のHRMが形成されることになる。そして1980年代の初めに，第三の波が現れる。会計，監査，IT，保険会社などを起源に持つコンサルティング・ファームが増加するのである。代表的なものはアーサー・アンダーセン（Arthur Andersen），IBM，KPMG，オラクル（Oracle），プライスウォーターハウス（Pricewaterhouse）などである。これらの多くは，コンサルティングと同時に情報システムの開発を受託することが特徴でもあり，第二の波のファームとは異質な経営をしている。これらのファームの方が組織的な活動を重視する傾向が強いのである。それゆえ，それらのファームはManaged Professional Business（Powell, Brock and Hinings, 1999）と呼ばれている。

表1-2　コンサルティング・ファームの二つのHRM

パートナーシップ制	Managed Professional Business
アーサー・D・リトル マッキンゼー　　　　　等	オラクル プライスウォーターハウス　等
●従業員はプロフェッショナルのように扱われ，個人の自律性と責任を重視したHRMが行われる。 ●競争的な環境でUp or Outの昇進が行われる。 ●報酬の中に変動給部分が多く業績に応じたボーナスが支給される。 ●パートナーには全社の利益配分がある。 ●HRMは人事部ではなくパートナーが中心になって行われる。 ●詳細なHRMの仕組みはなく，少数のプロフェッショナルの基準に基づく原則があるのみである。	●やや一般企業と共通性のあるHRMが行われている。 ●人事制度の仕組みや教育訓練プログラムも先の企業よりも詳細となり，それらを人事部が統括している。 ●マネジャーとなるキャリア以外にも，スペシャリストやノン・リーダー・キャリアも用意されている（Grow or Go）。 ●個人業績とプロジェクト・チームの業績がともに評価され，双方のバランスをとりながら報酬や昇進が決められる。

出所：Dickmann, Graubner and Richer（2006）より筆者作成。

Dickmann, Graubner and Richer（2006）では，第二の波と第三の波のファームのHRMが比較検討されている。その内容は**表１－２**のようにまとめられるだろう。

　第二の波のファームでは，コンサルタントはプロフェッショナルのように扱われ，個人の自律性と責任を重視したHRMが行われる。競争的な環境でアップ・オア・アウトの昇進が行われること，報酬の中に変動給部分が多く業績に応じたボーナスが支給されること，パートナーには全社の利益配分があること，そしてHRMは人事部ではなくパートナーが中心になって行われることなどが特徴といえる。

　こうしたHRMは製造業などとはかなり異なるものといえるだろう。具体的な事例をみてみよう。Schwenker（2006）が示したローランド・ベルガー（Roland Berger Strategy Consultants）のHRMは，高度の専門性や自律性を重視するものである。同社はドイツを本拠とする世界的な戦略コンサルティング・ファームであるが，会社の競争力は人であるという明確な考え方を持ち，世界中から優秀で分析的，創造的なマインドを持つ人を採用している。良い候補者を得るために大学にワークショップやケーススタディ，補助金を提供しており，60～80人の学生を実際のプロジェクトに招待してもいる。また会社としてビジネススクールに講座を持っており，インターンシップを充実させるなど，優秀な学生に触れる機会も数多く作っている。

　同社では，特に優れた業績の人はチャレンジ・クラブという特別な集団に招かれる（任期は２年，外れることもある）。そこで特別なトレーニングを受け，内部のタスクフォースに参加することが彼（彼女）らの名誉であり，動機づけになっているのである。また報酬額のレベルは業界の上限に近く，上位の仕事に行くほど変動給が増える仕組みになっている。他にも，１～２年仕事から解放されてMBAやPh.D.が取れる制度が用意されており，６カ月の研究休暇もあるなど，自律性を重視する人材に合わせたHRMが行われているといえる。

　このように，著名なコンサルティング・ファームの中には，パートナーシップ制の経営と，それに基づくHRMを行っているファームが数多くみられる。ただし，コンサルタントやIT技術者をプロフェッショナルと同様の人材として扱うことについては異論もある。Starbuck（1997）は知識集約型企業の研究の中で，そこにおける知識労働者はプロフェッショナルではないかもしれないし，すべての知識集約型企業がプロフェッショナル・ファームであるとは限らないと述べて

いる。序章でも触れたことだが，知識労働者の多くは正式なプロフェッショナルの特徴を備えていない場合が多い。Starbuck（1997）も，経営コンサルタントやシステム・エンジニアはプロフェッショナルの基準を満たさないと述べている。彼（彼女）らの熟達の判断は専門家集団ではなく，上司や顧客が行うのである。さらに知識労働者が使う知識は個人に固有なものではなく，組織に蓄積された知識であることも多いと述べられている。このような議論は新しい知識労働者，特に新興専門職に特有のものだといえるかもしれない。

さて，もう一方の第三の波のファームについてみていきたい。そこでは，やや一般企業と共通性のあるHRMが行われている。人事制度の仕組みや教育訓練プログラムも先の企業よりも詳細となり，それらを人事部が統括している。そこでの従業員のキャリアをみると，マネジャーとなるキャリア以外にも，スペシャリストやノン・リーダー・キャリアも用意されており，先にみた企業ほど競争的ではない（Grow or Go）。そして個人業績とチームや部門の業績がともに評価され，報酬や昇進が決められるのである。先のパートナーシップ制のファームと比べると，組織人を前提とする傾向が強いのは明らかである。

このように，コンサルタントのHRMにおいては対照的な二つのモデルが提示されている。プロフェッショナルと組織人を前提とした二つのHRMの対比は，従来から研究開発技術者のマネジメントの研究などにおいても行われてきたものである[6]。それがコンサルタント等に対しても同様に論じられているといえるだろう。このような二つのHRMによる議論は，専門的な人材や創造的な人材のHRMを考えるための基盤になるのだと考えられる。

2　市場志向か組織志向か

今度は視点を変えて市場志向と組織志向という二つのHRMをみていきたい。序章で述べたとおり，知識社会は厳しい競争社会でもある。それに伴って，そこで働く人々のHRMが競争的なものになっているのであるが，それをどう評価するかといった議論がよくされている。

Jacoby（2005）によれば市場志向のHRMとは，雇用期間が相対的に短く，離職率はより高く，教育訓練投資は少なく，賃金や採用・昇進・異動は市場の水準やその他の外部基準に基づいて決定されるようなものである。労働組合は存在しないか，あるいは産業別で，人事部は集権性と影響力をあまり持っていない。それに該当する代表的な企業群はシリコンバレーの企業群だとされている。他方，

組織志向のHRMとは雇用期間が長く維持され，離職率は低く，広範な教育訓練，平等，年功といった組織内での配慮が，賃金や採用・昇進・異動の決定に影響を与えるものである。企業別労働組合を持ち人事部のステータスが高い。それに該当する代表的な企業群は日本企業だといわれている。

　先にも触れたが，多くの知識労働者は創造的な仕事をしているため，年功的なHRMが馴染まない可能性がある。また変化の激しい環境で働いているので，彼（彼女）らのHRMは，市場志向のHRMになりやすいとも考えられる。しかしその一方で，知識労働者が内的な報酬を重視することから，市場志向のHRMを疑問視する意見もある。それゆえ，これら二つのHRMがたびたび議論されることになるのであろう。

　このような二つのHRMは，Thite（2004）においても論じられている。そこでは，知識経済の進展や知識労働の増加という文脈の中で，全体的にHRMが市場志向になってきていることが示されているのであるが，同時に，その行き過ぎの弊害も議論されており，人間を中心に据えたマネジメントの利点が指摘されている。

　まず市場志向のHRMからみていこう。それは個人をベースとした短期志向のものだといえる。その基本方針は，雇用者と働く人の関係を契約として捉え，雇用を保証するということよりも，雇用されうるスキルや，自分でキャリアをコントロールできる権限を与えることの方を重視するというものである。それに従うならば，人材の獲得についても雇用重視ではなくエンプロイアビリティ（employability）重視であり，企業が人材に訓練を施すのではなく，個人が学習するということが基本になる。またそこでは，同質的な人材を揃えるのではなく多様性が重視される。それに従い，短期雇用の人材も現れてくる。

　次に有能なタレント人材の維持についてであるが，そうしたHRMの下では，高業績者と低業績者は離職率が高くなるとされている。つまり，転職できる人と，転職せざるをえない人の組織間移動が増加するのである。それゆえ有能な人材を維持するために，報酬は外部に対する競争力を持つことが重要になり，ゲイン・シェアリングやプロフィット・シェアリングの制度が用意されることになる。従業員に対する過度に親切な態度は，組織の健全さやタレント人材の維持に有害だとされており，雇用されうる能力の提供こそが有能な人材が求めるものだと考えられている。

　また業績の評価については，非定型的な仕事を変動的なチームで行う状況では，

集団による評価や一律的な評価ではなく，個人ごとに評価するのが望ましいとされている。そして時には外部の人のフィードバックが有効になるとも述べられている。最後に報酬についてであるが，外的報酬，すなわち金銭的な報酬が重視されることになる。知識労働の場合，経験年数が経験の質と一致するわけではないことも事実であり，年功的な報酬は合理的ではないと考えられる。それに加え，知識労働者が組織間移動をすることを考慮に入れれば，外部に対して競争的な報酬の水準でなくてはならず，したがって，何らかの問題はあったとしても業績給の導入は避けられるものではなくなるのである。

知識社会の進展とともに増加した市場志向のHRMはこのような特徴があるのだが，それに対し，Thite (2004) が並行して意義を検討しているのは内部化したHRMであり，集団をベースとした長期志向のものである。

その基本方針は，雇用は契約ではなく社会的関係であり，信頼が重視されるべきだというものである。リストラクチャリングと呼ばれる雇用削減や大きな報酬格差には懐疑的で，ネットワーク化された知識労働者による組織では，信頼，誠実さ，共有された価値が重要になると述べられている。したがって人材の獲得については，チームワークを重視した施策がとられることになる。さらに，自律的チームで働く人が増加していることから，チームビルディング，対人能力，クロス・ファンクショナルな能力に加えて，情緒も重要な能力として求められるようになる。そしてそれらの能力を持つ人を獲得するためには，従業員の知人を採用することも有効な手段であり，採用した人を長期雇用のコア・エンプロイーとして育てることが重要になるとされている。

次に有能なタレント人材の維持についてであるが，退職者を新規採用者で埋めることよりも，人材を長期間保持することの方が望ましいと考えられている。それゆえ，雇用保障は必然的に重要になる。そのためには金銭的報酬だけでなく，全体的なHRMの整備が必要になり，組織も個人のキャリア・マネジメントに責任を持つことが求められる。同時に，今後のHRMではラインの上長や同僚との結びつきが重要になり，組織内の社会的ネットワークの発達によって，人々に友情を感じさせることも必要だとされている。

次に業績の評価については，MBOは短期志向になりやすいという欠点があるとしたうえで，行動やコンピテンシーの評価，あるいはバランスト・スコアカード（balanced scorecard）を使った多面的な評価，チーム単位での評価が好ましいと考えられている[7]。最後に報酬についてであるが，内的報酬（プライド，賞

賛，社会的ネットワーク，自己実現）が重視されるべきだとされている。そして年功的な報酬のメリットも認めており，その否定は企業特殊知識の獲得を阻害すると述べられている。報酬は組織内部の仕事の価値に合致したものが目指され，グループ・ベースであることや，決定の透明性が大事であり，成果の特定や測定にメンバーを取り込むことも必要だとされている。さらに，承認は金銭以上の報酬であると考えられており，イベントの開催，賞や感謝状の授与，サンキュー・レターの送付，ディナーへの招待なども，有効な方策だとされている。

　Thite（2004）では，双方のHRMのメリットもデメリットも議論されているのであるが，行き過ぎた市場化については疑問視する姿勢が示されている。そして知識労働者が自らの知識を組織のために提供し，貢献しようとするような環境を作ることの重要性が論じられている。

　このように，知識社会の進展とともに，市場志向と組織志向のHRMについて論じられることが多くなったのだが，双方のHRMの事例と思われる企業を扱った研究もある。それをみていきたい。

　まず市場志向のHRMからである。ソフトウェアの世界的な大企業であるマイクロソフト（Microsoft）の例をみてみたい。Cusumano and Selby（1995）によれば，同社は人材の採用にあたって，候補者をかなり厳しく選別している。同社の幹部は，特に優れた従業員のみを集めることの利点を強調している。トップレベルの学生を採用することは，どこの企業にもできることではなく，それができるということが，同社の強みにつながっていると考えられている。そして候補者の選考は，人事部門ではなくリクルーターや製品部門の人によって直接行われる。選考にパスするのは候補者の2〜3％で，まさに厳選された人材が採用されていることがわかる。

　同社はこうして採用した優秀な人材を，競争的で自律的な環境に置いて育てる方針を持っているようである。そのことは，同社の教育訓練の方法にも現れている。同社では研修制度や昇進制度，その他人事上の手続きがあまり整備されておらず，正規の社内教育やオリエンテーションもあまりない[8]。教育訓練は主に実際の仕事を通じてなされるか，メンターによるもののみである。そして優秀な人の昇進は早く，若くして重要な地位につく。同社の経営の重要事項を協議する非公式な組織として，ブレーントラストというものがあるのだが，それは十数人の幹部によって構成されている。1995年当時，そのメンバーに名を連ねていた人たちの年齢は40歳前後であり，それをみても，優秀な人がかなり早いペースで昇進

しているのがわかる。

　またマイクロソフトは金銭的インセンティブが強い報酬制度を導入している。仕事の実績に応じて高額な賞与やストックオプションなどが支給されており，成功した従業員の中にはポルシェを9台も保有するようになった例もあるのだという。そして，他の従業員はそれを妬むわけではなく，優秀な人への正当な報酬として承認するということである。

　一方，同じIT企業でもそれとは対照的な事例，すなわち組織志向のHRMもみられる。SASインスティテュートでは協働を重視した，金銭的報酬があまり強調されないHRMが行われているといえる（O'Reily and Pfeffer, 2000）。

　例えば業績の管理や評価についても，同社は独自の考え方を貫いており，一般的な企業でよくみられるような業績評価シートを廃止してしまっている。同社では正式な業績の査定を行っていないといってもよいだろう。その代り，マネジャーは少なくとも年に3回は部下と話し合い，仕事ぶりについてのフィードバックを行うことにしている。また，努めて社内を歩き回り，部下たちと言葉を交わすようにしているそうである。

　同様に，報酬に対する考え方もマイクロソフトと大きく異なっている。SASインスティテュートではストックオプション，利益分配その他の特典を一切設けていない。年末には特別ボーナスを支給しているが，金額は膨大なものではなく，年間賃金の5.5％から8％程度のものである。また賃金水準は業界平均と比べて遜色なく，毎年ベースアップも行われているが，社内では賃金が高くなってもモチベーションが高まるわけではないと考えられている。金銭的報酬には重きが置かれていないことは明らかであり，このことから，同社では市場志向のような考え方が強くないことがわかる。

　それに加え，SASインスティテュートでは社内での教育訓練が非常に重視されているのも特徴的である。ほぼ100％の教育が社内において行われており，新入社員オリエンテーションでは，上級マネジャーが会社の沿革，ビジョン，価値観などを新入社員に紹介し，製品，組織，ビジネスモデル，顧客などについても丁寧に説明している。ベテラン社員たちは，新入社員とのこうした交流を楽しみ，大切にしているのだそうだ。また技術研修も充実しており，1997年には9カ月半で400ものコースが開かれ，合計でおよそ3,000人が参加したそうである。この点もマイクロソフトとは対照的だといえるだろう。

　このように，同じソフトウェア開発の企業であっても，かなり異なるHRMが

行われている。マイクロソフトでは市場志向のHRMが行われているのに対し，SASインスティテュートでは，どちらかというと組織志向のHRMが行われているといえるだろう。

さて，Jacoby（2005）では，日本企業のHRMに組織志向のものが多いとしたうえで，それが1990年代以降，市場志向にシフトしつつあると述べられている。ここで，かつての日本企業のHRMは，情報産業などでも組織志向であったのか，それを簡単に確認しておきたい。日本の情報産業，IT産業の貴重な研究といえる戸塚・中村・梅澤（1990）や，梅澤（2000）では，1980年代から1990年代前半の日本のソフトウェア企業のHRMが分析されている。それをみると人事制度の内容そのものは，職能等級制度を基盤とした当時の日本企業の標準的なものとあまり変わらないといっていいだろう。日本のソフトウェア企業では大企業を中心に職務遂行能力を重視した等級制度が導入されており，従業員の教育訓練はOJTが中心になっている。これらは日本の製造業におけるHRMの制度，慣行と同様のものだといってよい。

このことから，日本のソフトウェア企業のHRMもやはり組織志向のものであったと考えられる。それに加えその当時はまだ，ソフトウェア企業特有のHRMが発展していたとはいえない状況でもあった。その背景には，日本の多くのソフトウェア企業が，他の産業の企業の子会社として設立されたこともあると考えられる。例えばメーカー，あるいは商社や銀行が，自社製品に組み込むソフトウェアや自社の情報システムを開発するための子会社を設立する。そうしたソフトウェア企業は，メーカー系，ユーザー系の企業などと呼ばれており，日本ではこれらの企業が独立系の企業よりも多いのである。そのためその経営やHRMも，親会社の影響下においてなされることが多く，独自のものが生まれにくかったと考えられる。そうしたこともあり，日本のソフトウェア企業においても，組織志向のHRMが一般的であったと考えられる。

なお，1990年代後半に入って，こうした傾向に徐々に変化がみえはじめている。情報産業が成長し，ソフトウェア技術者などの重要性が飛躍的に高まった。それに伴って，彼（彼女）らに特有のHRMや人材育成が議論されるようになったのである。例えば，業界全体でITSS（IT Skill Standard）が整備され，共有されたのもその一つである[9]。これは，ソフトウェア技術者に多様なキャリア・パスと，求められるスキルやそれに応じた報酬の水準をまとめたものである。ソフトウェア技術者の流動性を視野に入れつつ，人材育成と処遇の適正化に業界として

取り組んだものだといえる。その他にも成果主義の導入をはじめ，様々な変化がみられたのであるが，残念ながらいくつかの企業の事例記事を除き，それを直接的に分析した研究は少ない。現在の日本の情報産業のHRMがどのようなものであるかについては，第5章以降の調査において，実態を明らかにすることが望まれるだろう。

3 ヒューマン・キャピタルかヒューマン・プロセスか

　これまでの二つの議論，すなわちHRMがプロフェッショナルを前提とするか組織人を前提とするか，そして市場（外部）志向であるか組織（内部）志向であるかにおいては，その内容に重複している部分がかなりある。プロフェッショナルを前提としたものや市場志向のHRMは個人を重視したものとなり，競争的になりやすい。もちろん双方に違いはあるが，かなりの部分で共通点が多いと思われる。一方，組織人を前提としたHRMは当然組織志向になり，チームや集団を重視した，先に見たものほどは競争的ではないHRMになりやすい。細かな違いを除いて大別するならば，個人を競わせて個々の知識や能力を高めるHRMなのか，協働を促して強いチームや集団を作るHRMなのかといったことに集約されるといえる。

　そうした議論をまとめるような形で知識労働者のHRMを論じたものにAlvesson（2004）がある。それによると，知識集約型企業のHRMの根底には，その企業が持つパーソネル・コンセプト（personnel concept）があるのだという。パーソネル・コンセプトとは，HR戦略やアレンジメントの前提となるものであり，HRMのポイントを見出し，決めていくための基盤となる企業の考え方だとされている[10]。その意味合いは企業と従業員との間にある心理的契約と重なるところも大きい[11]。そしてそれは，企業が集めたいと思っている従業員の基本的なタイプや，企業から従業員に提供されるものの内容（報酬やベネフィット）を規定するものである。また，それらの報酬がどのように刺激され，コンピテンスに応じて大きくなるかなどを決めるものであり，またどの程度組織に同一化を求めるかについても影響を与えるという。そのうえでAlvesson（2004）では，二つの対照的なパーソネル・コンセプトに基づくHRM，すなわちヒューマン・キャピタル・アドバンテージ（human capital advantage）を追求するHRMと，ヒューマン・プロセス・アドバンテージ（human process advantage）を追求するHRMの，二つのタイプのHRMが提示されている。

ヒューマン・キャピタル・アドバンテージとは，卓越した人的資源による組織の優位性のことを意味しており，それを追求するHRMは，特に有能な人材の採用と保持（リテンション）を重視することになる。具体的な人的資源施策としては，ベスト＆ブライテストといわれるような人材を獲得して保持すること，それらの人材に見合うだけの高い賃金を支払うこと，さらには優秀な人材を引き付けるような面白い仕事を用意すること，そして彼（彼女）らがキャリアの展望を持てるようにすることなどがあげられる。これらの施策は，特に有能な知識労働者の高い自律性とプライド，仕事自体への強い関心に配慮するものであり，同時に彼（彼女）らが働く場所を選べる人であることを認識したうえで，その定着を目指すものだともいえるだろう。

　次にヒューマン・プロセス・アドバンテージとは，模倣困難なレベルに達したHRMのプロセスが生み出す優位性を意味しており，それを追求するHRMでは，強いチームや良好な人間関係，あるいは組織文化の創造を重視する。そのための具体的な人的資源施策としては，ワークオーガニゼーションの設計，個人へのサポートのメソドロジーの確立，社会的関係の構築やチームビルディングなどが重要なものになる。こうしたHRMは，知識労働者が組織活動を行うことに焦点をあてたものであり，同時に特に有能な個人を活かすHRMではなく，優れたチームや組織を作るためのHRMだと理解されるだろう。協働を重視した組織志向のHRMであるといえる。

　このヒューマン・キャピタル・アドバンテージとヒューマン・プロセス・アドバンテージという考え方は，元々Boxall（1996）が提示したものである。それはHRMが知的資本の蓄積を通じて，企業の競争力を高めると主張する研究の一つに位置づけられる。その後，Boxall and Purcell（2003）においても，プロフェッショナル・サービスをするような企業では知識だけが競争力のある資源だとして，有能な人材のマネジメントの重要性が論じられている。そして有能な人材のマネジメントの重点は報酬だけではないことが述べられており，チーム編成や学習する組織を作ることの重要性にも論及している。その点で，Boxall（1996）やBoxall and Purcell（2003）は，ヒューマン・キャピタル・アドバンテージとヒューマン・プロセス・アドバンテージの双方を重視しているということができる。

　さてAlvesson（2004）では，ヒューマン・キャピタル・アドバンテージを追求するHRMの例として，大規模な多国籍企業であるビッグ・コンサルティング

(Big Consulting）が紹介されている。同社はビジネススクールやエンジニアリング・スクールから優秀な人材を採用して雇用している。従業員には長期キャリアが期待されているのではあるが，ベストピープルを採用し，アップ・オア・アウトで競争させるというのが原則であるため，日本企業でみられるような，多くの人が定年まで勤務するというような長期雇用ではない。同社が持つパーソネル・コンセプトは，①成果に強い関心があり，②改善に熱心で，③キャリアを開発し，④よく稼ぐ，というものだとされている。したがって，やや市場志向であり，個人主義が強く，働くことに関する選択の自由や経済合理性が重視されることになる。

一方，ヒューマン・プロセス・アドバンテージを追求するHRMの例としては，CCCというIT関連企業が紹介されている。同社では，創業者が築いた素晴らしいネットワークとクライアントとの緊密な関係が競争力になっている。そのためHRMも良い社会的関係，コミュニケーションを重視したものになっている。従業員には会社が何をしようとしており，その意味が何であるかが理解されているという。HR問題への関心と組織文化が強く，組織の階層はあまり意識されていない。同社によると，ITコンサルタントは技術の問題ではめったに失敗することはなく，仕事の成否に決定的な影響を与えるのは社会的関係なのだという。それゆえ，採用も人間性や態度重視で行われる。同社のパーソネル・コンセプトは，①強い組織文化の一部としての社会的個人，②仕事に社会的関係と楽しさを見出す，③地位や賃金は満足の主要因ではない，④社会的イベントやコミュニティづくりに労力をかける，⑤コンピテンスは技術的能力ではなく，社会的なコミュニケーションのスキルである，というものである。したがってコミュニティ重視であり，社会的合意，社会的合理性が重視されることになる。

Alvesson（2004）が提示した二つのアドバンテージを追求するHRMは，プロフェッショナルか組織人か，あるいは市場志向か組織志向かといった考え方をまとめるような形で，有能な個人を求めるか，優れたチームや組織を作ろうとするかという点からHRMを論じたものだとも思われる。基本的には他の先行研究と同じようなアプローチをしているのであるが，蓄積される知的資本の特徴から二つのHRMを論じているところが，先にみた諸研究との違いといえるだろう。

4　HRMの実態と多様性を考える

ここまでみてきた知識労働者のHRMの先行研究を踏まえて，本書が取り組む

べきことを明らかにしておく。序章でも述べた通り，本書では多くの知識集約型企業に対する調査を通じて，そのHRMの多様性を分析することに取り組みたい。以下にその理由を述べる。

　これまでの先行研究では，二つの対照的なHRMを示してそれらを比較したり，それぞれの企業事例を示すようなものが多かった。プロフェッショナルと組織人，市場志向と組織志向，ヒューマン・キャピタル・アドバンテージとヒューマン・プロセス・アドバンテージ，それらはすべて，知識労働者のHRMを考えるうえで重要な要素であり，おそらくこのような対比によって検討することが，知識労働者のHRM研究の基盤であるといえるのだろう。その点は，本書においても重視されなければならない。しかしながら，そうした研究は従来からある専門職研究の内容をそのまま踏襲したものであるし，複雑な知識労働者の一側面のみを議論することになりかねない。もし知識労働者や知識集約型企業の実態を正確に理解しようとするならば，もっと詳細な検討が必要になると思われる。

　知識労働者の先行研究をみると，彼（彼女）らが非常に多様であることがわかる。仕事の新奇性や複雑さにも違いがあるし，他者と協働する程度も異なる。さらには仕事に使用する知識の特徴にも違いがある。そのように考えると，知識労働者のHRMにはもっと多様性があるように思われる。たとえば新奇性の高い仕事を個人で，あるいは少人数で行う企業もあるし，そうした仕事を大きなチームで行う企業もありえる。さらには企業特殊性の高い知識を使いつつ，複雑な仕事をする企業と，比較的定型的な仕事をする企業等，色々な企業が想定できる。それを踏まえるならば，現実的には個人重視で競争的なHRMと，組織重視で協調的なHRMのいくつかの要素をうまく組み合わせようとする企業や，両者のバランスを取ろうとする企業があることは容易に想像できる。また比較的定型的な仕事が多い知識労働者には，プロフェッショナルのような人材とはまったく異なるHRMがなされることも考えられる。知識労働者を現実的に捉え，実践的インプリケーションに結びつくような議論を行うためには，HRMの多様性に関するもっと詳しい検討が必要になるだろう。

　それに加えて，日本の知識集約型企業のHRMが，日本企業ならではの特徴を持っている可能性を考慮することが必要になる。日本企業は古くから特徴的なHRMを行っており，それが高く評価されてもきた。近年その見直しが取りざたされているものの，現在でもその仕組みや慣行がすべて捨て去られたわけではないだろう。そうした歴史的経緯により，日本企業が独自のHRMを形成している

可能性もある。これまでの先行研究は欧米を中心に行われてきたので，日本独自の事情について考慮されることは少なかったといってよい。本書では，日本企業ならではの特性に配慮した分析も必要であろう。

そしてもう一つ重要なことは，これまでの研究において多くの企業を対象とした調査を行ったものが，ほとんど見当たらないということである。もちろん，日本の知識集約型企業のHRMの事例研究もあまりなされてこなかった。先述のように，多くの先行研究が対照的なHRMを際立たせるような少数の企業事例を示す段階にとどまっていたともいえる。それでは特定のタイプの知識労働者のHRMを知ることはできても，現実の複雑で，多様な知識労働者や知識集約型企業を理解することは難しいであろう。

本書が多くの企業に対するインタビュー調査を研究方法に選んだのは，知識労働者のHRMの実態を把握し，その意義や課題を検討できるようにするためである。それによってはじめて，今後の産業社会の実践的課題に対するインプリケーションを得ることができる。以上のことから，本書は多くの企業に対する調査を通じて，HRMの多様性を分析することにしたのである。

第4節　何が多様性につながるのか

本書では知識労働者のHRMの多様性を分析するのであるが，それと同時に，HRMの多様性の背景にあると思われる要因についても分析しようとしている。そのことによって，単に多様性の様相をみるだけでなく，なぜ多様なHRMが存在するのかを理解することができるからである。以下では先行研究から推察できる多様性の要因を検討してみたい。

最初に，その代表的なものとして，知識労働者の仕事にまつわる各種の多様性があげられる。まず考えられるのが，仕事の新奇性や独自性，あるいは複雑さである。プロフェッショナルをモデルとしたHRMや市場志向のHRM，あるいはヒューマン・キャピタル・アドバンテージを重視したHRMは，高度で新奇性の高い仕事をする知識労働者を前提に考えられていることが多かった。Maister (1993) における頭脳型の仕事に従事する知識労働者や，Davenport (2005) における協働型や専門家型の知識労働者では，個人の高い能力を発揮させることや，彼（彼女）らを競争的な環境に置くことが重視されていた。彼（彼女）らは困難な仕事に従事し，高度な知識や創造性を用いて働くため，他者での代替が難しく

なる。それゆえ，個人の能力や成果を最大限評価し，尊重するようなHRMが必要になるのだろう。仕事の複雑さや新奇性，あるいは先進性や独自性が，上記のHRMの背景にあるものと考えられる。

　次に考えられるのが，組織や協働の重要性，特にそこにおける企業特殊知識の重要性である。いくつかのコンサルティング・ファームやSASインスティテュートの事例が示すように，高度で独自性の高い技術開発をしている企業でも組織志向のHRMが行われている例がある。それらの企業でチーム活動が多く行われており，組織が重視されていることは容易に想像できるのであるが，それだけでなく，企業内に蓄積された企業特殊知識の重要性が，そうしたHRMの必要性を高めているのだと思われる。Cusumano（1991）が示した日本のソフトウェア企業では，組織に蓄積された知識が非常に活用されていた。またSASインスティテュートでも，社内の教育訓練を通じた知識の移転が熱心に行われていた。さらにいえば，企業特殊知識の蓄積は，組織志向のHRMを行う日本企業の特徴としてよく知られるところでもある（Aoki, 1988）。そうした点からみても，企業内特殊知識を重視する姿勢が，組織志向のHRM，あるいはヒューマン・プロセス・アドバンテージを重視するHRMの背景にあるものと思われる。

　一方，知識労働者の仕事内容だけでなく，その企業を取り巻く環境もHRMに影響を与えると考えられる。たとえばその企業が直面する競争の厳しさである。Thite（2004）の研究にもあったように，知識社会の進展によって競争が激化し，それに伴って市場志向のHRMが増加することになった。やはり厳しい市場競争にさらされ，不確実性が高い状況にある企業では，知識労働者のマネジメントも安定的な処遇を約束するようなものにはなりにくいのだろう。企業業績が向上した時には知識労働者にも多くの報酬を与え，そうでない時には報酬が減少するといったHRMが採用されやすくなると思われる。おそらく，同じ知識集約型企業においても，より厳しい競争にさらされている企業の方が，市場志向のHRMになりやすいと考えられる。

　先行研究をみただけでも，これら三つの要因が考えられるわけであるが，他にも，色々な要因がHRMの背景にあるものと思われる。第5章以降の実態調査において，その探索も含めて，詳しい分析を行っていくことにしたい。

●注

1　Toffler（1980），邦訳書，551～552頁。

2　Toffler（1980），邦訳書，552頁。
3　Davenport（2005），邦訳書，35頁。
4　特定の企業の中で，長い企業活動の過程で形成され，蓄積されたその企業に固有の知識である。その企業の独自性，強みなどに関わるために，非常に重要なものであるが，汎用性は低く他企業において通用するとは限らない。Aoki（1988）などにおいて，日本企業には企業特殊知識が豊富に共有，蓄積されていることが論じられている。
5　Tayler, F. W.が科学的管理の方法をまとめて出版したのは1911年である。現在はTayler（2006）においてその詳細が示されている。
6　Pelz and Andrews（1966）やShepard（1958）はその代表的なものであり，日本でも太田（1993）や三崎（1998, 2004）がそうした研究を行っている。
7　財務，顧客，社内ビジネス・プロセス，学習と成長の四つの視点から組織の業績を管理しようとする手法である。詳しくはKaplan and Norton（1996）を参照されたい。
8　もちろん現在ではさらに企業規模が大きくなっていることから，こうした傾向が変化している可能性もある。
9　ITSSとは，業界全体で共有できるIT技術者のスキル標準の作成を目指したもので，人材育成や組織間移動の際の処遇の適正化を企図したものである。マーケティング，セールス，コンサルタント，ITアーキテクト，プロジェクトマネジメント，ITスペシャリスト，アプリケーション・スペシャリスト，カスタマーサービス，ファシリティマネジメント，オペレーション，ソフトウェア製品デベロップメント，研究開発，プロジェクトマネジメントオフィスなどの領域ごとに7段階のスキル標準が設けられている。
10　Alvesson（2004），p.147。
11　Alvesson（2004），p.148。

第2章
知識労働者の企業への定着と相互作用，キャリア発達

第1節　はじめに

　本章では，研究課題2において取り上げる知識労働者の意識や行動，成長に関する先行研究のレビューを行う。かつて日本的なHRMが注目された際には，それが従業員を企業に定着させ，相互作用を強化し，キャリア発達を促すものとして評価されていた。そのことが日本的なHRMの意義としてみなされたわけであるが，知識労働者のHRMについては現在のところそのような検証がなされておらず，したがってその意義や課題を論じられるまでには至っていないといえる。研究課題2は，それに取り組むために設定されたものである。

　日本的なHRMにおいて注目された企業への定着，相互作用，キャリア発達は，知識労働者にとって他の労働者以上に重要なものだといえる。知識集約型企業の経営資源は知識がすべてであるといっても過言ではなく，その事実上の持ち主である人材を保持するためのマネジメントはそれらの企業の最大の課題である。優秀な人材の流出は経営資源の喪失を意味するわけであるから，その定着が目指されるのは当然のことだといえよう。また優秀な知識労働者が企業内に保持できたとしても，彼（彼女）らがその知識を組織に提供することを嫌がるのであれば，個人の知識が組織の知識に発展することもなく，また個々の知識労働者がさらに成長する機会も少なくなる。知識労働者が相互作用することは組織と個人の競争力の強化に深く関わることなのである。したがって，相互作用の活発さが重視されるのもまた当然のことといえる。

　さらに知識労働者の成長やキャリア発達も，彼（彼女）らを雇用する企業の大きな関心事であることはいうまでもない。多くの知識労働者が成長することは，企業の経営資源の増加を意味するからである。もちろん，知識労働者個人の立場に立てば，それは何より重要なことといえる。良いHRMとは自分を成長させてくれるものであり，豊かなキャリア発達，職業生活につながるものであるのに相

違ない。その意味で彼（彼女）らの成長やキャリア発達とHRMとの関連性をみることの意義は大きいと思われる。

　実は企業への定着，相互作用，キャリア発達の3つは，知識労働者に関する研究において，比較的頻繁に議論されるテーマであったともいえる。また前章でみた先行研究に照らして考えてみても，相互作用はヒューマン・プロセスの向上に，キャリア発達はヒューマン・キャピタルの増加に，そして定着はその双方につながるものである。それゆえ，知識労働者のHRMを考えるうえで，これらに注目する必要性が高いものと思われる。これまでのHRMの先行研究では，HRMとこうした知識労働者の意識や行動，成長との関連性が検証されてこなかった。それが明らかになることによって，多様なHRMの意義や課題の検討が可能になると思われる。本章のレビューはそうした目的意識のもとに行われる。

第2節　企業への定着

　知識労働者が企業に定着することの重要性は多くの先行研究が指摘している。知識集約型企業は知識が唯一の経営資源といってもよく，高度な知識を保有する人材が離職することは，経営資源の喪失に他ならないからである。それについてはDrucker（1999）やDavenport and Prusak（1998），Thite（2004）などが論及している。

　問題はいかにして知識労働者を定着させるかであるが，そこには，一般的によく議論される処遇の改善や，仲間との一体感，組織コミットメントの強化とは異なる施策も必要になるようだ。最もよく指摘されていることは，彼（彼女）らに挑戦の機会や成長の機会を与えて企業にとどまらせることである。知識労働者が面白く，やりがいのある仕事を求めており，強い成長欲求を持っていることに基づく指摘である。

　Drucker（1999）もそうした考え方を持っており，知識労働者の定着は金銭的報酬による方法では限界があり，より挑戦的な仕事や成長の機会を与える方が有効であるという考え方を示している。またDavenport（2005）においても，知識労働者が企業にとどまりたいと思う理由として，賃金より何よりも「新しいスキルが学べるかどうか」が重視されていると述べられている。またそれに関連して，上司からのフィードバックがあることや，企業内で何が行われているかについての情報の開示も重要になるという。そして，知識労働者の確保と引き止めは重要

なので，マネジャーには，最高の人材を見つけ，引き寄せ，離職を思いとどまらせるような，よくできたマネジメントのプロセスが求められると述べている。同時に，知識フレンドリーな文化を醸成し，官僚主義のわずらわしさから知識労働者を守ることの重要性も指摘している[1]。

　このようにみると，何よりも仕事の内容が重要であり，それに付随して学習や教育訓練の機会が充実していることが重要だと推察できる。その点についてはAl-Suwaidi（2003）が詳しく考察しているのだが，そこで問題となるのが優秀な知識労働者ほど転職する能力が高くなることである。企業からみると，知識労働者に教育訓練を施すことは，彼（彼女）らの転職できる能力を高めることにつながってしまう。それゆえ，教育訓練機会を充実させることを躊躇する企業も出てくるのだという。しかしながらAl-Suwaidi（2003）は，有能なHRマネジャーは独自の教育訓練を行うことによって，知識労働者の離職を減らすことができると述べている。他社よりも魅力的な教育訓練があるのであれば，優秀な知識労働者が他社に魅力を感じることは少なくなるのであろう。O'Reily and Pfeffer（2000）で紹介されたSASインスティテュートの教育訓練などは，その事例といえるのかもしれない。

　一方，仕事内容や教育訓練だけでなく，賃金なども加えたHRM全体の諸施策を駆使することによって，知識労働者の離職を防ぐことを考えた研究もある。

　Lee and Maurer（1997）はIT技術者の離職の経緯を，①あらかじめ考えていた計画を実行する形で離職する，②嫌なショックのために計画やあてがなくても離職する，③ショックが他の選択肢の評価・探索を引き起こして離職につながる，④ショックはないが日頃の小さな不満に基づいてゆっくりと離職が決められる，の四つに分類している。そして離職を回避するための対策が，配置，報酬，不平の原因の処理，教育訓練，キャリア・プランニングなどのHRM施策から検討されている。Lee and Maurer（1997）の主な主張は，①の経緯の離職には不平処理以外の施策によって個々の技術者の要望に応えるのが有効であり，②の経緯であれば配置か不平処理の施策が有効であり，③の経緯であれば報酬や教育訓練，キャリア・プランニングの施策が有効であり，④の経緯であれば教育訓練とキャリア・プランニングの施策が有効である，とまとめられる。

　また，IT技術者をプロジェクト志向の技術者，プロフェッショナル志向の技術者，管理者志向の技術者に分類したうえで，それらのタイプによる効果的な離職の対策がまとめられている[2]。そこからあげられた命題は次の通りである。

命題1：挑戦的な機会による内発的動機づけはプロジェクト志向の技術者やプロフェッショナル志向の技術者には効果的だが（離職を回避させられる），マネジメント志向の技術者には効果的ではない。

命題2：公式な訓練はプロフェッショナル志向の技術者とマネジメント志向の技術者には効果的だが，プロジェクト志向の技術者には効果的ではない。

命題3：不平処理のメカニズムが容易に利用できることはリテンションに役立つ。

命題4：学位の取得の機会はプロフェッショナル志向の技術者とマネジメント志向の技術者には効果的だが，プロジェクト志向の技術者には効果的ではない。

命題5：テクニカルなキャリアラダーがあることは，プロジェクト志向の技術者やプロフェッショナル志向の技術者には効果的だが，マネジメント志向の技術者には効果的ではない。

命題6：（離職を望む人を）離職させることで組織効率が上がることもある。

その他にも配置転換を行うことや，報酬を市場で適正な水準にすることで一定の効果が期待できることなども述べられており，非常に多角的な検討がなされたといえる。また意欲の減退した知識労働者を退職させることも，結果的に企業のためになることが述べられるなど，現実的な検討がなされたといえるだろう。なお潜道（1998）では，Lee and Maurer（1997）の研究結果を受けて，知識労働者を管理するHRMスペシャリストや管理者の活動が重要になることが指摘されているとともに，できるだけ内発的報酬を重視する優秀な人材を採用した方が，企業への定着が図りやすいと述べられている。

さて知識労働者の企業への定着が大事であることは間違いないものの，彼（彼女）らの特性を考えると大半の人を定年まで雇用し続けるということは現実的ではないことも推察できる。Lee and Maurer（1997）のいうように，離職した方が企業にも本人にも良い結果がもたらされる場合もある。それだけでなく，ある程度の勤続年数で転職する方が合理的なキャリアや，組織の一定比率の人員が定期的に入れ替わり，知識やスキルが再編される方が望ましいという企業も考えられる。そもそも知識労働者の転職は，今の企業に不満がなくても，新しいキャリアの目標に向けて積極的になされる場合が多分にあると考えられる。企業を変わることによるステップアップが当然とされているコンサルタントや，先端的なITを扱う企業においては，古くからの日本企業のような長期雇用を目指すのは

現実的ではないようにも思える。知識労働者の企業への定着は，企業側が優秀だと認めている人材が短期的に離職するようなことがなく，個人からみると企業に失望して離職するようなことがなければ，十分に良い状態だとみることができるのではないだろうか。反対に，仮に離職する人が少なくても，それが他社に移る能力がないといった消極的な理由によるものであれば，良い状態とはいえないだろう。

　先行研究にも，そういう認識のもとに知識労働者の定着を論じるものがある。Lorsch and Tierney（2002）では，コンサルティング・ファームなどのプロフェッショナル・サービス・ファームのマネジメントが論じられている。その中で，人材の定着も論じられているのであるが，そこで重視されるのはスター人材と呼ばれる一部の中核的な人たちである。プロフェッショナル・サービス・ファームでは一般的に毎年10〜20%の人たちが退職していく。そしてそれは悪いこととは限らず，一流のコンサルティング・ファームなどでは退職者が卒業生と呼ばれ，他業種で活躍してファームのネットワーク人材になるだけでなく，優良な顧客候補にもなるのだという[3]。したがって，全員を企業に定着させるために膨大な努力をする必要性はそれほど強くないのである。

　さてLorsch and Tierney（2002）によると，スター人材はごく一部の人たちで，その多くは生え抜きの従業員だという。彼（彼女）らは企業組織の中で育ち，長期にわたって活躍する。スター人材は多くの収益を企業にもたらす人であるが，それだけではない。単に金を稼ぐだけの人たちは，レインメーカー（rainmaker：金の雨を降らせる人）と呼ばれており，彼（彼女）らは個人としての実績は大きいが，企業の長期的発展に寄与する人ではない。スター人材は後進の育成をはじめ，企業の長的発展に貢献できる人材であり，十分な報酬を与え，その採用や育成に十分な時間を割くべき人材だとされている。

　また先にもみたThite（2004）によると，知識集約型企業においては高業績者と低業績者の離職は多くなりがちだという。そこにおいて問題となるのが，高業績者の離職なのだが，それを引き留めるためには，ある程度高額な報酬なども必要になり，組織への共感や一体感だけでは引き留められない場合もあるのだという。同様のことはAlvesson（2004）でも触れられており，知識労働者の企業へのロイヤリティは，共通性，共有されたポジティブな感情，社会的な連帯などに基づいた同一化のロイヤリティだけでなく，関係の継続がお互いにメリットを生むという期待に基づく道具的なロイヤリティもあるのだという[4]。おそらく，

ヒューマン・キャピタル・アドバンテージを追求するような企業で，特に優秀な人を引き留めようとする場合，こうした道具的ロイヤリティを前提とした施策が必要になることが多くなると思われる。

このようにみてくると，知識労働者の企業への定着の施策は，優秀な人材に特に焦点をあてて行われることが多いことがわかる。すべての知識労働者を長期雇用することは困難なことでもあり，ある程度の人材の流動化は必ずしも悪いことではないのである。またLee and Maurer（1997）のいうように，意欲を失ったような人が企業にとどまったとしても，それは本人のためにも企業のためにもならないであろう。知識労働者の定着を推進する場合には，それが積極的な理由による定着であることが必要になる。知識労働者がその企業で働くことに意義を見出し，意欲を持って仕事に取り組み，その結果として定着の意志が強くなることが必要であると思われる。

一方，知識労働者を企業に定着させるための方法として，様々な施策が議論されていることもわかる。一般に人が企業に定着することを論じる際には，組織コミットメントや職場の人間関係に関する施策が重視される場合が多いのであるが，ここでみた先行研究にはその他のことが数多く取りあげられている。仕事自体の面白さや挑戦機会，さらには教育訓練などの成長の機会は，その代表的なものだといえるだろう。その他にも，報酬や昇進，自分が望むキャリアなどを与えることが必要になる場合もある。また知識労働者は金銭的報酬には動機づけられないという説があるが，優秀な人材を保持しようとするならば，彼（彼女）らのプライドに配慮した報酬は必要になるようだ。知識労働者を組織に引き付け，保持するためには，組織や仲間への愛着を強化する施策だけでなく，より仕事の魅力を高め，彼（彼女）らの成長欲求や承認欲求に応えるための施策が必要になるのだと思われる。

第3節　他者との相互作用，コミュニケーション

次に，知識労働者の相互作用やコミュニケーションの促進という視点から，彼（彼女）らのマネジメントを論じる先行研究をみていきたい。数多くの研究がそれに注目している。Davenport（2005）によれば，知識労働者は自分の知識の価値を重んじ，簡単には他者にそれを提供しない[5]。知識は彼（彼女）らのすべてであり，取引の道具であり，生産手段であるため，もし自らの不利益につながる

のであるならば，その提供を拒むのは当然だといえる。しかしながら，ナレッジ・マネジメント（knowledge management）が取り沙汰されることからもわかるように，企業は個人の知識を組織の知識とし，競争力を強化したいと考えている。知識労働者が相互作用してお互いの知識を共有することは，組織の知識を豊かにするための基礎的条件なのである。さもないと，優秀な知識労働者の離職がそのまま大きな経営資源の喪失になってしまう。こうした問題意識は多くの研究者が持っており，先にみたThite（2004）も，知識労働者に自らの知的なパワーをいかにUnlock（解放する，鍵を開ける）させるかを非常に重視している。それだけ，知識労働者のマネジメントにおける重大な問題なのである。

まずMaister（1993）からみていこう。それによると，個人の自律性が重視されやすいプロフェッショナル・サービス・ファームにおいても，協調やチームワークが重視されるファームがあるのだという。その例として，マッキンゼー，ゴールドマン・サックス（Goldman Sachs），アーサー・アンダーセン，ヒューイット・アソシエイツ（Hewitt Associates）などがあげられており，それらのファームでは突出した個人だけをもてはやすようなことはあまりないのだという。企業へのロイヤリティ，協調，集団のアイデンティティ，チームワークが重視され，それらがファームとしての強い競争力につながっているという。Maister（1993）ではそれがワンファーム・ファーム（One-firm Firms）と呼ばれており，強い求心力を持った一流のファームを表わす概念の一つとして取り扱われている。

次にKrackhardt and Hanson（1997）は，知識労働における非公式な人的ネットワークや，そこにおける相互の信頼を重視している。それによると，企業組織における本当の仕事は非公式組織，職能を越えたネットワークで行われるものである。公式組織を骨格に例えるとするならば，非公式組織は神経であり，不慮の問題が生じた時には非公式なネットワークが起動するとされている。ネットワークには，①卓越したメンバーが問題解決や技術の指導をするアドバイスのネットワーク，②政治的なものも含め，繊細な情報等を分け合う信頼のネットワーク，③仕事に関することの話し相手を示すコミュニケーションのネットワークの三つがある。そして実際の企業事例をあげながら，信頼とアドバイスのネットワーク分析をすることによって，タスクフォースの仕事と動きがクリアになったと主張されている。同時に，タスクフォースのリーダーとしての技術力は，チームの成功にそれほど重要ではなく，信頼のネットワークによるチームの再編成が成功につながる要因であったと述べられている。

続いて，Davenport and Prusak（1998）は，知識集約型企業が成功する基礎的条件を，賢い社員を雇い，お互いに会話させることだとまとめている。その中で直接的な接触による人と人との交流の重要性を強調している。Davenport and Prusak（1998）によると，ナレッジ・マネジメントの要は知識の自発的交換の促進である。それを実現するためには直接的な対人接触や信頼が重要になるのだが，対話を通じての知識の移転は，バーチャル・オフィスなどの出現によって減少することが懸念されている。また対話や交流を促すためのイベントなどを行うことも考えられるが，詳細なスケジュール構成の大フォーラムは大抵失敗に終わると述べられている。特に，暗黙知は移転が難しく，直接的で継続的な接触がどうしても必要になる。それゆえ日常のマネジメントに，人の交流や信頼を促進・向上させるための努力や仕組みが求められてくるのである。たとえば，知識移転に成功している企業は，共通言語を持っていることが多い。共通言語を多く持つことはチームや組織の一体感を強化し，それが対話の容易さや意思疎通の円滑さにつながるのであろう。チームや組織志向のマネジメントの重要性がうかがい知れる指摘である。

またPfeffer（2003）も，知識労働者の協働を促すためには，組織における分業や専門化を減らすこと，コントロールスパンを大きくして階層を減らすこと，そして自己管理チームを作ることなどの施策が重要だと述べている。同じようにNorth and Gueldenberg（2011）も，人々の相互作用における信頼やチームとしての一体感の重要性について触れている。そこでは相互作用における知識の連結が，プラグ・アンド・プレイ・モデル（plug and play model）と，プラグ・モディファイ・アンド・プレイ・モデル（plug, modify and play model）に分けて説明されている。前者は適切な知識労働者同士を引き合わせるだけの考え方なので，当事者の知識に変化は起こらない。それに対し，後者は知識をつなぐだけでなく修正等を加えようとするので，当事者の知識がより良いものに変化する可能性がある。そのような連結を実現しようとするならば，優れたチーム・マネジメントが必要になるのである。

さて，知識労働者の相互作用については，Boxall（1996）のヒューマン・プロセス・アドバンテージに依拠してそれを論じるものも多い。すなわち，社会的関係やチームビルディングを重視するHRMが，メンバー間での知識やスキルの共有を促し，社会的な知的資本の蓄積につながるというものである。例えばEdvinsson（2003）では，知的資本の蓄積と保持がHRMの目的として明確に意識

されている。そこでは，組織の本当の価値，すなわち競争力の源泉は知的資本にあるとされている。そして知的資本を二つの次元に分けて論じられている。一つは人的資本（human capital），すなわち個人が持つ知識やスキルである。そしてもう一つが構造的資本（structural capital）であり，それは組織の内部プロセス，構造，データベース，顧客との関係に蓄積されるものである。特に後者の重要性，あるいは独自性に注目がなされており，もし企業の中核的な集団を解雇したら，構造的資本の破壊につながると述べている。そこからは，雇用の維持や人材の内部登用を重視するような考え方が垣間見える。

またPrusak and Cohen（2004）では，構造的資本に代わる概念として社会的資本（social capital）が使われており，それを豊かにするためのHRMが論じられている。それによると，組織を成功に導くのは社会的資本だとして，その重要性が強調されている。また同時に，現代は環境の不安定性の増大と，バーチャルな組織への過剰な依存から，社会的資本が危うくなりやすいと述べられている。それゆえ社会的資本を維持・発展させるための努力が求められるとされている。知識社会は不安定であり，バーチャルなものが溢れている。もちろん，それらは一概に悪いというものではない。不安定性は新しいものが生まれるための土壌にもなりえるし，バーチャルな組織などは企業の柔軟性を高めることにもつながる。しかし，それらは現実の社会的な関係を蝕む可能性もあるのである。本来の社会的資本は，日常の現実的な活動から生み出される。きつい地道な日々の努力を継続し，人と人との間のつながりを作り，信頼を可能にし，協力関係を強めることが大事になる。そのためには，メンバーのデスクを共有するなどの職場の工夫にはじまり，適切なHRMを行うことが必要になるのである。

Prusak and Cohen（2004）では，価値ある社会的資本の蓄積はメンバーの定着にもつながるとして，その価値を評価している。そして，それを実践するマネジメントの例として，SASインスティテュートを取り上げている。同社の離職率は4%以下であり，非常に定着率が高いといえる。その同社が行っているHRMというのが，内部昇進制であり，それによって経験を共有した人が上司になり，その下でメンバーは安心して働くことができるようになるとされている[6]。

続いて，Swart and Kinnie（2010）では，プロフェッショナル・ファームにおける組織の学習志向と人的資本や社会的資本，HRMとの関わりが論じられている。まず組織の学習志向についてであるが，March（1991）に則り，探索型学習（exploration）と活用型学習（exploitation）の二つが取りあげられている。そし

てそれに加え,学習が長期志向なのか短期志向なのかも検討される。そのように区分された組織の学習志向によって,重要となる知的資本の内容や,それを支えるHR施策が異なってくることが議論されたのである。簡単にいうならば,組織の学習が探索的になるほど人的資本は創造的,あるいは分析的なものが必要になり,社会的資本は実験的でチーム活動を重視したものが必要になる。そしてHR施策としては,有能な人材の採用や外部人材の登用,競争的な昇進制度が必要になり,かつ長期的キャリア開発やジョブ・ローテーション,組織業績に連動するような報酬制度も必要になるという。また組織の学習志向が長期的になるほど,人的資本は熟練が求められるようになり,社会的資本の蓄積はより重要になってくる。そしてHR施策としては,より人材育成を重視した長期的なものが必要になるとされている。Swart and Kinnie (2010) は知的資本の蓄積を論じるだけでなく,その内容の違いにも論及したことが特徴だといえるだろう。

最後に,van Winkelen and McKenzie (2011) では,実践コミュニティ (Community of Practice) に着目することによって知識労働者の相互作用が論じられている。実践コミュニティとは,Wenger (1998) などによって提示された概念であり,「共通の専門スキルや,ある事業へのコミットメントによって非公式に結びついた人々の集まり」[7]と定義されるものである。近年ではこうしたコミュニティへの関心が高まっており,専門職が組織内外の実践コミュニティに参加することによって新しい知識を生み出すことを論じる研究も現れてきている(石山, 2013)。van Winkelen and McKenzie (2011) によると,実践コミュニティへの参加は,人的資本,社会的資本の形成や蓄積につながる。知識労働者は,自らの成長のため,あるいは人助けや友人を得るため,そして仕事上の目的を達成するために実践コミュニティに参加するのである。他方,日常的なマネジメントにおいても,熟練した人から学習者への知識の移転が進むように,両者の間に強い関係を作ることが重要だと述べられている。具体的には,伝統的な徒弟制,メンタリング,個人的なコーチング,エキスパートチームによるコーチング,ツーウェイのメンタリングなどがあげられている。

これらの研究を見ると,知識労働の成果を高めるために,知識労働者の相互作用が非常に重視されていることがわかる。そしてそれが実現されるためには,人々の信頼やチームが重視されるマネジメントが必要だと考えられていることがわかる。その点でいえば,組織志向のHRM,あるいはヒューマン・プロセス・アドバンテージを追求するHRMの重要性が推察されるということになるだろう。

第4節 キャリア発達

1 知識労働者の学習と成長

　ここからは知識労働者のキャリア発達についてみていく。それが知識労働者にとって重要なものであることはいうまでもない。企業にとってみれば，彼（彼女）らの成長を促すことは経営資源の増強を進めることに他ならない。また，向上心が強い知識労働者自身の立場からみても，豊かなキャリア発達が期待できる企業こそ，望ましい企業だと考えられる。それを実現するHRMが強く求められるといえるだろう。

　本書が取りあげる知識労働者はIT技術者やコンサルタント，金融・保険の専門職であるが，それらが注目されはじめてからそれほど年月は経っていない。そのため彼（彼女）らのキャリア研究も多くの蓄積があるわけではない。キャリアとは長期間にわたる職務・経験の連鎖や，成長のプロセスを表わすものであるが[8]，そのような長期的な視野を持って知識労働者が研究されるようになったのは近年になってからである。知識労働者が注目された当初の研究では，まだキャリアといった長期点な観点からの研究はあまり見当たらなかったといえる。ただし，知識労働者は知識やスキルを磨きながら働く人たちであり，そのため向上心の強い人が多い。それゆえ，彼（彼女）らのマネジメントや組織の研究の中で，日常的な学習やそれを通じた成長が論じられることは珍しくなかった。その後，知識労働者の増加に伴って，徐々に彼（彼女）らの長期的なキャリア発達を論じる研究が増えてきたといえる。そして，知識社会における新しいキャリアの概念がいくつか提示されるようになった頃から，その研究は活発になり，充実してきたといえるだろう。

　簡単にいえば知識労働者のキャリア研究はこのように発展してきたのであるが，その中で知識労働者のキャリアには，キャリアにおける個人の意志や目的意識，つまりキャリアの志向が重要であることが明らかになってきた。知識労働者のキャリアは組織に依存するのではなく，個人が主体的に切り拓くものであり，そこでは個人のアイデンティティに基づくキャリア志向が非常に重要になるのである。しかも，個人がどのようなキャリア志向を持つかによって学習の特性が異なることや，キャリア志向の内容や強さによって仕事の成果が変わってくることが明らかになってきた。それゆえ，本書において知識労働者のキャリア発達をみる

際には，キャリア志向に注目し，どのようなHRMにおいてどのようなキャリア志向の持ち主が多くなるのか，あるいは仕事の成果につながるようなキャリア志向を強化するHRMはどのようなものなのか，それらを明らかにすることが重要であるとわかる。こうした研究の経緯から，本書では知識労働者のキャリア発達をキャリア志向を中心にみていきたい。

まず，比較的早期に行われた研究に触れておきたい。例えばソフトウェア技術者の学習を論じた初期の研究として，Sacks（1994）があげられる。そこでは携帯電話の料金システム向けのソフトウェア等を開発する企業であるセルソフト（仮名）を対象に，ソフトウェア技術者の学習と成長の特徴が研究されている。主にインタビュー調査と参加観察による研究が行われたわけであるが，それによると，セルソフトのプログラマーは体系的な学習はほとんど行っておらず，彼（彼女）らの学習は仕事に付随して偶発的に，漸進的に行われると結論付けられている。そして多くの人が，より熟練したプログラマーから学習しているとされており，特に会話による学習の有効性が強調されている。セルソフトは200人余りの企業なのであるが，やや小規模な企業ではこうした現場での経験を通じた学習が中心になるのかもしれない。

次に，前章でも取りあげたCusumano（1991）では，ファクトリー方式の開発を行うソフトウェア技術者の学習が論じられている。当時ファクトリー方式を採用していた日本企業では，必ずしもソフトウェアやコンピュータ・エンジニアリングに関する専門的教育を受けた人を雇用するわけではなかった。むしろソフトウェアの技能を持たない従業員を雇用し，企業組織内で訓練したのである。例えば日立や東芝においても非熟練労働者を採用し，広範な訓練を施して自社流のプログラマーや管理者を養成する傾向があると述べられている。こちらは計画的で組織主導の学習であり，人材育成であるといえる[9]。

一方，Cusumano and Selby（1995）によるマイクロソフトの事例をみると，同社では先に見た日本企業のように計画的な教育訓練が行われているわけではないことがわかる。実践による学習がソフトウェア技術者の育成に最も効果的だということが全社的に信じられている。その背景には，先の日本企業とは異なり，高度な専門知識を持つ人材を厳選して採用しているという事情がある。そのため，入社後に組織が入念な教育訓練を施す必要性は高くなく，むしろ自律的で競争的な環境にソフトウェア技術者をおいて，そこで働くことを通じて成長を促すことが重視されるのである。Cusumano and Selby（1995）によると，マイクロソフ

トの技術者の成長を促しているのは，テスト担当者やユーザーからのフィードバックであり，自分が作成した試作品へのシビアな評価である。自分の知識に一定の自負心がある者にとっては，自分の仕事の結果をみて，それを徹底的に批判することが，最も学習を促進する契機になるのかもしれない。

このように初期の研究では，特定の企業を題材に学習や人材育成の特徴が論じられている場合が多く，長期的なキャリア発達の研究，あるいは一般性の高い研究といえるまでには至っていなかったといえる。ただそのような中でも，異なるマネジメントにおいて異なる学習があることはうかがい知ることができ，それに伴ってキャリアの様相も異なるであろうことを推察することができる。

2　ソフトウェア技術者のキャリアの研究

その後，1990年代も終わりに近づくと，ソフトウェア技術者の育成や成長に関する研究はより詳細になり，長期的な観点からキャリア発達を研究したものが現れはじめた[10]。そしてその中で，ソフトウェア技術者のキャリアにおける意志の側面にあたるキャリア志向が研究されはじめた。キャリア志向とは，個人が辿りたいと思うキャリアの方向性や，働くうえでの目的意識を表わす概念であり，本書では，「自己概念に基づいて認識されたキャリアの方向性，長期的に取り組みたい事柄と仕事の領域，働くうえでの主要な目的意識」と定義するものである[11]。それをソフトウェア技術者のキャリアの分析に取り入れることによって，彼（彼女）らがどのようなキャリアを歩もうとしているのか，何を目指しているのかが議論されるようになったのである。またそれだけでなく，キャリア志向と仕事の成果の関連性などが分析され，優秀な技術者のキャリア志向や，それに基づく学習や行動の特性が明らかにされている。

二つの研究をみていこう。まず三輪（2001）では，ソフトウェア技術者のキャリア発達が，キャリア志向やそれに伴う学習・行動特性の視点から分析された。その中で，成果が高いソフトウェア技術者のキャリア志向と学習・行動の特性や，プロジェクト・マネジャー等の難易度の高い仕事につく人の特性が明らかにされている。また同時にアプリケーション・ソフトウェア開発の技術者と，OS・ミドルウェア開発の技術者のキャリア志向や，学習・行動の比較分析もなされている。

三輪（2001）が取りあげたキャリア志向は，専門技術や外部の同業者集団へのコミットメントを重視するコスモポリタン的志向と，所属する組織とビジネスへ

の貢献や昇進を重視するローカル的志向の二つである。これら二つの志向は，Gouldner（1957）以降，専門職のキャリアを考えるうえで度々議論されてきた志向であり，そのどちらを強く持つかによって，個人のキャリア発達が異なると考えられるものである。

　三輪（2001）では，二つのキャリア志向がどのような学習や行動を促進するか，そして成果の高いソフトウェア技術者や，難易度の高い仕事をするソフトウェア技術者がどのようなキャリア志向を持っているのかが分析された。12社に勤務する230名のソフトウェア技術者を対象としたアンケート調査が行われている。その結果コスモポリタン的志向は，社外の専門的知識の学習などを促進しており，ローカル的志向は，社内の知識の獲得や他者の能力を有効活用するような行動を促進していることが明らかになった。キャリア志向による個人の学習や行動の違いが明らかになったのである。そして成果の高いソフトウェア技術者や，難しい仕事に従事するソフトウェア技術者には，コスモポリタン的志向とローカル的志向の双方が強い人が多いことが分かった。

　表２－１は，二つのキャリア志向の強弱によってソフトウェア技術者を分類し，その学習と行動を比較したもの（平均点の比較）をしたものであるが[12]，二つのキャリア志向が強い統合グループにおいてすべての学習や行動の点数が高く，二つのキャリア志向の利点を兼ね備えていることがわかる。それをみても二つの志向がともにソフトウェア技術者にとって重要であることがわかる。

　特にソフトウェア技術者の仕事の特性を考慮するならば，ローカル的志向の重要性が際立ってくる。近年のシステム開発やソフトウェア開発は非常に複雑なものであり，チームを組んで行われることが多い。その中で，他者と協力してその能力を活用するような行動が重要になるのは極めて自然なことである。またシステム開発やソフトウェア開発に必要な知識は情報技術だけではない。情報技術が使われる目的や分野に関する知識，すなわち顧客の製品やビジネス，業務に関する知識，あるいは顧客そのものに関する知識も重要になるのであり，その学習抜きにソフトウェア技術者は成果をあげることはできない。ローカル的志向は組織やビジネスに関心の強いキャリア志向なので，そうした学習を促進するのであろう。ローカル的志向の重要性はソフトウェア技術者のそうした特性を反映したものだと考えられる。三輪（2001）では，アプリケーション・ソフトウェア開発の技術者と，OS・ミドルウェア開発の技術者の比較分析もなされているのだが，前者ではより応用的で顧客の文脈に合わせたソフトウェア開発が行われるため，

表2-1 三輪（2001）におけるキャリア志向のタイプ別の学習・行動

（平均値の差のt検定結果：括弧内の数値はt値）

学習・行動	統合グループ 平均値	標準偏差	コスモポリタン・グループ 平均値	標準偏差	ローカル・グループ 平均値	標準偏差	志向弱グループ 平均値	標準偏差
蓄積・拡大型学習*1	4.98	0.93	4.49 (3.53)***	0.88	4.28 (2.49)*	0.65	3.83 (6.18)***	0.81
状況即応型学習*2	5.75	1.15	5.45 (1.81)	0.98	5.46 (0.89)	0.84	5.08 (2.82)**	1.06
自己志向行動*3	5.14	0.95	4.51 (4.31)***	0.90	4.77 (1.22)	0.92	4.03 (5.50)***	0.95
他者活用行動*4	5.91	0.74	5.32 (4.66)***	0.83	6.08 (−0.76)	0.59	5.14 (4.51)***	0.94
社内の知とOJT	4.49	1.20	3.99 (2.73)**	1.15	4.60 (−0.29)	0.82	4.00 (2.14)*	0.90
社外の知と文献	4.92	0.92	4.75 (1.14)	0.99	4.47 (1.57)	0.95	4.41 (2.55)*	1.03
資格と通信教育	3.69	1.51	3.23 (2.06)*	1.38	3.17 (1.12)	1.24	3.04 (2.23)*	1.16
社外の情報源の活用	4.83	1.02	4.52 (1.78)	1.19	3.92 (2.96)**	0.71	4.13 (3.22)**	1.10
社内の情報源の活用	5.97	0.85	5.72 (1.64)	0.99	5.96 (0.04)	0.61	5.56 (2.23)*	0.94
N	61		117		12		36	

*p<.05 **p<.01 ***p<.001

*1 蓄積・拡大型学習とは将来性のある知識や技術を計画的に身につけていく学習をいう。
*2 状況即応型学習とは現在の仕事に必要な知識や技術を効率的に入手する学習をいう。
*3 自己志向的行動とは独自のアイディアや方法論を仕事に活かそうとする行動をいう。
*4 他者活用行動とは他者の知識や能力を自分やチームのために活用する行動をいう。
出所：三輪（2001），187～188頁。

ローカル的志向が特に重要であり，それが仕事の成果にも強く関わることが明らかにされた。一方，より技術重視になりやすい後者では，相対的にコスモポリタン的志向が強い人が多いことも明らかにされている。このように，キャリア志向はソフトウェア技術者のキャリア発達の方向性を規定するものであり，仕事の成果にも影響を与えるものであることがわかった。特にソフトウェア技術者の場合，専門職ではありながらローカル的志向が非常に重要になることが大きな特徴とい

えるだろう。企業はソフトウェア技術者の育成において，ローカル的志向を強化するような取り組みを求められるものと思われる。

次にHirsh（2006）を取りあげる。そこでもソフトウェア技術者が専門性を重視するか，マネジメントに関心を持つかが議論の焦点になっている。そしてHirsh（2006）では，そうした異なる関心を持つソフトウェア技術者がそれぞれ活躍できるようなキャリア・パスが整備されるべきだと主張されている[13]。

Hirsh（2006）においても，技術的な知識や関心と，マネジメントについての知識や関心はともに重要であることが述べられている。例えばソフトウェア技術者には，専門技術とマネジメントがともに求められる役割もあるとしたうえで，プロジェクト・マネジャーや特定の職能（ファンクショナル）のマネジャーなどは，特にそのような特徴が強いと述べられている。そして専門技術を追求するようなシニア・スペシャリストは必要であるが，その数をコントロールすることも企業にとって大事な課題になるとしている。彼（彼女）らが多すぎるとその意義が曖昧になってしまうし，少なすぎるとソフトウェア技術者にとってキャリア発達の機会が減少することになってしまうからである。さらにそれに付け加えて，スペシャリストにもジェネリック・スキル（generic skill），つまり専門技術以外の知識も必要であるとして，例えば他者への影響力，幅広いビジネスの理解，人材育成に関わる知識が重要だと述べている。

こうした議論を踏まえたうえで，Hirsh（2006）はソフトウェア技術者のキャリア・パスは，よく一般企業でも活用されているデュアル・ラダー（dual ladder）以上のものが必要だと主張している。すなわち，①ファンクショナル・マネジメント，②ジェネラル・マネジメント，③プロジェクト（プログラム）・マネジメント，④スペシャリストのラダーである。そして，それらのキャリア・パスを選択するのは，チームリーダーを経験した後が望ましいこと，ラダーの間に柔軟性がある方がよく，ラダー間の人材の交流が必要であること，スペシャリストのキャリアの天井は高くされるべきことが述べられている。

Hirsh（2006）では，ソフトウェア技術者の専門的なキャリア志向への配慮と，そのためのキャリア・パスの整備が主張されているのと同時に，マネジメントへの関心やジェネリック・スキルの必要性が指摘されているといえるだろう。その点については，三輪（2001）の研究成果と共通しているといえる。

3　新しい社会におけるキャリアの研究

　ソフトウェア技術者のキャリア研究において，彼（彼女）らのキャリア志向の重要性が認識されはじめたのであるが，知識社会の進展に伴って，キャリア研究全般にも大きな変化がみられるようになってきた。それらは自律的で主体的なキャリアの研究の台頭ということができ，キャリア発達において個人の意志の側面が，さらに重視されるようになったのである。それらの研究の特徴は次のようにまとめられる。

　まず一つには，キャリア発達における個人の意志，あるいはアイデンティティ等の重要性を強調する点があげられる。知識社会におけるキャリア発達は，従来考えられてきたような組織主導のものではなく，個人の責任において実現されるものだとされているのである。そしてそのために最も重要なこととして，個人がアイデンティティや自己概念を認識すること，さらにはそれをより豊かなものに変革していくことが強調されている。次に二つには，キャリアにおける能動的な変化や学習が重視される点があげられる。適応，変化，即興，柔軟な学習などがキャリア発達のキーワードとしてあげられ，そのうえで個人が主体的に変化を創出することと，人的ネットワークの中で学習することの双方が重視されているのである。さらに三つには，上記に関連して組織を移るキャリアや，変化の激しいキャリアを肯定的に捉えている点があげられる。そこでは，組織を越えた移動が新しい学習の契機と捉えられており，組織内での安定的，計画的なキャリアよりも学習の機会が多いと考えられているのである。そして四つには，キャリアの成否の基準として，昇進や給与などよりも心理的成功や満足度を重視する点があげられる。組織内キャリアでは昇進に多大な関心が払われていたが，新しいキャリア研究では，昇進よりも心理的な充足感に意義を見出しているのである。

　こうした研究の代表的なものとして，Arthur and Rousseau（1996）が提示したバウンダリーレス・キャリア（boundaryless career）や，Hall（2002）のプロティアン・キャリア（protean career，変幻自在なキャリア）が有名である。**表2－2**は伝統的なキャリアとプロティアン・キャリアの比較であるが，個人の意志に関わる事柄が非常に重視されていることがわかる。

　さて，いくつかの研究を詳しくみていこう。Arthur and Rousseau（1996）が提示したバウンダリーレス・キャリアは，シリコンバレーで活躍するIT技術者のキャリアの分析から生まれた概念であり，組織や産業の境界（バウンダリー）を越えて形成されるキャリアである[14]。シリコンバレーはIT産業に代表されるよ

表2-2 Hall（2002）におけるプロティアン・キャリアと伝統的キャリアの比較

項　目	プロティアン・キャリア	伝統的キャリア
主体者	個人	組織
核となる価値観	自由，成長	昇進，権力
移動の程度	高い	低い
重要なパフォーマンス側面	心理的成功 仕事満足感	地位，給料
重要な態度側面	専門的コミットメント 自分を尊敬できるか （＝自尊心）	組織コミットメント この組織から自分は尊敬されているか （＝他者からの尊敬）
重要なアイデンティティ側面	自分は何がしたいのか （＝自己への気づき）	私は何をすべきか （＝組織における気づき）
重要なアダプタビリティ側面	仕事関連の柔軟性 現在のコンピテンシー （測度：市場価値）	組織関連の柔軟性 （測度：組織で生き残ることができるか）

出所：大庭（2003），116-117頁。

うな新しいビジネス，新しい経済の地として知られている。そこでは変化や柔軟性が求められ，個人も企業も不確実性に対処することが必要になる。バウンダリーレス・キャリアはそうした環境の変化から生じてきたものであり，人々が組織や産業，あるいは仕事の種類といった様々な境界を越えて動くこと，そして市場性のある能力を持つようになることが強調される。高度な専門性を持つ技術者や，変化に対応できるマネジャーは特定の組織に拘らずに働くことができるし，そのような能力を持つ人が望まれる時代になってきたとされているのである。

　このように，バウンダリーレス・キャリアは，変化や自律性に富んだものだと考えられるわけであるが，その根底にあるのが個人の意志と能動的な学習であるとされている。バウンダリーレス・キャリアでは組織にキャリアを預けるのでなく，自分のキャリアに責任を持つ必要があり，人的ネットワークを作って積極的に学習することが望まれるのである。この人的ネットワークはラーニング・システムであり，新しい知識やリソースへのアクセス経路ともいえる。バウンダリーレス・キャリアにおけるネットワークは自分にはない知識や最先端の情報の学習の場でもあり，多くの人と知り合って次の仕事の機会を得る場でもある。それゆえ，バウンダリーレス・キャリアはコミュニティ・ベースド・キャリア（community based career）とも呼ばれるのである[15]。

　次に，DeFillippi and Arthur（1996）はそれらのキャリア発達のポイントを，バウンダリレース・キャリアを支えるキャリア・コンピテンシー（career competency）として，knowing-why（個人の動機や価値），knowing-how（知識やスキル），knowing-whom（人的なネットワーク）の三つで説明している。これら三つの要素はインテリジェントな組織研究から抽出されたものに由来しているため，DeFillippi and Arthur（1996）は自分たちのキャリアの考え方をインテリジェント・キャリア（intelligent career）とも表現している。まずknowing-whyとは，個人のアイデンティティに関わるもので，変化の激しいキャリアにおいて意味を見出すセンス・メイキング能力につながるものである。そしてそれは個人が組織の制約を逃れる力を持つことにもつながるとされている。次にknowing-howは仕事上の知識やスキルの獲得に関わるもので，それを主体的に，かつ柔軟に学ぶことが重要だとされている。最後にknowing-whomは人的なネットワークのことであり，特にバウンダリレース・キャリアにおいては，それが組織の壁を越えて非階層的に，そして時には即興的に形成されることが大事だとされているのである。

　このようなキャリアの捉え方は近年日本でもみられるようになり，花田・宮地・大木（2003），や高橋（2003）において，環境変化に対応するために，個人が能動的かつ継続的に学習するキャリア自律（career self-reliance）の重要性が論じられている。そして，キャリア自律のポイントとして，ジョブデザイン，スキル開発，ネットワーキングという三つのキャリア自律行動と，自己概念のストレッチ（変態・変容）があげられている。

　さて，こうした新しいキャリア研究が増加し，個人の意志やアイデンティティを中心に，自律的な学習，さらには人的ネットワークなどが注目されるようになってきた。しかしながら，これまでみてきた研究では，それら新しいキャリアの要素の具体的な内容や，相互の関連性には論及してこなかったといえる。キャリア発達におけるアイデンティティや学習の重要性は述べられているものの，どんなアイデンティティや自己概念が重要になり，それらは学習や人的ネットワークとどう関わるのかは明らかにされてこなかったのである。それに踏み込んだ貴重な研究が，Jones and Lichtenstein（2000）だといえるだろう。そこでは，建築設計事務所のパートナー，マネジャーのキャリア・コンピテンシーが調査され，その人たちのknowing-why，すなわち個人のアイデンティティを，キャリア・

アンカー (career anchors) として捉え直して分析がなされている。キャリア・アンカーとは，Schein (1978, 1990) が提示した概念であり，「自覚された才能と能力」，「自覚された動機と欲求」，「自覚された態度と価値」から成るもので，キャリア志向に関する概念の中でも，代表的なものだといえる。そして具体的なアンカーの種類としては，管理的，自律的，雇用保障と安定性，（起業家的）創造性，奉仕・社会貢献，純粋な挑戦，生活様式があげられている。Jones and Lichtenstein (2000) の調査はインタビュー形式で行われ，技術的/職能的，奉仕，管理的の三つのアンカーが見出されており，そのうえで，それらのアンカーと他のキャリア・コンピテンシーであるknowing-how，knowing-whomとの関連性が分析されている。その結果を要約すると次のようになる。

　まず技術的/職能的アンカーを持つ人は，高度な技術や芸術性，あるいは優れた設計能力を追求する。そのため自社の人材の育成についても，内部での丁寧な育成を基本にしつつ，必要に応じて外部からの人材調達を併用することを考える (knowing-how)。また人との交流については，特定の顧客とかなり積極的な交流を行い，長期的な関係を構築しようとする (knowing-whom)。それに対し，奉仕のアンカーを持つ人は，顧客ニーズを理解する能力を重視し，やはり人材は内部育成を基本に考える (knowing-how)。そして人との交流については，技術的/職能的アンカーの人よりも幅広く，変化のある交流を行う傾向が強い (knowing-whom)。最後に管理的アンカーを持つ人は，プロジェクト・マネジメントや交渉に関する能力を重視し，人材は内部育成ではなく，適宜外部から調達するのが基本だと考える (knowing-how)。そして人との交流はより広く，短期的あるいは政治的な活動も含めたものになるのだという (knowing-whom)[16]。

　このように，Jones and Lichtenstein (2000) は，知識労働者を研究対象としてキャリア・コンピテンシーの具体的な内容を調査し，それらを関連づけて分析した貴重な研究であるといえるだろう。またそこで，キャリアのアイデンティティに関わる側面をキャリア・アンカーとして捉えなおしたことも重要である。それが知識労働者の学習や人的ネットワークと関わっているということは，キャリア・アンカーやキャリア志向を中心に据えた分析が新しい社会のキャリアや，知識労働者のキャリアの研究に有効だということを示すものである。研究の具体化に向けての確かな進展があったものと思われる。

4 近年の知識労働者のキャリアの研究

　社会の変化に伴い，キャリア研究はこのように変化してきたわけであるが，その影響を受けて知識労働者のキャリア研究にも，より具体的なものが現れてきた。その中で，知識労働者のアイデンティティやキャリア志向に関する議論が多くなり，それが彼らの学習や行動，仕事の成果を左右することが明らかになってきた。知識労働者のキャリア発達について，キャリア志向を中心とした分析が進められたのである。

　まずSwart and Kinnie（2004）からみていきたい。そこでは，知識労働者のキャリアのマネジメントが，彼（彼女）らのアイデンティティの源泉に着目して論じられている。

　そこでは，キャリアのアイデンティティについて，四つの源泉があるとされている。すなわち，組織，チーム，プロフェッショナル，クライアントである。簡単に説明するならば，組織をアイデンティティの源泉とする人は，組織に対するロイヤリティとコミットメントが強く，非創造的な仕事へも献身的な努力を行う。それに対し，プロフェッショナルをアイデンティティの源泉とする人は，自身の知識や能力を高めることに関心を持ち，仕事が面白いかどうかによって会社を選ぶ。そしてチームをアイデンティティの源泉とする人はチームワークを重視し，メンバーとよく交流する。最後にクライアントをアイデンティティの源泉とする人は，社内外のクライアントのために働き，クライアントを熟知している。そのうえで，クライアントを重視するアイデンティティと組織を重視するアイデンティティ，そしてプロフェッショナルを重視するアイデンティティと組織を重視するアイデンティティはしばしば衝突することになり，結果として知識労働者が離職や独立をすることにつながることもあると述べられている。これをいかに上手く調整するかが企業のキャリア・マネジメントの大きな課題になるのである。Swart and Kinnie（2004）では，知識労働者のアイデンティティの源泉に注目することによって，四つのアイデンティティによる知識労働者の違いが明らかにされるとともに，彼（彼女）らの個人的な成長や成功と組織への貢献をどう両立させていくか，その重要性と難しさが指摘されたといえるだろう。

　次に日本に目を移すと，三輪（2011）が知識労働者の多様なキャリアの実態の把握と，成果と満足度の高い知識労働者のキャリアの解明を目的として，実際の知識労働者を調査・分析している。そこでは，ソフトウェア技術者と経営コンサルタントを対象に，51名に対するインタビュー調査，459名に対するアンケート

調査が行われた。

三輪（2011）における研究課題は次の四つであった。

① 実際の知識労働者がどのようなキャリア志向を持ち，どのような学習を行っているのか，またそれらは組織内キャリアと組織間キャリア[17]ではどのように異なるのかを明らかにする。

② 知識労働者がどの程度転職などの組織間移動を経験しているのか，また組織間移動が起こりやすい要因は何であるかを明らかにする。

③ キャリア志向は学習にどのような影響を与えているのか，その関連性を明らかにする。

④ 活躍している知識労働者，すなわち仕事の成果や満足度の高い知識労働者がどのようなキャリア志向や学習特性を持っているのかを明らかにする。

順にその研究結果をみていきたい。まず①の課題については，キャリア志向としては専門職志向，管理職志向，社会貢献志向，自律志向の四つがあることがわかった[18]。専門職志向とは，高い専門性や先進的な仕事を追求するキャリア志向である。それに対し管理職志向は組織やビジネスへの貢献，昇進等を重視するキャリア志向である。そして社会貢献志向は，社会や困っている人への貢献を目指すキャリア志向である。最後に自律志向とは，自由な働き方を追求するキャリア志向である。また学習については，大きく分けて対人的な交流による学習と，主体的な学習があることがわかった。そして前者には組織外部との交流と学習，組織内部との交流と学習，顧客との交流と学習があり，後者には仕事の変革，スキル開発，先進的な知識の探求があることがわかった。

そしてそれらについて組織内キャリアと組織間キャリアを比較した結果，組織内キャリアでは専門職志向と管理職志向が多くみられ，組織内の緊密な相互作用による学習や，先進的な知識の探求，それを用いた積極的な仕事の変革が行われていることがわかった。それに対し組織間キャリアでは，専門職志向以外に自律志向や社会貢献志向も強くみられ，組織外での多様な人的交流による学習や，状況に適応するための素早い学習が活発であることがわかった[19]。

次に②の課題については，ソフトウェア技術者では35.8%の人が，そしてコンサルタントでは73.8%の人が組織間移動を経験していることがわかった。コンサルタントのほうが組織間移動が多いのは明らかである。また組織間キャリアを歩む人は小さな組織で，仕事の複雑・不確実性やノウハウの企業特殊性がそれほど高くない状況で働くことが多いことが明らかになっている。インタビュー調査で

は，大きな組織において高度で先進的なプロジェクトに従事し，組織を上手く活用しながらキャリアを発達させる組織内キャリアの知識労働者と，小さな組織でそれほど複雑ではない仕事に従事し，組織を移ることによって新たなチャンスを得る組織間キャリアの知識労働者のコントラストが明らかになったといえる。

そして③の課題については，キャリア志向が明確になることによって，知識労働者の学習が活発になることがわかった。管理職志向や社会貢献志向は主に対人的な交流による学習を促進する。それに対し，専門職志向は主に主体的な学習を促進する。したがって，キャリア志向が強くなる，あるいは知覚されることによって，学習が強化されて知識労働者が成長し，キャリア発達が促される可能性が広がるものと理解できる。

最後に④の課題については，ソフトウェア技術者とコンサルタントではやや異なる結果が得られた。ソフトウェア技術者では仕事の成果を高めるキャリア志向は管理職志向のみであった。それに対し満足度については，専門職志向，管理職志向，社会貢献志向が正の影響を，そして自律志向が負の影響を及ぼしていることなどがみてとれた。ソフトウェア技術者の専門職志向が満足度にはつながるものの，仕事の成果につながらず，管理職志向がそれを向上させていることが特徴的である。一方，コンサルタントでは専門職志向が成果にも満足度にもよい影響を与えていた。その他には管理職志向が仕事の成果に，そして社会貢献志向が満足度によい影響を与えていた。こちらはソフトウェア技術者に比べると，専門職志向と仕事の成果との関連性が強いことが特徴的である。双方の結果から，組織活動が重要なソフトウェア技術者，専門性や自律性が求められるコンサルタントのコントラストが明らかになったといえるだろう。

また三輪（2011）では，複数のキャリア志向がともに強くなることにより，知識労働者の学習が充実し，成果が向上することも明らかにされている。最初にインタビュー調査において，成果の高い知識労働者はキャリアの過程で自己変革を行い，複数のキャリア志向をともに強く持つようになることが明らかにされている。そしてそれに続くアンケート調査によって，そのような複合的なキャリア志向を持つ人は，仕事の成果や満足度が高いだけでなく，学習も充実していることが検証されたのである。特に管理職志向と専門職志向の複合化，社会貢献志向と専門職志向の複合化がなされた場合，双方の志向が相互に補完し合うような形で対人的な学習と主体的学習をともに強化し[20]，それが高い成果や満足度につながっているようである（表2−3，表2−4参照）。それらの組み合わせは，前

者が組織内キャリアにおけるキャリア志向の複合化，後者が組織間キャリアにおけるキャリア志向の複合化の望ましいパターンであるとも考えられる。

表2-3 専門職志向と経営管理志向の複合化の効果（ソフトウェア技術者）

（分散分析による平均点の比較と検定）

	複合 (112名) 上:平均値 中:標準偏差	専門職強 (62名) 上:平均値 中:標準偏差 下:複合との差	管理職強 (57名) 上:平均値 中:標準偏差 下:複合との差	志向弱 (79名) 上:平均値 中:標準偏差 下:複合との差	F値
仕事成果	3.52 .65	3.26 .63 0.26 **	3.49 .58 0.03	3.14 .59 0.38 ***	7.005 ***
満足度	3.79 .83	3.61 .86 0.18	3.72 .67 0.07	3.27 .74 0.52 ***	7.400 ***
外部との 交流と学習	2.91 .88	2.25 .77 0.66 ***	2.61 .70 0.30 *	2.28 .75 0.63 ***	13.858 ***
顧客との 交流と学習	4.09 .57	3.87 .68 0.22 *	3.92 .46 0.17	3.50 .72 0.59 ***	14.107 ***
内部との交 流と学習	3.96 .54	3.51 .67 0.45 ***	3.86 .58 0.10	3.39 .57 0.57 ***	18.124 ***
仕事の変革	4.03 .53	3.83 .52 0.20 *	3.70 .53 0.33 **	3.40 .72 0.63 ***	18.341 ***
先進的知識 の探求	3.31 .85	3.12 .81 0.19	2.62 .61 0.69 ***	2.46 .84 0.85 ***	21.625 ***
スキル開発	4.22 .53	3.99 .73 0.23 *	3.70 .53 0.52 ***	3.51 .71 0.71 ***	22.588 ***

*p<0.05, **p<0.01, ***p<0.001
出所：三輪（2011），217頁。

表2-4　専門職志向と社会貢献志向の効果（ソフトウェア技術者）

（分散分析による平均点の比較と検定）

	複合 (104名) 上:平均値 中:標準偏差	専門職強 (70名) 上:平均値 中:標準偏差 下:複合との差	社会貢献強 (61名) 上:平均値 中:標準偏差 下:複合との差	志向弱 (75名) 上:平均値 中:標準偏差 下:複合との差	F値
仕事成果	3.46 .69	3.37 .61 0.09	3.42 .58 0.04	3.18 .61 0.28 **	3.130 *
満足度	3.82 .88	3.58 .77 0.24	3.58 .72 0.24	3.35 .74 0.47 ***	5.191 **
外部との 交流と学習	2.78 .92	2.52 .85 0.26 *	2.51 .75 0.27 *	2.34 .73 0.44 ***	4.432 **
顧客との 交流と学習	4.13 .55	3.84 .68 0.29 **	3.87 .47 0.26 *	3.52 .74 0.61 ***	14.300 ***
内部との 交流と学習	3.93 .57	3.60 .67 0.33 **	3.74 .66 0.19	3.46 .56 0.47 ***	9.492 ***
仕事の変革	3.98 .55	3.92 .51 0.06	3.60 .59 0.38 ***	3.47 .72 0.51 ***	14.227 ***
先進的知識 の探求	3.31 .92	3.15 .85 0.16	2.44 .75 0.87 ***	2.60 .73 0.71 ***	5.191 **
スキル開発	4.20 .55	4.05 .71 0.15	3.72 .57 0.48 ***	3.48 .69 0.72 ***	22.239 ***

*p<0.05, **p<0.01, ***p<0.001
出所：三輪（2011），218頁。

　三輪（2011）における分析の結果，近年のキャリア研究で議論されていたアイデンティティやそれに基づくキャリア志向，自律的な学習の具体的内容と意義が明らかになったと思われる。それと同時に優秀な知識労働者のイメージがかなり明確になったといえる。

特に，キャリア志向の分析において，管理職志向と専門職志向の複合化，社会貢献志向と専門職志向の複合化が有効だと実証したことの意義は大きい。それらは専門性を重視する志向と，組織あるいは対人関係を重視する志向の組み合わせである。それらをともに強化することによって知識労働者が成長することがわかったといえるだろう。

　このように，近年の研究において，知識労働者のアイデンティティや，それに基づくキャリア志向の重要性が明らかになったものと思われる。キャリア志向は知識労働者の人的資源としての特徴を示すものであるし，その強さによって学習や行動の活発さを表わすものともいえる。さらに成果の高い知識労働者のキャリア志向が明らかになったことにより，HRMとキャリア志向の関連性を分析することによって，優秀な知識労働者が多くなるようなHRMを知ることも可能になったといえる。これらのことから，本書は知識労働者のキャリア発達をみるための指標として，キャリア志向に注目することにしたい。キャリア志向は，HRMの違いによる知識労働者の成長や，人的資源としての蓄積を識別するための指標であると考えられる。

第5節　分析のポイント

　これまで知識労働者の企業への定着，相互作用，キャリア発達に関する先行研究をみてきたわけであるが，本章の最後に，先行研究の成果を本書における調査や分析にどう活かしていくかを考察したい。

　まず知識労働者の企業への定着についてである。企業への定着は，知識労働者のHRMに期待される重要な成果であるということが確認できた。したがって本書において，どのようなHRMにおいて知識労働者の定着が促されるのかを分析する必要があると思われる。従来の一般的な考え方は，組織や協働重視のHRMにおいて，従業員の仲間意識や組織コミットメントが強くなり，企業への定着意志が強くなるというものであろう。しかし，知識労働者の場合はもう少し幅広く検討する必要があるように思われる。先行研究によると，知識労働者を企業に留めるための最も重要なものとして，高度で面白い仕事や能力開発の機会があげられていた。これは，知識労働者の強い成長欲求に応えるものだと思われる。その他にも，優秀な知識労働者を引き留めるには，高額な報酬やその企業で働くことによる具体的なメリットが必要だとする研究もあった。そのため，知識労働者の

企業への定着をみるうえでは，組織志向のHRMだけでなく，競争的でインセンティブが強いようなHRMの効果も視野に入れて分析がなされるべきだと考えられる。

次に相互作用についてである。これについては，多くの先行研究がそうであるように，やはり組織を重視したHRMが相互作用を促すとする考え方が強いようである。もちろん，その可能性は非常に高いであろう。しかし，ここでもやはり別の可能性が検討されるべきであろう。Maister（1993）が主張したワンファームズ・ファームの中には，マッキンゼーなども含まれていることに注意が必要である。マッキンゼーは歴史ある名門コンサルティング・ファームであり，パートナーシップ制の経営の下，プロフェッショナルな人材観をベースとしたHRMを行う企業だとみるのが妥当であろう。そうした企業で相互作用が充実するのであれば，組織重視のHRMのみが相互作用を促進するとは限らない。やはり企業への定着と同じように，幅広い視野を持った分析が必要である。

最後にキャリア発達についてである。近年の研究の進展により，キャリアにおける意志の側面，アイデンティティやキャリア志向が重視されるようになってきた。そしてそれが知識労働者の学習や成果を左右するものであることが明らかになってきた。そのことから，どのようなキャリア志向の持ち主が多いかということは，その企業がどのような人的資源を保有しているのか，あるいはどの程度優秀な知識労働者が育っているのかといったことを表していることがわかる。そう考えると，知識労働者のキャリア発達とHRMとの関連性を，キャリア志向を中心に据えてみていくことが，本書の分析の重要なポイントになるものと思われる。特に三輪（2011）では，専門職志向だけでなく，管理職志向や社会貢献志向の強い人の成果が高いことが明らかにされている。そのため，それらが強くなるようなHRMを見出すことが分析の焦点になるものと思われる。それについては，例えば従来の日本企業のように，年功や熟練重視のマネジメントを行う企業の方が，組織に関心を持つ管理職志向が強くなるといった推察をすることも可能である。しかしながら，これについても別の可能性を検討する必要があるだろう。知識社会における競争は厳しいのであり，そこでマネジャーを目指すようなキャリア志向は，日本企業が行ってきた年功的なHRMによって養成されるものではないのかもしれない。むしろ競争的なHRMの方が個々の知識労働者の成果に対する責任意識が強くなり，それがマネジメントに対する志向を強くするということも考えられる。したがって，ここでも幅広い可能性を視野に入れた分析が必要であろ

う。そのような認識に基づき，本書では多様なHRMと知識労働者のキャリア志向との関連性を分析することにしたい。

● 注 ─────────
1　Davenport（2005），邦訳書，245〜262頁。
2　プロフェッショナル志向の技術者とは高度な専門性の追求を望む技術者であり，マネジメント志向の技術者は文字通りマネジャーを目指す技術者である。両者は非常に対照的なタイプだといえる。プロジェクト志向の技術者は，専門性にはこだわりがあるものの，プロフェッショナルとしての実績や名声などよりも，個々のプロジェクトの成功やそれによる顧客満足の獲得を重視する技術者である。
3　世界的なコンサルティング・ファームであるマッキンゼーなどでもそのような考え方が一般的である。詳しくはMcDonald（2013）などを参照されたい。
4　同様のことを議論しているのが有名なMeyer and Allen（1997）の継続的コミットメントと情緒的コミットメントであるが，継続的コミットメントは退職した場合に失われる利益の方に着目しており，道具的ロイヤリティよりやや消極的なものだと考えられる。
5　Davenport（2005），邦訳書，245〜262頁，41〜42頁。
6　その他，グランド・ラピッド社の魅力的な職場環境なども取り上げられている。同社では，社員の写真をオフィスに飾るなどして相互理解をしやすくし，非公式なネットワークを育てる努力がなされている。
7　Wenger（1998），邦訳書，12頁。
8　Hall（1976）によるキャリアの定義は，「ある人の生涯にわたる期間における，仕事関連の諸経験や諸活動と結びついた態度や行動における個人的に知覚された連続」である。
9　Cusumano（1991）邦訳書，299頁。
10　日本ではそれ以前からかつての通商産業省（現在の経済産業省）がソフトウェア技術に関わる公的資格を整備し，その育成に努力してきた。そしてこの頃からITSS（IT skill standard）が整備され，多様なキャリア・パスや，各種のスキルの評価基準や市場価値が情報産業で共有されるようになってきている。
11　キャリア志向についての詳しい検討は三輪（2011）の第3章で行っているのでそちらを参照されたい。
12　平均点の比較はすべて統合グループと他のグループとの間の比較である。
13　Hirish（2006）の関心事項はキャリア・パスであり，キャリア志向などの心理的なものについては直接的には分析していない。
14　Stewart（2003）でもそのようなキャリアが論じられている。そこでは，知識

経済の下では人々は単なる従業員でも企業の資産でもなく，投資者であることが主張される。働く人々は自分が持つ時間，エネルギー，知性を，職場に投資しているのだと考えるのである。近年では多くの職場においてテニュアが減少しており，一つの企業内でジョブ・ローテーションを受けることよりも，転職して自分の専門性を維持しようとする人が多くなってきている。そして公的な学校教育や資格試験等を受けてプロフェッショナル，あるいは高度な専門職を目指していく。これが投資家としての労働者の特徴であり，知識労働者は職場にトレーニングや成長する機会を求めることになるのである。

15 Arthur, Inkson and Pringle (1999) では，バウンダリーレス・キャリアの実例にあたる人々のキャリアが紹介されており，転職によって新しい地位を得た事例，他者との関わりの中で自分の能力に気付いた事例，引き抜きをきっかけに起業に至った事例などが論じられている。

16 Jones and Lichtenstein (2000) では，パートナーのキャリア・コンピテンシーが会社全体の戦略や支配的な考え方 (Dominant Logic) にもつながっているとされている。

17 組織間キャリアとは山本 (2005) が提示した概念で，転職や独立を伴うような，組織を移動しながら形成される概念ある。

18 厳密に言うとソフトウェア技術者とコンサルタントでは若干内容が異なるキャリア志向が抽出された。前者は経営管理志向，専門職志向，社会貢献志向，自律志向の4つである。後者では管理職志向，専門自律志向，社会貢献志向，企業家志向の4つである。

19 組織間キャリアの方が環境の変化が多いので，その都度学ぶべきことが増えるのであるが，それに対する学習は体系的に，深く行われるのではなく，ランダムに，そして迅速に行われることが特徴となる。

20 表2-3と表2-4は二つのキャリア志向がともに強いグループ，片方だけが強いグループ，両方弱いグループに分けたうえで，仕事の成果や学習の平均点を比較したものである（分散分析）。例えば表2-3でいうと，経営管理志向と専門職志向の両方が強い複合グループは経営管理志向だけが強いグループより主体的な学習の点が高く，専門職志向だけが強いグループに比べて対人的な学習の点が高いことがわかっている。つまり双方の長所を兼ね備えているのである。

第3章
SHRM（戦略的人的資源管理論）からの検討

第1節　はじめに

　本章では，HRMの研究領域の一つであるSHRMの先行研究をレビューする。SHRMにはいくつかの特徴があり，そこから知識労働者のHRMを考えるうえで，有益な示唆が得られることが期待できるからである。

　岩出（2002）によると，SHRMとは，システム理論と経営戦略論の融合から生まれたHRMへのマクロ的なアプローチである。また「環境―戦略―組織構造―組織過程―業績」といったコンティンジェンシー的組織・管理論のパラダイムに則り，HRMの組織業績に対する貢献性を全体組織レベルで議論していくものである。そしてその最大の特徴は，人的資源を経営戦略遂行のための最も重要な資源と捉えることにある。もちろん従来のHRMの研究においても，人は重要な経営資源として捉えられているのだが，SHRMではより積極的に戦略遂行との関わりを認め，HRMが売り上げや利益といった企業業績を向上させる効果があるとみなしている。従来のHRMがその成果として，モチベーションや満足といったHR成果をあげていたのと比較すると，より人的資源の重要性を評価していることがわかる。

　本稿の研究対象は知識労働者であるが，人を最も重要な経営資源と捉えるSHRMの考え方は，知識労働者にも当てはまることがわかる。多くの知識集約型企業において，最大の経営資源は知識であるが，その知識を保有しているのは人だからである。事実，SHRMの研究者は同時に知識労働者の研究者であることもあり，先に取りあげたBoxallやPfefferなどはその代表的な例である。SHRMの研究成果をみることが，本稿にとって意義のあることであるのは間違いないだろう。

　またSHRMのもう一つの特徴として，HRMの多様性を取り扱うことがある。SHRMのコンティンジェンシー・アプローチ（contingency approach）やコンフィギュレーショナル・アプローチ（configurational approach）は，経営戦略

とHRMの整合性を議論するものだが、そこでは異なる経営戦略には異なるHRMが必要だと主張される。例えば、差別化戦略には成果主義のHRMが適しており、コストリーダーシップ戦略には雇用の柔軟性を高めるHRMが適するといった主張であるが、そこには多様なHRMが存在し、それぞれが機能する環境条件が異なるという考え方がある。そうした考え方は、多様な知識労働に対し多様なHRMが存在するという本稿の考え方と共通したものである。その点からもSHRMから学ぶ点は多いものと考えられる。

さらにSHRMは、HRMが知的資本を豊かにすると考える特徴を持っている。SHRMはHRMが企業業績を向上させると考えているのだが、それを可能にする論理として、HRMがそこで働く人の知識やノウハウの蓄積、共有を促すとみなしているのである。それに加えて、どのような知識やスキルの持ち主、あるいは担い手であるかによって、適用すべきHRMが異なると主張する研究もある。このような考え方は、HRMが多様な知識労働者の定着や相互作用にどのような影響を及ぼすかをみようとしている本研究と、直接的につながるものである。

SHRMは以上のような特徴を持っているがゆえに、本書にとって極めて示唆の多い研究領域であると思われる。以下ではいくつかの重要な先行研究をレビューすることによって、本書にとって参考にすべき点を抽出していきたいと思う。

第2節　競争力の源泉としてのHRM

1　HRMは競争力につながるのか

先述の通り、SHRMの最大の特徴はHRMが企業業績を高めることに寄与すると考えるところにある。ただし、この考え方は誰もがすぐに納得できるものではないことは容易に想像できる。企業業績は経営戦略をはじめ、新製品開発やマーケティング、販売活動や生産管理など、様々な活動の総合的な成果とみなすのが普通である。その中でHRMだけを取りあげ、それを強調するのが妥当なことであるか、疑問を持つ人がいるのは当然である。実際に、SHRMの実証研究において、HRMと企業業績の関係が証明されなかった例もみられる。しかしながら、SHRMの研究者たちは、HRMが企業の業績を高めると主張するモデルを構築しており、それが多くの研究者に影響を与えていることも事実である。ここでは、その概要をみることによってSHRMの特徴を把握していきたい。

SHRMは経営戦略論における資源ベース・ビュー（resource-based view：以

下RBV）と関連性が深いものである。RBVは企業内部に蓄積された経営資源が企業の競争力を規定するという考え方で，代表的な研究としてはBarney（1991）がある。

Barney（1991）によれば，企業の競争力を高める経営資源とは，価値創造的な資源（valuable resources），希少な資源（rare resources），模倣が困難な資源（imperfectly imitable resources），代替困難な資源（substitutability）であるとされている。そのような資源を持つ企業は競合相手が取って代わることが難しいので，持続的競争優位が形成されるのである。その中でも重要とされているのは模倣の困難性であり，そのような資源はその企業の歴史に依拠した企業特殊的なもので（歴史依存性），資源と競争優位のつながりがわかりにくく（因果的曖昧性），管理しにくい複雑なもの（社会的複雑性）だとされている。

SHRMの研究は，こうしたRBVの考え方に影響を受けており，人的資源にはこれらの特徴があるために競争優位の源泉になりえると主張している。従業員の持つ知識や能力こそが価値あるものであり，特に高度な技能や認知能力を持つ人は希少な資源といえる。またそのような人の育成は企業独自の文脈においてなされるため模倣しにくく，代替することもできないという主張である。こうした議論を経て，適切なHRMは企業の人的資本を蓄積させ，それが競争力を高めるという考え方が成立してきたのである。

ただし，これとは少し異なる考え方でHRMが企業の競争力を高めるという主張もある。人的資本そのものが競争力の源泉になるのではなく，むしろその使い方が重要であるとして，HRMの制度や仕組みを競争力の源泉とみる考え方である。それに対して，HRMは技術的なものだから模倣が容易であり企業の競争優位にはつながらないという批判もあるのだが，それに対しては，HRMは複雑な企業特殊的環境の中で行われるので，模倣困難なものになりえると説明されており，高業績企業のHRMの制度を真似たとしても，それが直ちに競争力につながるわけではないと主張されている[1]。

こうした二つの考え方を，Boxall（1996）はヒューマン・キャピタル・アドバンテージと，ヒューマン・プロセス・アドバンテージとして対比した。前者は優れた人的資本の蓄積による競争優位であり，後者は優れた人材活用方法による競争優位だといえるだろう。後者に近い理論の提唱者としては，Schuler and Jackson（1987），Wright and McMahan（1992）などがあげられるのだが，それらによると，HRMの諸制度の設計の合理性は，従業員の知識やスキルではな

く，彼（彼女）らに求められる行動に依拠したものかどうかで決まるとされている。言い換えるならば，戦略遂行に求められる役割行動を強化するHRMが優れたHRMであると理解することができるだろう。また，同じように人材活用方法を重視する研究の中から，「高業績をあげる労働慣行」（high performance work practices：以下HPWP）や「高業績をあげる作業システム」（high performance work systems：以下HPWS）といったモデルが提示されてきている。

2　ベスト・プラクティス・アプローチ（best practice approach）

　SHRM研究には，経営戦略を含むすべての状況に対して普遍的に有効な，最善のHR施策があるという考え方と，HRMと経営戦略の整合性が企業業績を向上させるという考え方がある。岩出（2002）によれば前者はベスト・プラクティス・アプローチと呼ばれ，後者には後述するコンティンジェンシー・アプローチやコンフィギュレーショナル・アプローチがある[2]。そして先ほど取りあげたHPWPやHPWSというのは，ベスト・プラクティス・アプローチの論者が提唱するHRMのことを指している。以下ではそのいくつかをみていく。

　Beer, Spector, Lawrence, Mills and Walton（1984）は，HRMが従業員のコミットメントや能力を高め，コスト有効性と，HRMにおける利害関係者の要求との合致度を高めることを通じて，結果として企業組織の長期的成果を高めると主張している。その際，企業のHRMとして三つのアプローチを提示しているのだが，それは①官僚主義的アプローチ，②市場的アプローチ，③家族的アプローチと呼ばれている。

　岩出（2002）では三つのアプローチが次のように解説されている。まず官僚主義的アプローチは，命令や規則による統制が強く，組織における階層が明確なものである。産業革命後の大規模企業組織の特性を維持したうえで，それに依拠したアプローチだといえる。次に市場的アプローチは，組織と従業員の間に明確な交換原則があることを前提としたアプローチである。雇用契約は短期的なものも多くなり，人の入れ替えも容易だと考えるものである。最後の家族的アプローチは，従業員と企業の間で信条や価値観が共有され，高いコミットメントが実現されることを目指すものである。従業員の組織への参画がポイントとなるアプローチであり，製品・サービスの品質や革新が重要な時代において有効なものだとされている。

　Beer, Spector, Lawrence, Mills and Walton（1984）は，これら三つのアプロー

チはそれぞれ状況に応じて効果的なものだとしているのだが、これからの経営環境を考慮すれば、高いコミットメントを実現するHRMへと変化するだろうし、その必要性があるとしている。また困難な経営環境の中で高い業績をあげている企業のHRMは、従業員の参画を促し、協働関係を築いていると述べている。**表3－1**は、そうした議論の中から作成された職務システムの対比であるが、その中のハイコミットメント型職務システムが、今後目指すべきHRMのモデルとして提唱されているといえるだろう。

表3－1　二つの職務システム

モデルA	モデルB
伝統型職務システム	ハイコミットメント職務システム
●狭く定義された職務 ●従業員の専門化 ●特定の職務内容にもとづく給与 ●直接的な監督による評価 ●厳密な監督の下での労働 ●就業規則による残業や配置転換 ●キャリア開発は行わない ●個人としての従業員 ●従業員は経営について知らない ●上下意識を強化するステイタス・シンボルの利用 ●従業員の貢献性はほとんどなし	●広く定義されて職務 ●職務間ローテーションの実施 ●技能に基づく給与 ●同僚による評価 ●自己あるいは同僚による監督 ●チームによる柔軟な配置 ●学習や成長への関心 ●チームの一員としての従業員 ●チームによる運営と広範な経営データの共有 ●地位格差の最小化 ●広範な従業員の参画

出所：岩出（2002），73頁より。

次にPfeffer（1994）のハイコミットメント労働慣行（high-commitment work practices）についてみていきたい。第2章でも取りあげたPfefferは、ベストプラクティス・アプローチの代表的な研究者の一人である。旧来のアメリカ企業にみられた、従業員を統制し行動を制限するような管理を否定し、人々との協働を重視している。こうした人間観を持つ企業が強い競争力を持つことができると主張している。

Pfeffer（1994）によると、製品開発競争の激化や企業活動のグローバル化の進展、消費者ニーズの多様化等の環境変化により、人間重視のマネジメントの重要性が高まっているという。そのような状況下で企業の競争力の源泉となるのは、従業員とその活用方法に他ならず、そのような効果的な人のマネジメントをハイ

コミットメント労働慣行として，①雇用保障，②応募者の選別，③高賃金，④刺激給与，⑤従業員所有制，⑥情報共有，⑦参加と権限委譲，⑧チーム作業，⑨訓練・技能形成，⑩多能的活用と訓練，⑪象徴的平等主義，⑫賃金圧縮[3]，⑬内部昇進，⑭長期的な視点，⑮HR施策の監査，⑯全体的な理念，とまとめている[4]。

また続くPfeffer（1998）では，そのような考え方をさらに吟味したものが示されている。議論の中心は，企業の強さの源泉は戦略ではなく人であるということであり，企業内でチーム活動を活発にさせることや，それに権限を委譲することが重視されている。

まず従業員に業務の責任や発言権を積極的に与えて，労働意欲を高めることが奨励される。そして，彼（彼女）らの能力やスキルを積極的に開発することによって，組織力を強化する。そのうえで，個人やチームに権限を委譲して間接費やその他のコストを抑制するのである。そのための具体的な施策をまとめるならば，次のようになる。

① 雇用の保障（ただし著しく低業績な者のレイオフは否定しない）
② 採用の徹底（労力をかけて人材を吟味する）
③ 自己管理チームと権限の委譲
④ 高い成功報酬（利益配分やストックオプション）
⑤ 幅広い社員教育
⑥ 報酬等の格差の縮小（大きすぎる差は好ましくない）
⑦ 業績情報の共有（オープンブックマネジメント）

このように，Pfeffer（1998）も従業員の参画やコミットメント，そして能力開発を非常に重視していることがわかる。同時に長期の雇用も大事だとされており，短期雇用やエンプロイヤビリティといった考え方には懐疑的である。また，重視された施策の中には高い成功報酬も含まれているのだが，Pfeffer（1998）が重視しているのは個人に対する成功報酬ではなく，チームに対する成功報酬であることに注意が必要である。業績のマネジメントは個人単位ではなく，チーム単位でなされるべきであることが強く主張されている。個人に対する業績給はチームワークを阻害するものとして否定されており，業績の評価における主観性と恣意性（成績より政治）が高くなる，仲間の業績を犠牲にして自分をアピールする者が現れる，組織全体の業績に対する関心が欠如してしまう，短期的成果を追求し長期的計画が不足してしまう，職場不安を生む傾向が強い，などと批判されている。

このように，個人よりもチーム，集団の業績を重視する報酬制度は，他の研究者からも関心を集めている。例えば，Kim and Going（2009）は集団業績に対する賃金制度（group-based pay：以下GBP）が，チームや集団の暗黙知の共有を促し，組織市民行動（organizational citizenship behavior：以下OCB[5]）を強化して企業業績を高めるという仮説を立てて検証している。Kim and Going（2009）によると，個人に対する業績給（pay for performance）には個人に焦点があたりすぎるという欠点がある。個人と組織の価値の調和があればその欠点を補完できるのであり，GBPはそのために重要になるとされている。

実証分析の結果，OCBについては仮説が支持され，GBPが企業業績を高めることをOCBが仲介していることが確認された。しかし，暗黙知についての仮説は支持されなかった。Kim and Going（2009）の主張は半分だけ実証される形になったのだが，この結果を受けて，個人の業績給制度において組織目標を個人目標にブレークダウンし，それに従事させるだけでなく，GBPを活用して組織の一員としてのアイデンティティを強く持たせることが重要だと述べられている。

岩出（2002）によれば，ベストプラクティス・アプローチの研究が提唱するHRMに与えられた名称がHPWP，あるいはHPWSなどである。多くの研究に共通する特徴を具体的にあげるならば，職務再設計（緩やかな職務定義，チーム作業など），慎重な選考，内部昇進，広範な教育訓練，能力ベース給，業績連動給（作業集団，事業部門，企業），利潤分配制，従業員持ち株制，情報共有，苦情処理制度，従業員態度調査，下位レベルでの参加制度，地位格差解消，雇用保障（解雇回避方針）などということができる[6]。業績や能力に対する報酬，インセンティブが重視されていると同時に，集団やそこにおけるコミットメントを重視した組織志向のものであり，また企業内部での人材育成，能力開発を重視したものであることが最大の特徴だといえるだろう。

こうしたHRMは，日本的なHRMの特徴とかなり共通するものが多いと思われる。組織志向で内部での人材育成を重視する姿勢は，多くの日本企業の特徴とされてきた。岩出（2002）によれば，SHRM研究が興ってきた背景には，アメリカにおける日本的経営ブームもあった。おそらくここでみた諸研究も，日本企業のHRMを意識していたものと思われる。その点で，日本的なHRMの意義というのは再認識されるべきものであろう。またこれらの研究は，従来のアメリカのHRMの反省に立っていることも間違いないだろう。厳格に職務を設定し，従業員を統制する官僚的なHRMが人的資源を有効活用できないことを指摘している

ものだと思われる。その観点からいえば，従業員に権限や裁量を与え，彼（彼女）らの仕事を充実させていくことの重要性を主張するものだといえる。

第3節　多様なHRM

1　コンティンジェンシー・アプローチ

　ここからはSHRMの二つ目の特徴である，多様なHRMに関する議論をみていく。先述のコンティンジェンシー・アプローチやコンフィギュレーショナル・アプローチがそれに該当する。

　岩出（2002）は，コンティンジェンシー・アプローチのキーワードは「戦略適合」（strategy fit）であるとして，経営戦略論，さらには戦略的経営論とコンティンジェンシー理論をベースとして，「戦略-HRM」の整合が企業業績を向上させると考えるものだと説明している。ベストプラクティス・アプローチが普遍的に有効なHRMを追求するのに対し，コンティンジェンシー・アプローチは「最善のHRMは複数ある」と考えるのが特徴である。このアプローチは1980年前後から議論されるようになり，数多くの研究が残され，様々な主張がなされている。その体系的な整理は本稿の目的ではないので，ここでは後に続く研究に影響を与えたもので，しかも本稿にとって示唆の多いものだけをいくつかレビューする。

　最初に取りあげるのはMiles and Snow（1984）である。そこでは様々な産業の調査を経て，三つの経営戦略が導出されている。

① 防衛型（defenders）

　狭く安定した製品・市場領域で事業を行い，技術や組織構造，生産方式に大きな革新がない。そのため，現行の生産体制の能率向上が重視される。

② 探求型（prospectors）

　継続的に製品・市場機会の探索を行う。新しい経営環境に対し，実験的な試みを続けていく。製品・市場を革新していくことが重視され，変化や不確実性に対応する。

③ 分析型（analyzers）

　安定的な製品・市場と，変化の激しい製品・市場の両方を持つ企業の戦略と言える。安定的な事業においては能率的な事業展開を目指し，革新的な事業では新しいアイディアを探索して素早い対応をすることが目指される。

　そしてそのうえで，それぞれの戦略において成功している企業をモデルとし

て，戦略に整合的なHRMが提示されるわけであるが，それは**表3－2**のようにまとめられる。

表3－2 Miles and Snow（1984）の三つの競争戦略とHRM

	防衛型	探究型	分析型
基本戦略	●HRの育成	●HRの獲得	●HRの配置
要員計画	●公式的 ●広範囲	●非公式的 ●限定的	●公式的 ●広範囲
募集 選考 配置	●育成（Make）を重視 ●入職レベル中心の採用 ●望ましくない従業員の排除を基礎とする選抜	●獲得（Buy）の重視 ●すべての職位レベルで洗練された採用 ●心理テスト等を含む選抜	●育成と獲得の両方の重視 ●複合的な採用と選抜のアプローチ
教育訓練 能力開発	●技能育成 ●広範な訓練プログラム	●技能確認と獲得 ●限定的な訓練プログラム	●技能育成と獲得 ●広範な訓練プログラム ●限定的な外部採用
業績評価	●プロセス志向 ●訓練ニーズの把握 ●個人・グループ業績の評価 ●昨年との比較といった時系列的比較	●成果志向 ●要員ニーズの把握 ●部門ないし全社別の業績評価 ●他社との比較といった横断的比較	●ほぼプロセス志向 ●訓練と要員ニーズの把握 ●個人，集団，部門別の業績評価 ●主に時系列比較であるが横断的比較も加味
報酬	●職位による報酬 ●内部の一貫性重視 ●階層間の格差に基づく報酬，現金重視	●業績による報酬 ●外部の一貫性重視 ●インセンティブ志向，募集ニーズによる運用	●職位への報酬を主として業績にも配慮 ●内部の一貫性と外部の競争性 ●現金，インセンティブ

出所：岩出（2002），95頁に基づいて筆者が一部加筆。

　Miles and Snow（1984）の研究成果は，非常に明瞭なものでもあり，後の研究にも影響を与えている。しかしながら，それらのHRMはモデル企業の成功例からまとめられたものであるため，戦略とHRMの整合性の根拠が弱いと批判されてもいる。なぜそれぞれの戦略において，特定のHRMが有効だと言えるのか，論理的な説明が不足しているのである（岩出，2002）。

　次に，Schuler and Jackson（1987）を取りあげる。そこでは，Porter（1980, 1985）に則り，三つの競争戦略が提示されている。一つは競合企業と異なる製品

やサービスの開発を行って差別化する「差別化戦略」(innovation strategy)，もう一つは製品やサービスの品質の向上を追求する「品質向上戦略」(quality enhancement strategy)，そしてコスト削減を通じて製品やサービスの低価格化で差別化する「コスト削減戦略」(cost reduction strategy) である。そしてこれらの戦略を遂行するためには，従業員がそれに応じた役割行動をする必要があり，そうした役割行動を生み出すHRMも違ってくるのだという。それぞれの戦略に求められる役割行動は次のようにまとめられる。

① 革新戦略に必要な役割行動

　高度に創造的な行動や長期的な視点，相互に協力する行動が求められ，リスクを引き受ける行動，曖昧さや不確実性に対する寛容さも求められる。

② 品質向上戦略に必要な役割行動

　反復的で予見可能な行動や，中長期的な視点，適度に協力的な行動が求められる。品質やプロセスに高度の関心を持ち，組織目標を受け入れて，リスクを回避する行動も求められる。

③ コスト削減戦略に必要な役割行動

　反復的で予見可能な行動や，短期的な視点，主として個人的な行動が求められる。生産量に対する行動の関心を持ち，安定志向でリスクを回避する行動も

表3－3 Schuler and Jackson (1987) の三つの競争戦略とHRM

戦略	コスト削減	イノベーション（革新）	高品質（品質向上）
人事施策	●固定され，明確な職務内容 ●狭いキャリアパス ●スペシャリスト育成中心 ●短期志向で結果重視の評価 ●賃金水準は市場の水準マーケットペイをもとに決定 ●最低限の社員教育と人材育成	●社員間の相互関係と協調性を求める職務設計 ●グループベースで長期成果に焦点を当てた評価 ●幅広いスキル開発とキャリアパス ●マーケットペイなど外部公平感よりも内部公平感を重視した賃金決定 ●賃金水準は低く，株による報酬比率が高い ●選択肢が多い報酬パッケージ	●やや固定され，明確な職務内容 ●職務遂行・労働条件に対する高い社員参加 ●個人とグループの成果をミックスした評価 ●社員に対する職務保障と平等な処遇 ●広範で継続的な社員教育と人材開発

出所：須田 (2010)，250頁より抜粋。

求められる。

そのうえで、それらの役割行動を生むHRMの特性がまとめられるのであるが、それは**表3－3**のようになる。

なおSchuler and Jackson（1987）においても、これらの戦略やHRMの成功例となったモデル企業があげられている。その点ではMiles and Snow（1984）の研究方法と似ているともいえるが、戦略とHRMとの整合性をつなぐ論理として、役割行動を提示したことが最大の特徴といえるだろう。

これら二つの研究は、1980年代における代表的な研究だといえるが、まだこの段階ではモデル企業をもとに、戦略とHRMの整合性が議論されるにとどまっていた。その後研究が蓄積され、実証研究なども増加してくるのであるが、日本では竹内（2005）において、日本の製造業における戦略とHRMの整合性が実証分析されている。従業員数50人以上の製造業、312社を対象としたアンケート調査の分析が行われた。

竹内（2005）の分析枠組みは**図3－1**の通りである。事業（競争）戦略としてSchuler and Jackson（1987）と同じ三つのものが設定されている。そしてそれとHRMとの整合性が企業業績を高めることを検証したのである。

取りあげられているHRM施策（ポリシー）であるが、コスト削減戦略に整合性があるものとしてフレクシビリティ志向のHRM（短期的な雇用関係の活用や、短期的な成績を処遇に反映させる等）が、また製品差別戦略に整合性があるもの

図3－1 竹内（2005）の分析枠組み

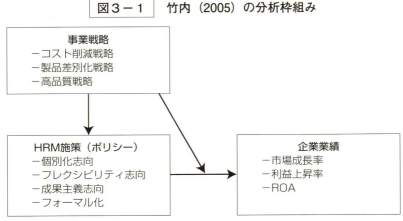

出所：竹内（2005）。

として成果主義志向のHRM（成績給や能力給の重視，成果や能力を重視した人事考課等）が，そして高品質戦略に整合性があるものとしてフォーマル化のHRM（給与などの規定が明確であり，人事考課の基準も明確で公開されている等）が設定されている。この考え方も基本的にはSchuler and Jackson（1987）に基づいているといえる。ただ竹内（2005）の分析枠組みには，ベストプラクティス・アプローチの考え方も組み入れられており，個人の職務遂行能力やその開発を重視する個別化志向のHRMが，普遍的に企業業績に寄与するものとして想定されている。したがって，これら四つのHRMポリシーを用いた実証分析がなされている。

　HRMポリシーを独立変数に，そして企業業績を従属変数とした重回帰分析，さらには戦略とHRMの交互作用をみる分析が行われたわけであるが，その結果は次のようにまとめられるだろう。

① 個別化志向のHRMポリシーは戦略を問わず，市場成長率（過去3年間の売上高伸び率），利益上昇率（過去3年間の売上高利益率の伸び率）を高める。

② コスト削減戦略の下で，フレクシビリティ志向のHRMが市場成長率，利益上昇率，ROA（過去3年間の総資産利益率の平均）を高める。

③ 製品差別化戦略の下で，成果主義のHRMが企業業績市場成長率，利益上昇率を高める。

④ 高品質戦略の下で，フォーマル化のHRMが企業業績を市場成長率，利益上昇率を高める。

こうして，ベストプラクティス・アプローチ，コンティンジェンシー・アプローチそれぞれに関する実証がなされたといえる。SHRM研究に大きな進展がみられたといってよい。ただ，戦略とHRMの整合性に関わる検証はすべての研究において成功しているわけではない。後述するように予想に反する結果が出る場合もみられる。そのため，引き続き研究されるべきテーマだといえるだろう。

2　コンフィギュレーショナル・アプローチ

　次にコンフィギュレーショナル・アプローチを取りあげる。岩出（2002）によると，このアプローチはHRMを個々のHR施策の寄せ集めとするのではなく，「組織目標の達成を可能とするための計画的なHRM施策のパターン」（Wright and McMahan, 1992）と理解する。そして，施策間の一貫性を意味する内部適合

の要件を満たすHR施策の「編成」（configuration）を第一義的に構想し，次いで「戦略-HRM」整合という外部適合の要件を満たすHRMを追求するものだという[7]。HPWPのような内部適合したHRM編成を考えるところはベストプラクティス・アプローチを踏襲しており，戦略とHRMの整合性を考えるところはコンティンジェンシー・アプローチを踏襲しているといえる。また研究方法論として，企業調査による仮説検証が増えたことも特徴である。須田（2010）はSHRMの三つのアプローチを比較して説明しているのだが，ベストプラクティス・アプローチとコンフィギュレーショナル・アプローチを比較するなら，企業業績を向上させる人事施策の組合せがあるとする点では共通しているが，後者は前者に比べ効果的な組み合わせが複数あるとする点で異なっていると述べている。同時に，コンティンジェンシー・アプローチとコンフィギュレーショナル・アプローチを比べれば，HRMと戦略等との整合性を議論する点は共通するが，後者は前者に比べ，個別の人事施策間でのシナジー効果に注目する点が異なっていると説明している。

　さて，まずYoundt, Snell, Dean and Lepak（1996）からみていきたい。金属製品製造業を対象とした検証が行われている。

　そこでは，ベストプラクティス・アプローチとコンティンジェンシー・アプローチの両方が検証されたのであるが，前者では特定のHRMが企業業績と直接的な関係を持つことが検証された。そしてその前提として，人的資本論やRBVに基づき，特定のHRMが人的資本の増大を導き，そのことによって企業業績が向上するという考え方が示された。そうしたHRMは人的資本増大型HRM編成（human-capital-enhancing HR system）と呼ばれ，選別的な人員の採用，包括的な訓練，職務転換や能力開発，権限委譲や参画的問題解決，チームワークなどから構成されており，基本的な考え方としてはHPWPなどと共通するところが多いと考えられる。

　一方後者では，HRMと企業業績の関係において戦略との相互作用効果が重視された。戦略はHRMと企業業績の間のモデレータ変数とみなされるのである。それぞれの戦略はHRMに対して異なる役割期待を持っており，それぞれの戦略に整合したHRM編成が企業業績を高めるという論理が前提とされる。ここでは企業の生産戦略に注目されるのであるが，コスト戦略，品質戦略，柔軟戦略が設定されており，それらに対応したHRM編成の役割期待は，次のように考えられている。

① コスト戦略——管理型HRM編成

コスト戦略はコストの最小化を目指すため，賃金ベースを低く抑え，訓練が不要になるように技能の不熟練化，職務の標準化を重視するHRMが必要になる。業績評価は個人の仕事成果で行われ，インセンティブは生産性向上を目的とした個人単位のものになる。

② 品質/柔軟戦略——人的資本増大型HRM編成

継続的な生産過程の改善，あるいは迅速な生産調整，多品種少量生産などを重視する戦略であるため，優れた技術や技能を持った従業員の確保と育成が可能なHRMが必要になる。生産過程で問題発見や問題解決ができる人材や，非定型的，例外的な仕事に従事する，創造性と自主性のある人材が必要になる。

生産戦略，HRM，企業業績に関する調査票が作成され，そのデータの統計分析を行った結果，品質戦略と人的資本増大型HRM編成が結びついた場合，機械能率，消費者対応，従業員生産性といったすべての業績の向上が確認された。またコスト戦略と管理型HRM編成が結びついた場合，機械能率面での業績向上が確認され，生産量に関する柔軟戦略と管理型HRM編成が結びついた場合，消費者対応における業績向上が確認された。戦略が異なれば，それに適したHRM編成が異なるということが検証されたといえるが，役割期待の議論で想定されていたものとは異なる結果も現れている。

次にDelery and Doty（1996）についてみていきたい。216の銀行融資部門を対象として，ベストプラクティス，コンティンジェンシー，コンフィギュレーショナルの各アプローチの検証がなされている。

最初のベストプラクティス・アプローチについては，HPWPに代表されるいくつかのモデルでよく支持されている，内部キャリア機会，公式の訓練制度，評価制度，利潤分配制，雇用保障，発言制度，職務定義の七つが取りあげられ，その個々の施策と財務業績（総資本利益率，株主資本利益率）との関係が検証されている。続くコンティンジェンシー・アプローチについては，Miles and Snow（1984）の探求型と防衛型の二つの戦略が取りあげられ，先述の七つの施策と業績との関係が，これらの戦略によって条件づけられることが検証された。最後にコンフィギュレーショナル・アプローチでは，市場型HRM編成（market-type system）と内部型HRM編成（internal system）という二つのHRM編成を提示したうえで，探求型戦略－市場型HRM編成，防衛型戦略－内部型HRM編成という二つの整合が検証された。なお市場型HRM編成と内部型HRM編成の内容は，**表**

3-4の通りである。

表3-4　市場型HRM編成と内部型HRM編成

	市場型HRM編成	内部型HRM編成
内部キャリア機会	●外部調達が多い ●内部キャリアの階梯がほとんどない	●主に組織内部から登用 ●キャリアの階梯が広く活用される
訓練	●公式な訓練なし ●組織内の交流は少ない	●広範な公式の訓練 ●組織内の交流は多い
成果志向の評価	●成果志向の評価 ●数値によるフィードバック	●行動志向の評価 ●能力開発のためのフィードバック
利潤分配制度	●広く活用	●ほとんどない
雇用保障	●ほとんどない	●試用期間から保障 ●雇用調整をする場合の手厚い付加給付 ●公式の解雇政策
参加	●ほとんどない	●苦情処理制度 ●意思決定への参加
職務記述	●職務定義はゆるい	●厳密な定義

出所：Delery and Doty (1996) より作成。

総資本利益率（ROA），株主資本利益率（ROE）を財務業績指標として統計分析を行った結果は，次のようにまとめられる。

まずベストプラクティス・アプローチについては，七つの施策のうち，利潤分配制，成果志向の評価，雇用保証は財務業績と有意な関係がみられた。次に，コンティンジェンシー・アプローチについては，探索型戦略を取る銀行において，成果志向の評価，大きな内部キャリア機会の提供が業績に寄与しており，防衛型戦略を取る企業では，融資担当者に意思決定への参加を認めること，成果志向の評価に傾斜しすぎないことなどが業績に寄与することがわかった。最後にコンフィギュレーショナル・アプローチであるが，市場型HRM編成に近いHRMを行う銀行ほど良い財務業績を示し，内部型HRM編成に近いHRMを行う銀行ほど業績は良くないという結果がみられた。

これらのことから，Delery and Doty (1996) の分析結果は，一部については想定された結果が出たものの，一部についてはそうならなかったといえる。特に

HRM編成と戦略との整合は支持されておらず，いずれの戦略でも市場型HRM編成の方が業績が良いという結果となっている。コンフィギュレーショナル・アプローチが台頭してきた頃からSHRM研究においても企業調査による仮説検証が増えたのであるが，それらの研究がすべて充実した成果を残したわけではなく，仮説が支持されなかったり，反対の結果になるものも多かった。さらに，分析のフレームワークが論者間で統一されていなかったために，検証結果から直ちに何らかの結論を導くことはできないのも事実であった（岩出, 2002）。

第4節　HRMと知的資本

1　知的資本を形成するHRM

最後に，SHRMの三つ目の特徴である，HRMが知的資本を豊かにすると考えることについてみていきたい。

コンティンジェンシー・アプローチなどの諸研究では，HRMと企業業績との関わりが議論されるものの，なぜHRMが業績を高めるかという論理的な説明がなされていないという批判がよく聞かれた。それに対し，HRMがそこで働く人々の知識やスキルの蓄積を促し，その積極的な活用を通じて業績を高めるという研究が現れてきたのである。つまり，HRMと企業業績の間にあるブラックボックスを，人的資本，あるいはケイパビリティ（capability）[8]などで説明しようとする研究である。第2節でみた通り，SHRMは戦略論におけるRBVとの関連性が強い。RBVでいうところの希少で模倣されにくい経営資源として人的資源を捉え，そのマネジメントこそが企業の競争力を左右するという見方が，SHRM研究の中で形成されてきたといえる（Wright, Dunford and Snell, 2001）。

ただし，そこには対立する考え方もあった。企業業績を高めるのは人的資源や人的資本そのものであるか，そのマネジメントの施策であるかといった議論である（Wright, 1994）。HR施策は他社が容易に模倣できるものであるから競争優位の源泉ではなく，人的資源の方が重要であるという考え方があった。その一方で，個別の施策は模倣できても，全体的なHRシステムは企業の文脈に応じてユニークなものになりえるため，簡単には模倣できなくなるとして，HR施策は競争優位をもたらすという考え方もあった。そして近年では，効果的なHRシステムは，集団や組織に蓄積される知的資本に影響を及ぼし，そのことによって企業業績に貢献するという考え方が有力になってきている。そうした見解を持つ先行研究と

して、まずBoxall (1998) からみていきたい。

Boxall (1998) はRBVに依拠しながら、企業がHR戦略を通じていかに競争優位性を生み出し、守っていくのかを論じている。その中で、HRMが人的資本の蓄積を促し、それによって企業の競争力が高まるという考え方が示されている。

図3-2 ヒューマン・リソース・アドバンテージの中核的要素とその結びつき

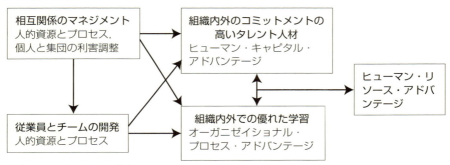

出所：Boxall (1998) より作成。

図3-2はそれをまとめたものである。企業は従業員の利益を企業や集団と一致させるために、優れた人的資源と人的プロセスの相互関係のマネジメントを行う必要がある。その施策としては高い報酬、成長できる機会の提供、一貫性のあるHRポリシーと施策などがあげられる。それによって従業員はその企業にとどまり、成長しようとする意欲が強くなる。同時に、従業員とチームの開発も重要となる。それらは従業員の間で建設的な議論が起こりやすくし、個人で働くよりもより多くの創造的成果を生み出すことにつながるのである。

このようなマネジメントによって、優れた才能を持ち、組織に強くコミットする人たち、すなわちヒューマン・キャピタル・アドバンテージが形成される。それだけでなく、組織内外での優れた学習が行われるようになり、それがオーガニゼイショナル・プロセス・アドバンテージ（あるいはヒューマン・プロセス・アドバンテージ）を生む。そして最終的に、優れた人材とその関係性、定着性を基盤とした、希少な価値を持つヒューマン・リソース・アドバンテージが形成されるのである。また、Boxall and Purcell (2003) においても、ヒューマン・リソース・アドバンテージの重要性が述べられており、ヒューマン・キャピタル・アドバンテージは才能のある個人や、選抜された優秀なグループによってもたらされ、

オーガニゼイショナル・プロセス・アドバンテージは，人々の才能を結びつける協働的活動，クロス・ファンクショナルなコミュニケーションや問題解決によってもたらされるとされている。そのうえで，その両方を持つ企業は競争力が強く，より高度な財・サービスを提供している企業ほど，エリート層に投資をしている傾向が強いことが述べられている。

次に，Youndt and Snell（2001）をみていこう。そこでは，組織の競争力となる知的資本が，人的資本（human capital），社会的資本（social capital），組織的資本（organizational capital）に分けられて論じられている。それぞれの内容を説明するならば，まず人的資本は個人が持つ知識，スキル，熟練などである。それに対し組織的資本は，制度的な知識や成文化された経験である。データベースやルーティン，マニュアルなどとして組織に蓄積された知識だといえる。そして社会的資本はその中間的存在であり，人的なネットワークや関係性の中にある知識やスキルである。人々の相互作用によって生み出されるものだと理解することができるだろう。

Youndt and Snell（2001）では，HRMの諸施策とそれら三つの知的資本の関連性も論じられている。まず適切な人員配置，競争的な報酬，教育訓練，内部昇進などの施策は，人的資本の蓄積につながる。次に，ブロード・バンディング[9]による突出や格差の少ない賃金制度や，チーム組織，メンタリング，グループベースのインセンティブなどは社会的資本の形成につながる。そして知識の獲得を補強するHR施策や知識のデータベース化を行うことによって，組織的資本が蓄積されるとされている。

続くYoundt and Snell（2004）では，そうした考え方がさらに発展させられている。そこでは，コンフィギュレーショナル・アプローチの考え方を導入して，いくつかのHR編成と三つの知的資本の関連性が検証されている。どのようなHR編成が，人的資本，社会的資本，組織的資本を生み出すのかを実証分析したのである。

Youndt and Snell（2004）の基本的な考え方は，HRMは企業業績を直接的にあげるものではなく，むしろ知識やスキルの向上を助けるものだというものである。適切なHRMはグループでの相互作用や知識の共有を進め，知識をシステムやルーティンに蓄えることも可能にする。そのことを通じて，HRMは企業業績に寄与するのである。

実証分析では六つのHRシステム（編成）が使用されている（図３－３参照）。

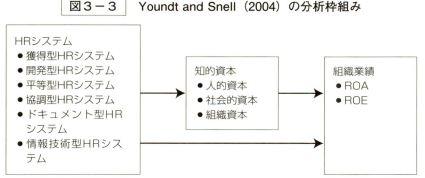

図3-3 Youndt and Snell (2004) の分析枠組み

出所：Youndt and Snell (2004) より作成。

　その中の獲得型HRシステムは，優秀な人材の獲得を重視するもので，選抜的配置や競争的な賃金などから成るものである。次の開発型HRシステムは，人材育成を主眼とするもので，教育訓練，内部昇進，スキルベースの賃金などから成る。平等型HRシステムは非階層的で自由な相互作用を目指すもので，フラットな組織，ステータス・シンボルの削減，権限委譲などがその内容となる。そして協調型HRシステムはチームやネットワークを重視するもので，グループボーナスやチームメンバーからの業績フィードバックなどが採用される。次のドキュメント型HRシステムは，データベースやマニュアル化を志向するもので，知識の制度化，職務再設計，提案制度などが充実したものである。最後の情報技術型HRシステムは，情報技術の有効活用を目指したもので，知識の管理や成文化に熱心である。これらが知的資本にどのような影響を与えるかが検証されたわけである。

　分析の結果，獲得型，開発型，平等型のHRシステムが人的資本に良い影響を与えていた。能力を重視し，階層的ではないHRMが個人の知的資本を高めるのだと思われる。続いて，協調型HRシステムが社会的資本に良い影響を与えることがわかった。これは，そのHRシステムがチームやネットワークを重視していることから，納得性の高い結果だといえる。そして最後に，ドキュメント型，情報技術型，獲得型のHRシステムが，組織資本に影響を与えていることが示された。そのうえで，獲得型，開発型のHRシステムは人的資本を媒介して企業業績を高めていること，協働型HRシステムは，社会的資本を媒介して（部分的ではあるが），企業業績を高めていることが明らかになった。それらのことから，特に重要な知的資本として，人的資本と社会的資本が注目されることとなった。

こうした議論はその後も続けられており，新たな知見も付け加えられている。例えばLepak（2007）は，知的資本が企業業績を向上させることについて，それがイノベーションの源泉になることを論じている。Lepak（2007）によれば，組織的資本はインクリメンタル（漸進的）・イノベーション（incremental innovation）と関係がある。それに対し，人的資本はラディカル（急進的）・イノベーション（radical innovation）に関係がある。そして社会的資本はインクリメンタル・イノベーションとラディカル・イノベーションの両方に関係があるとされる。そのうえで，人的資本を支援し，有益な社会的資本の形成に役立つHR施策が重要になると述べられている。

またUlrich（2001）は，組織のケイパビリティが企業の競争力の源泉だと述べている。組織のケイパビリティは戦略と実行の繋がりの捉え方を明らかにするものであり，ケイパビリティとはスキル，アビリティ，熟練などの個人の能力を組織に転化したものであるとされている。そしてケイパビリティはHRの成果であり，HR投資と業績の間に入る変数であるといわれている。

その他にも，Wright, Dunford and Snell（2001）では，HRMが知的資本の形成と環境変化への対応力となるダイナミック・ケイパビリティ（dynamic capability）の形成を通じて，企業のコア・コンピタンスを生み出すモデルが提示されている。そして須田（2010）では，そうした企業の内部資源に着目した一連の研究が，資源ベース型戦略人事モデルとして検討されている。

2　人材アーキテクチャ

このように，企業業績とHRMの間に知的資本を入れることにより，HRMが企業競争力の源泉になることを主張する研究が発展してきた。それらに則るならば，HRMの直接的な成果は知的資本であり，それを形成し蓄積するHRMが目指されるべきだということになる。しかし近年では，個人が持つ知識は様々なタイプがあり，それが異なれば適切なHRMも異なるという研究も現れてきた。そうした研究では企業の中の人材が，保有する知識やスキルの特性によって類型化される。その構造が人材アーキテクチャと呼ばれ，それぞれの類型ごとのマネジメントが検討されるのである。

代表的なものがLepak and Snell（2003）である。それによると，知識にはいくつかの形態がある。ジェネラルな知識，あるいはパブリックな知識，職業特殊的知識，産業特殊的知識，企業特殊的知識などである。そして異なる知識のプロ

ファイルの人には異なるマネジメントが必要だとされている。

図3-4はLepak and Snell (2003) によって示された人材アーキテクチャである。二つの軸によって四象限に区切られているのだが、各々の軸は人的資本をみる視点、すなわち個人が持つ知識やスキルの戦略的価値とユニークさの程度である。それらが高いかどうかによって四つの象限に分けられ、人材群ごとのマネジメントが提示されている。

図3-4 Lepak and Snell (2003) の人材アーキテクチャ

出所：Lepak and Snell (2003) より作成。

ユニークな、すなわち得難い知識やスキルの持ち主とは、企業は長期的な関係を維持する必要がある。そして戦略的価値が高い知識やスキルの持ち主は内部化する必要がある。それらにあてはまらない人材については、短期雇用や外部提携も考えられる。このように考えれば、内部に蓄積する人材（知識やスキル）と、外部から調達する人材（知識やスキル）を分けて捉えられるだけでなく、組織の知的資本の入れ替えや組み換えを議論することも可能である。それがこの理論の特徴だといえるだろう。SHRM研究ではかねてから、Make versus Buy（獲得か育成か）の議論がなされていたのであるが、それに新しい考え方を提示したものだともいえる。

さてそれぞれの象限をみると、まず第1象限は戦略的価値が高く、かつユニークな知識やスキルの持ち主である。当該企業のコア人材ということになり、多く

の知識労働者はこれにあてはまる。彼（彼女）らは企業組織にとって確保されるべき人材であり，彼（彼女）らの知識やコミットメントをベースとしたHRMが必要になる。次に第4象限は，戦略的価値は高いのだが，ユニークではない知識やスキルの持ち主である。つまり代わりの人材は比較的見つけやすいということになる。したがって，さきほどよりも長期雇用は重視されなくなり，職務ベース，生産性ベースのHRMが行われる。一方，第2象限は戦略的価値は低いのだが，ユニークな知識やスキルの持ち主である。内部化する必要はないものの，代わりを見つけるのが困難であるため，長期的な関係の維持が望まれる人材だといえる。企業にとっては戦略的パートナーであり，提携あるいは協働ベースのHRMが望まれる。最後に第3象限の，戦略的価値，ユニークさがともに低い人材であるが，短期の契約労働者が多くなり，コンプライアンス重視のHRMが行われることになる。このようにみると，一つの組織内でも複数のHR施策があり得ることがわかる。特に変化の激しい環境にある企業では，多様な人材とマネジメントがあることが，企業の競争力維持のために不可欠なものになるかもしれない。もちろん，その程度は企業によって異なるだろうが，Lepak and Snell（2003）では，コア人材やナレッジ・ワーカーに頼る経営をする企業は，その開発に時間やコストがかかるというリスクを抱えていると述べられている。つまり必要な知的資本を迅速に得ることができなくなる恐れがあるのである。また反対に，人材のアウトソースに頼る企業は，コア・コンピタンスをなくすリスクがあるとも述べられている。内部育成される人材が少なくなると，企業独自の強みを生み出す人材が不足するのである。

　須田（2010）によると，四つの象限からなる人材群を組み合わせて，企業は独自の人材アーキテクチャを実現する。人材アーキテクチャの組み合わせは非常に複雑で，各企業がそれぞれ異なるユニークな人材アーキテクチャを構築する。その結果，企業は希少で，固着性が高く，模倣困難な企業固有の人的資本を生み出すことが可能になるのだという[10]。

第5節　知識労働者への応用

　本章ではSHRMの諸研究をレビューしてきた。それらは人材を貴重な経営資源とみなしており，企業の競争力を規定するものとして捉えている。また多くの論者が様々なアプローチから独自の研究成果を提示しており，近年目覚ましい発展

を遂げてきたといえる。ただ，あまりに多様な理論やモデルが提示されたために議論が拡散してしまい，なかなか確立された理論に収斂するに至っていないようにもみえる。同時に，実証分析を行う研究が増加しつつあるものの，それが必ずしも期待された結果を残せていないという事実もある（岩出，2002）。特にコンティンジェンシー・アプローチやコンフィギュレーショナル・アプローチでは，分析モデル，業績の測定方法，分析手法などにバラつきがみられるため，研究の正確性や妥当性に疑問が提示されることもある。そう考えるとSHRMは百花繚乱のようにみえながら，いまだ発展途上にあると思われる。もちろんSHRM研究を総括したり，その展望を述べるのは本書の目的ではないので他に譲るとして，これらのSHRM研究の成果から，知識労働者のHRMのためにどのような示唆が得られるのかをまとめたいと思う。

　まず，SHRMは人的資源を企業の競争力の源泉として捉えているのであるが，そこからは次のようなことが学べるであろう。SHRMの基本的主張から考えると当然のことであるが，採用，配置，育成などの重要性が強調される。特にベストプラクティス・アプローチと呼ばれる諸研究や，そこにみられるHPWPなどのモデルでは特にその傾向が顕著である。もちろんそれらの多くは知識労働者にも重要なものであろう。それらの研究の多くは，科学的管理に基づいた官僚的なマネジメントに否定的であるため[11]，上記のような施策を特に重視しているのであるが，HPWPなどには日本的なHRMとの共通点が多くみられるといえる。それに基づくならば，日本的HRMは人材を企業競争力の源泉にできるものだと考えられる。そうした仮定を，知識労働者を対象に検証してみることの意義は大きいだろう。日本的なHRMが知識労働者にどのような影響を与えるのか。その点については詳しく分析されるべきものだと思われる。

　次にSHRMは多様なHRMを論じているが，それはまさに本書の考え方と共通したものである。もちろんSHRMがHRMの多様性を規定する環境要因として重視しているのは経営戦略であり，それがそのまま本書の研究にあてはまるわけではない。ただコンティンジェンシー・アプローチの研究をみると，差別化戦略を採用し，創造的な活動をしている企業ほど成果主義のHRMが有効になるとされている。こうした研究結果は本書にも大いに参考になるであろう。知識労働の中でも創造性や高度な提案力が求められる仕事ほど，成果主義が適合するという仮説を立てることも可能になる。ただ日本企業を対象にした場合，能力主義的なHRMが普遍的に有効であることを示唆する研究結果もある（竹内，2005）。それ

ゆえ，そうした両方の考え方からの分析も必要になるだろう。

またコンフィギュレーショナル・アプローチの主張は，個々のHR施策ではなく，その内部適合が大事になるということである。言い換えるならば上手く組み合わされたHR施策の束が企業業績に貢献するということである。本書が知識労働者のHRMを分析する際も，個々のHR施策だけでなく，束としてのHRM編成の効果をみることが必要になるだろう。

最後に，HRMが知的資本の蓄積を促すと考える研究からは，様々なHRMと人的資本や社会的資本との関わりを学ぶことができる。前章でみた通り，本書ではHRMと知識労働者の企業への定着や成長，相互作用などとの関わりを明らかにしようとしている。そのため，ここでみた研究結果は本書における仮説の設定や分析に対し，多くのヒントを与えてくれるものと思われる。それに加えて，人材アーキテクチャという考え方は企業内に人材群別の複数のHRMがあることを積極的に捉えたものであるが，その考え方の根底にはそこで働く人々の持つ知識やスキルの特性の違いがある。そのため，このような考え方は実際の知識労働者のHRMにもあてはまる可能性がある。こうしたことも念頭に置いて，本書の分析を進めていきたい。

● 注

1　岩出（2002），54頁。
2　須田（2010）では，ベスト・プラクティス・アプローチとベスト・フィット・アプローチに分けられている。
3　賃金格差を圧縮し，仕事自体への関心を強めようとするもの。
4　岩出（2002）によると，Pfeffer（1994）では16項目が13項目に減らされ，その後の諸研究で7項目に集約されるなどの段階的変化があったという。
5　OCBは，「組織に対して有効的機能を持つが，公式の報酬制度で保障されない，自己裁量的な個人行動」（原口，2014）であり，自発的な役割外行動といえる。Organ（1988）が提唱した愛他主義，誠実さ，スポーツマン精神，丁重さ，公衆道徳の5次元で説明されることが多い。
6　岩出（2002），138頁。
7　岩出（2002），109頁。
8　ケイパビリティは，組織固有の能力と考えられることが多く，Helfalt and Peteraf（2003）では「組織の資源から，特定の最終目的を実現するために調整されたタスク集合を実行する組織の能力」とされている。
9　職務給を設定する際に，個々の職務の給与の幅を広く取り，一定の昇給幅を

持たせるような仕組みである。このような仕組みの方が，他の職務に移動する際にも賃金の変動が少なくなり，ジョブ・ローテーションがしやすくなる。
10　須田（2010），266頁。
11　Tayler（2006）の科学的管理が官僚的である，あるいは人間を重視しないという批判は多いのであるが，それには異論もある。彼の諸研究には，すべての労働者が何らかの仕事で熟練できるという記述があるし，経営者と労働者が共通の利益を追求する「精神革命」も提唱されている。したがって，明確な分業による経営を重視したことは間違いないものの，決して労働者の人間性や成長を軽視していたと断ずることはできないだろう。

第4章
成果主義をめぐる議論

第1節　はじめに

　本章では，成果主義と呼ばれるHRM，あるいは賃金管理に関する先行研究をレビューする。まず，知識労働者のHRMを研究するうえで，なぜ成果主義を取りあげるかについての理由から述べていきたい。

　先行研究では，知識社会や知識労働者のHRMは競争的なものになりやすいと述べられている。IT企業の事例においても，コンサルティング・ファームの事例においても，激しい昇進競争や高額の報酬などの特徴がみられた。それらは有能な人を高く処遇し，そうでない人と大きな差をつける成果主義的なHRMだといえる。元より，知識労働者の仕事は経験の増加に伴って，誰でも成果が高くなるとは考えにくいものである。それゆえ，企業が年功を重視して従業員を処遇することの合理性は低くなる。おそらくそれは，高度で新奇性の高い仕事に従事する知識労働者ほど顕著になると考えられる。日本企業の場合，HRMが年功的であるといわれていたわけであるが，知識労働者には成果主義的なHRMが適合するといえるのか，検討する必要があると思われる。

　日本で成果主義が台頭し，注目されたのは1990年代後半からだといえるだろう。当時，それを促した要因としていくつかのことをあげることができる。まずバブル経済崩壊後の景気低迷により，年功的なHRMを維持できなくなったことがあげられる。人件費が上昇しやすい当時の賃金制度を，低成長下で維持していくことが困難になってしまったのである。次に労働人口の高齢化も要因の一つであろう。年功的な賃金制度では，高齢化が進むほど人件費総額が高くなる。それを放置することは経営上の大きなリスクだといえる。さらに企業活動のグローバル化も一つの要因であろう。外国人の雇用や海外での活動が増加すれば，日本独特のHRMに固執することは難しくなる。ある程度他国からも理解が得られるようなものが求められてくる。そして最後に，知識社会の進展も要因の一つとして考え

られる。1990年代より，IT等の著しい発展により，産業構造は大きく変化した。IT企業を中心に新しい企業が台頭し，その他の産業においても，新しい製品やサービス，事業等を創造できる企業が躍進するようになった。それに伴って，そうした創造的な仕事や複雑な仕事に従事する人を特に重視し，他の人に比べて高く処遇するようなHRMが増加したものと思われる。

日本企業のHRMは，年功に基づいた能力主義のHRMから，成果主義のHRMへとシフトしたと考えられるのだが，その時期は日本において知識集約型の企業が増加しはじめた時期と重なっている。それゆえ，それらの企業のHRMも，そうした時代環境の影響を受けている可能性がある。知識労働者のHRMにおける日本的な特徴をつかむうえでも，成果主義に関する諸研究をレビューしておく必要があると思われる。

さて，日本において成果主義HRMがすんなりと定着したというわけではない。それに関する賛否両論は現在でもある。日本では従来の年功型，あるいは能力重視のHRMが高く評価されていたため，アメリカ等のHRMと共通点の多い成果主義には反発も大きかった。また詳しくは後述するが，成果主義と呼ばれているHRMの中にも多様なものがあり，アメリカ等の企業とはかなり異なる，日本独特の成果主義というのも生まれてきている。本章では日本の成果主義に関わる先行研究をレビューすることにより，その実態や特徴を整理したうえで，知識労働者のHRMを考えるうえで何が重要となるのかを考察していく。

第2節　成果主義とは何か

1　成果主義の定義とそれに関する議論

成果主義とは賃金制度を中心としたHRMの諸制度に関する概念であり，1990年代の後半から導入されはじめ，当時苦境にあった日本企業を立て直すための仕組みとして注目を集めたものである。ほどなく成果主義を導入した企業の事例研究も盛んに行われるようになり，笹島・社会経済生産性本部（1997, 1998）や，渡辺（1999）において，富士通，武田薬品工業，デンソー，アサヒビール，横河電機，松下電器産業（現在のパナソニック），本田技研工業，ベネッセコーポレーション，リクルートなどの事例が紹介されている。ところがその後2000年以降になると，徐々に成果主義に批判的な議論が多くなり，中にはかなり手厳しい批判をする研究が現れてきた。華々しく登場した成果主義であるが，その評価は

一転してしまったといえるのである。ただ実は，そうした成果主義への賞賛あるいは批判などが，成果主義の実態を詳しく調べないままに行われてきたという傾向もあった。2000年代も中盤になると，成果主義の実態を詳しく調査した研究が増加し，冷静な議論が行われるようになってきたのだが，成果主義に関しての賛否両論は，時に激しい論争を伴いながらも，いまなお継続しているといえるだろう。

　この節では，まず成果主義とは具体的にどのようなものなのか，その概略をまとめることにしたい。最もよく知られた成果主義の定義は，奥西 (2001) の「賃金の決定要因として成果を左右する諸変数（技能，知識，努力など）よりも結果としての成果を重視すること」や正亀 (2010) の「顕在的な発揮能力ないし仕事の短期的な成果（業績）に基づいて決める賃金（制度）」などだと思われる。それらはいずれも，①長期的な成果よりも短期的な成果を重視すること，②実際の賃金により大きな格差をつけること，に着目している。それまでの日本の賃金制度や評価制度が，入社後の成果の蓄積や能力の向上を評価しており，したがって経験の長さ（年功）を熟練とみなして評価しがちであったこと，さらには評価の高い人と低い人の賃金格差が小さかったことが，日本企業の年功的なHRMの基盤をなしていたと思われる。成果主義は年功的なHRMの弱点を克服するものとして提唱されたわけであるから，過去の成果をいつまでも引きずらず現在の成果や能力を評価する，賃金その他の格差を従来よりも大きくする，といった基本的特性を備えているのは当然だと考えられる。ただし，実際には成果主義と呼ばれている仕組みや制度には多種多様なものがあり，統一した明確な形があるわけではない。ここでは，大手企業を中心に比較的多くの企業に普及している成果主義の諸制度をみることによって，その特徴をつかむことにする。

2　職務等級・役割等級制度

　日本では従来，職能等級制度を基本に据えた人事制度が一般的であったのであるが，1990年代の経済の低迷期において，そのデメリットが指摘されることとなり，それに代わって欧米で普及している職務等級制度，あるいはそれを日本的に修正した役割等級制度が導入されはじめた[1]。職能等級制度は能力の向上に基づいて昇格を行う制度であるが，実際には経験の蓄積を熟練とみなして昇格させる傾向が強く，年功的な運用になりがちであった。それが上位等級者の不適切な増加や人件費の上昇につながりやすいのである。また一度昇格した者の降格は実質

的に行いにくく，知識やスキルが陳腐化した高齢者に対しても，高い等級と賃金を保障することになってしまう。それが企業の人件費負担を大きなものにしていたのである。

一方，職務等級や役割等級制度では，現在の仕事価値に応じて等級が決まる。困難な仕事や責任の重い仕事についている人材が上位等級に格づけられるのである。それによって仕事内容と報酬との間で合理的なバランスがとられるのであり，年功的な昇格が行われる心配は少なくなる。同時に，若くて優秀な人を重要な仕事につけた場合，その人の等級や報酬を早期に上げることが可能になるので，職能給に比べて強い動機付け効果も期待できる。より成果主義の考え方に基づいたものだといえるだろう（**表4－1**参照）。

表4－1　職能等級と職務等級の比較

職能等級制度		職務等級制度
個人の職務遂行能力に基づく ●新入社員は同一等級に格付け ●その後，能力開発状況に応じ，何年かに一度昇格 ●仕事内容と等級の結びつきは弱く，仕事が変わらなくても昇格できる ●降格は例外的	格付け	職務（仕事の難易度・責任の重さ）に基づく ●個人の職務を分析して詳しい職務記述書を作成 ●それを評価して職務の等級を決定 ●より難しく重要な職務につけば等級は上がる ●簡単な職務になれば等級は下がる
職能給（Pay for Skill）中心 ●能力開発，熟練に応じて昇給 ●昇進しなくても熟練が認められれば相当の期間は昇給可能	賃金	職務給（Pay for Job）中心 ●職務によって給与が規定される ●昇進しなければ昇給は制限される
能力の評価が中心 ●判断力，企画力，折衝力，企画力などのやや曖昧な項目	人事考課	職務記述書に基づいた具体的な仕事項目による評価が可能
長期勤続のインセンティブとなりえる年功的な運用に陥りやすい	その他	職務を基準とした公平さを実現 職務の変更が処遇の変更につながるので，配置転換に消極的になりかねない

出所：筆者作成。

なお職務等級を決める際には，個人の仕事をすべて洗い出して職務記述書を作成したうえで，職務分析によってその難易度を評価し[2]，それに応じて等級が決められる。ただ，こうしたやり方は日本企業に適さないことも多い。日本企業で

は個人の職務の範囲が曖昧で、チームによって職務を遂行する機会が多く、分業がそれほど明確ではないのである（中村, 1996; 上林, 2010）。それゆえ、職務記述書の作成や職務分析を行うことが難しい企業や職場もかなりある。また日本企業では配置転換も多いことから、その都度職務を再評価したり、等級が変わることの不都合も発生してくる。それゆえ、職務等級の導入を断念する企業も少なからずあったのである。役割等級はそのような事情を考慮して考案されたもので、職務等級を日本企業に馴染みやすく改編したものだと言えるだろう。

　まず職務分析を省略、あるいは簡略化するために、職務を細かく分けるのではなく、大括りに捉えてその基本的な職責だけを定義することにした。それによって、職能等級と大差のない等級数の簡潔な制度となり、配置転換によって頻繁に等級が変わるといった事態を避けられるようになった。さらに企業によっては、経営環境や個人別の期待に応じた役割設定を可能にすることにより、より柔軟な運用ができるように工夫を行っている。例えば同じ部門の同じ職位であっても、通常業務を遂行するだけの場合と、業績の立て直しや重要なプロジェクトの実行をする場合では、役割の大きさは変わってくる。当然後者の場合の方が困難な役割となり、優秀な人が登用されることになると思われる。また個人が継続的に高い業績をあげることによって、その職位に対して企業が期待する役割が大きくなることもある。それらのことに配慮して、多くの企業などにおいて、職位や職務の価値を柔軟に捉え、それに応じて役割等級を決める取り組みが行われているのである。

　要約するならば、仕事に基づいた等級制度に、人に基づく（個人への期待）格付けの考え方を加味して、日本の組織に適合した柔軟性のある等級制度を目指したものだといえるだろう。ただし、役割等級には柔軟性があるのと同時に、曖昧さがあることも事実なので、企業がその運用を誤れば、職能等級とあまり変わらない結果になる可能性もある。

3　職務給・役割給、業績連動型賞与

　職能等級から職務等級・役割等級制度へのシフトとともに、賃金制度も職務給や役割給を中心に据えたものへと変化していった[3]。それらはかつての職能給のように、過去からの経験に比例して昇給額が積みあがるものではなく、現在の仕事内容をベースに決められるものである。そのため過度に年功的な賃金になることを防ぎ、実際に責任ある仕事をしている人の賃金を高くすることができるので

ある。

　また，人件費全体の柔軟性を高める目的で，業績連動型の賞与制度なども相次いで導入された。図4−1はキヤノンの業績連動型賞与の概要を表わしている。同社では従来，賞与の原資は労使協議で決定していた。しかし，成果主義の人事制度への改訂に伴い，経常利益を業績指標とする業績連動型賞与を導入することになった。業績連動型賞与の導入目的は，賞与支給額決定の納得性を高め，従業員の経営参画意識を促すことにある。会社の業績が好調で利益が多い時には従業員への配分が増え，反対の場合には減るという仕組みは，従業員が努力して会社の利益を向上させる動機づけになるであろう。この制度では，賞与原資が「基本支給額」「個人業績加算」「会社業績加算」の三階層で構成される。そのうちの会社業績加算の部分が経常利益と連動するわけである。業績指標として何を採用するか，また業績と賞与の連動をどの程度強いものにするかは企業によって異なるが，同種の仕組みを導入した企業は数多くある。また職務給や役割給と，業績に応じた賞与を一括して年俸として管理する年俸制を取り入れた企業も多い。一般的な年俸制度では，年俸は基本年俸や役割年俸と業績年俸等から構成され，主に管理職が制度の対象となる。年俸という言葉を使うことによって，日本の企業の賃金に付随している年功的なイメージを完全に払拭しようとしたものだと思われる。

図4−1　キヤノンの業績連動型賞与のイメージ

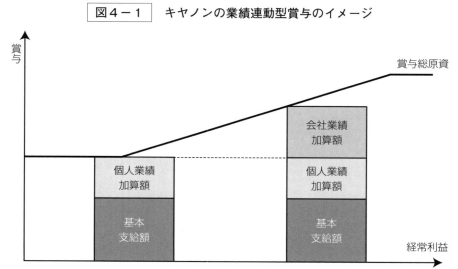

出所：日本経団連人事センター（2002）より。

4 目標による管理やコンピテンシーの評価

　職能等級制度の下では，職務遂行能力を中心とした評価（能力評価）が行われていたのであるが，その評価項目は職務に基づいた具体的なものではなく，多くの人に共通する曖昧な項目であったため[4]，評価の厳密さに欠けるという批判もなされていた（三輪, 2003）。また，経験の増加を熟練とみなすことから，どうしても年功的な結果に陥りがちであった。しかし，成果主義が喧伝されてからは，厳しい企業環境に対応するために，より明確な仕事の成果や具体的な能力を評価する制度が志向されはじめたのである。

　その代表的なものがMBO（目標による管理）を用いた業績成果評価と，コンピテンシー評価である。MBOとは，簡単に言えば，①期初において上司と本人が面談のうえで一年あるいは半年の仕事の目標を決め，②その目標を基準として期中の仕事の進捗を管理し，③期末において本人，上司の双方で目標の達成度を評価し，④その結果を人事評価にも利用する，というものである。従来行われていた能力評価や情意評価は上司が部下を観察することによる一方的なもので，恣意的評価や温情的評価につながる可能性も高かったが，目標の達成度を基準とした評価はより客観的であり，納得性が高く成果主義の考え方に適したものだとみなされたのである。

　MBOはまさに仕事の成果の評価であり，成果主義の考え方に適ったものであるが，それにより，能力や仕事のプロセスが評価されなくなったかというとそうではない。むしろ日本企業では，MBOと能力や行動の評価を併用することによって，評価が結果偏重に陥らないように配慮が行われた。特に昇進や昇格を決める際には，成果を再現できる間違いのない能力の持ち主を選ぶことが重視されたのである。

　職能等級制度で評価される職務遂行能力の内容は曖昧なもので，主観的あるいは年功的な評価になることが多かった。成果主義人事制度への移行に際しては，そうした従来の能力評価の欠点が見直され，より具体性のあるもの，あるいは優秀な人の選抜に役立つものが志向されたといえる。

　例えばその一つとして，多くの企業が取り入れたのがコンピテンシー（competency）の評価である。コンピテンシーとは，「ある職務または状況に対し，基準に照らして効果的，あるいは卓越した業績を生む原因として関わっている個人の根源的特性」と定義され（Spencer and Spencer, 1993），動因（特に達成動機），特性（身体的，情緒的特徴），自己イメージ（態度，価値観，自我像），そして知識，

スキル,行動などが対象となる。元々はアメリカの心理学の研究成果に基づくものであるが,現在は優秀な人材の特性として幅広く認知されており,それに基づいた採用や人材育成も盛んに行われている。

コンピテンシーと従来の日本の人事考課で捉えていた職務遂行能力との違いをまとめるならば,①特定の職種,職務やポストを対象に設定されるものであること,②高業績者のみにみられる特徴を扱うこと,③心理学研究をベースに体系的に導き出すものであることといえよう。職務との関連性が強く,しかも有能な人材の特性に注目しているため,高度な専門職や戦略的なマネジャーの評価や育成に利用可能であることが特徴となる。

またコンピテンシーとは異なるが,企業が従業員に期待する行動を具体的に定め,それを用いて評価したり,企業の理念や重視する価値に関わる行動を具体的に示し,個々の従業員がそれに沿った行動をどれだけできているかを評価する企業も増えてきている。こうした考課制度も,その目的はより具体的な考課の実施であり,企業に貢献する優秀な人材の選抜や育成とみることが可能である。

5　その他の制度や施策

成果主義とは主に評価や賃金に関わる諸制度を表わす概念であるが,成果主義と一緒に導入されることの多いその他の制度や施策がいくつかみられる。

代表的なものは昇進・昇格における早い選抜の制度である。従来の日本企業では,マネジャー登用の選抜に20年近い時間をかける遅い選抜が一般的であった(小池,1991)。しかしながら,1990年代後半から導入されたサクセッション・プラン(事業継承計画)やファスト・トラック(速い昇進トラック)の制度では,次世代リーダーの早期育成を目的に早い段階からの候補者の選抜と育成が行われる。日本企業では従来,長く現場で経験を積むことによって優秀な実務家が育つ一方,大きな視野から事業を改革するような戦略的なリーダーが育ちにくいと言われていた[5]。これらの制度はそれを打破し,次世代を託すことができるリーダーの育成を企図している。

例えばサクセッション・プランでは,主に30歳代の中堅社員の中から特に有望な人材を選抜し,次世代の経営者候補として登録する。登録された候補者たちは定められた教育訓練を受け,配置転換を経験し,経営者に必要な知識やスキルを体得していくのである。そこで行われる配置転換とは,社内の重要な部門を計画的に経験していき,経営者に必要な幅広い見識を身に付けていくものである。ま

た，教育訓練の中にはMBA（Master of Business Administration＝経営管理修士）の取得や，事業企画案の作成といった高度な内容のものもあり，最終的にその成果を社長や役員の前でプレゼンテーションを行うことなども求められる。またそれだけでなく，候補者のリストは定期的に見直され，候補者の中で厳しい競争が行われることになっている。

さて成果主義の普及に歩調を合わせて増加したもう一つの施策として，非正規社員を含めた外部人材の活用をあげることができる。日本経営者団体連盟（1995）が示した新時代の日本的経営は，それまで一般的であった長期雇用を基本としたHRMの転換を示唆するものであった。そこでは社員を三つのグループに分けて雇用する政策が示されている。従来のように長期間雇用される長期能力活用人材の他に，必要に応じて外部の労働市場から調達される高度専門職人材，より簡単で補助的な仕事に従事する短期活用人材などに分けた雇用政策が提唱されたのである。事実，それ以降たくさんの企業において非正規社員や派遣社員が増加することとなった。厳しい経営環境が続く中で新卒採用人数が抑制されたこと，人材派遣に関わる法律が改定されて派遣の対象となる職種が増えたことなどもその原因である。こうした動きの中で，企業は長期間雇用して中核的な仕事に従事させる人材と，短期間の雇用で周辺的な仕事に従事させる人材を分けてマネジメントするようになっていった。

また，外部から人を調達するだけでなく，内部の人を外部に出すような施策も取り入れられはじめた。業績が低迷する企業が希望退職を募ることは決して珍しいことではなくなった。また中高年の社員に退職金の上乗せをすること等によって，退職を選択しやすくするような制度も増えてきている。さらに中高年の社員にキャリア面接を行い，彼（彼女）らの適性や今後の希望などを再考させたうえで，場合によれば社外でのキャリアを斡旋するような制度もみられる。成果主義とともに雇用の流動化も進みつつあると理解できるだろう。

このようにみると，成果主義の競争的なHRMは，Jacoby（2005）などのいう市場志向のHRMと親和性が強いことがわかる。もちろん，長期雇用を維持しながら成果主義を推進することも可能なのだが，社員を競わせながら成長させようとすれば，優秀な人の中途採用や競争に敗れた人の退職は多くなるだろう。また経済的合理性を重視すれば，一部の人材が流動化しやすくなることも容易に推察できる。それゆえ，成果主義は日本企業の最大の特徴としてみられていた，長期雇用や内部人材の登用を崩壊させるものとみなされてしまい，後に激しい批判を

あびることにもなったのであろう。

第3節　成果主義への批判

　先述の通り，成果主義のHRMは1990年代の後半に一部の先進的企業によって導入され，2000年代に入るとブームのようになって多くの企業に普及していった。しかし，その直後から成果主義に対する批判も数多くみられるようになっている。ただ，一口に成果主義への批判と言っても，そこには多様な論調があることも事実である。ここでは大きく三つのタイプの批判をみていくことにする。

　最初に取りあげるのは，成果主義のHRMの意義をほぼ完全に否定するものであり，特に仕事に対するモチベーションに関しては，それを向上させるのではなく，むしろ低下させるものだと断じるものである。それらの先行研究では，従来からある日本型の年功的な賃金制度への回帰が強く主張されることになる。

　例えば高橋（2004）は，成果主義を「虚妄」であると手厳しく批判している。そこでの批判の内容は主に，内発的動機づけ理論に依拠するものと，科学的管理における生産性連動型給与の失敗に基づくものがある。まず前者からみていこう。人の動機づけには金銭的報酬などによる外発的な動機づけと，仕事自体の面白さや達成感などによる内発的動機づけがあるといわれているが，高橋（2004）では特に，内発的動機づけが人の仕事へのモチベーションを左右するものとして重視されている。そしてDeci（1975）の有名な実験を紹介しながら，金銭的報酬を重視する成果主義が働く人のモチベーションを低下させることが述べられている。

　Deci（1975）の実験とは，個室で大学生にパズルを解かせるものである。パズルは大学生にとって十分に面白い内容になっており，決められた時間でパズルを解くセッションを3回行う実験であった。途中で休憩があり，その時間に学生は何をしてもいいわけであるが，その自由時間の観察こそが実験の主な目的であった。一部の学生に対して解いたパズルの個数に応じて報酬を支払うことにしたところ，これらの学生は，無報酬のまま実験を続けた学生と比べて，自由時間にパズルを解いていた時間が短くなったのである。金銭的報酬をもらうことによって，本来面白いはずのパズルであっても，自由時間をそれに費やすことが少なくなったわけである。Deci（1975）ではそうした事実から，金銭的な報酬が内発的な動機づけの効果を弱くしてしまい，モチベーションを低下させることが論じられる。それに基づき高橋（2004）では，成果主義のように金銭的な報酬を重視する

HRMは，仕事自体に動機づけられ，努力することを阻害するものだと批判されるのである。

　次に後者に関する批判である。20世紀初頭に構築された科学的管理では，目標とされる作業量（標準）を達成すると，割増賃金が支払われる。これは差別的出来高給制度と呼ばれるものであるが，それが今日の成果主義と同じ性格のものであり，その差別的出来高給制度が過去においても上手く機能しなかったということが，成果主義を否定する根拠にされている。このような賃金制度では，労働者は標準以上に働けばいいのであって，熟練して標準を超えることが容易になったとしても，さらなる潜在的可能性を発揮する必要はない。またこうして生産性に連動した賃金制度の下では，一時的にでも生産性の低下につながるような製造工程や製造方法の変更に，労働者が抵抗を示すようになる可能性がある。それらの弊害のために，こうした制度は過去にも否定されたわけである。そしてそれと同じような制度を現代において再び導入することについて，強い疑念が示されている。このような賃金制度の背景にはMcGregor（1960）のX理論のような人間観があるのであり，そこでは人間の高次欲求が考慮されることがない。そうした人間観による制度が，働く人を本当に動機づけることは難しいという主張である。

　同様の批判が，藤田（2008）によってもなされている。そこでは，成果主義はモチベーションをあげることはなく，より高い金銭的報酬は，確かにその人をその仕事に留めるように作用するが，自分の能力を最大限発揮して創造的な仕事をさせることはできないと述べられている。そして，成果主義は企業にとって客寄せパンダであり，転職市場の募集の看板としてくらいしか役に立たないと批判されている。

　続いて二番目に取り上げるのは，成果主義を完全に否定するものではないが，その弊害を指摘するものである。特にチームワークや人材育成が軽視されがちになることを懸念している。個人ごとの目標達成が重視されるようになると，チームや部門で協力するという意識が希薄になる。あるいは目の前にある業績の達成だけが意識されて，長期的に人材育成するような余裕が失われる。そうしたことを問題視した議論である。

　例えば小林（2001）では，賃金などの報酬を業績に関連づける場合，個人の業績よりも，チームや職場単位での業績に連動させる方がいいと述べられている。そして成果主義は勝ち組，すなわち業績が評価された人のモチベーションを上げるが，組織全体のモチベーションをあげるものではないとされる。個人的な業績

を重視すればするほど，こうしたモチベーションの格差が大きくなることが懸念されるわけであり，海外の研究でも部門業績連動型の報酬制度のメリットが明らかになったことが述べられている。

また，玄田・神林・篠崎（2001），大竹・唐渡（2003）などにおいても，成果主義が単独で働く人々の意欲を高めるわけではないことが主張されている。成果主義が労働意欲を高めるには，同時に別の施策が必要なのであって，成果主義＋αが労働意欲の向上を実現するとされている。

そのαとしてあげられているのが，働く人々の裁量範囲の拡大，仕事分担の明確化，能力開発の機会などである。個人の業績や成果が厳しく評価される場合，裁量の範囲が狭いのであれば働く人たちは業績を自分の責任として受け止めることが困難になるだろう。同様に，仕事の範囲があいまいな場合，個人の成果が評価されることの合理性や公平性が著しく低下してしまう。それらが克服されなければ，成果主義が労働意欲を高めることはないだろう。そして単に成果を評価されるだけでなく，能力開発の機会が与えられることが重要になる。能力を高める機会は，個人の長期的な競争力を高め，将来の目標を達成する基礎を築くことになる。それがあってはじめて，個人は成果主義を積極的に受け止めることができるということであろう。

次に久保（2005）は成果主義について，メリットとデメリットを次のように対比している。

まず成果給のメリットとして，①努力水準を向上させる効果，②選別効果（優秀な従業員を集めやすい），③目標設定効果などをあげている。そのうえでデメリットとして，企業へのコミットメントが弱くなり，企業特殊的技能が身につかないことや，柔軟な人事管理（異動）が難しいこと，さらには生産量を増加させることに集中し，質的目標など，他の目標を無視するようになることなどをあげている。これらも，目の前の業績や成果に目を奪われることや，チームワークの阻害に着目したものだといえる。

また若林（2008）では，成果主義におけるチームワークの衰退，あるいは組織コミットメントの低下の問題が，心理的契約の概念によって説明されている。

若林（2008）によれば，成果主義の導入によって，日本企業の組織と個人の心理的契約が関係的契約から取引的契約にシフトした。そこでは，業績の評価や報酬の決定に関する仕組みが，新しい契約に基づいて再設計される必要があるのだが，それは簡単にできることではない。会社側の人事制度改革が，従業員たちに

業績評価基準，貢献義務とその報酬との関係などを不明瞭にして展開されてしまった場合，それは心理的契約の違反となってしまう。そして，会社側の意図とは反対に，人事制度改革が組織としてのまとまりを失わせる効果を持ってしまうのである。

これらの研究による成果主義の批判は，成果主義自体の存在意義を完全に否定するものではなく，その弱点や弊害を認識する重要性，あるいはそれに対処することの重要性を述べたものだと理解できる。したがって，かつての年功的なHRMへの回帰を主張するのではなく，成果主義をより良いものに進化させることを主張するものが多い。

例えば樋口・八代（2006）では，「成果主義に批判があるが，成果主義だけでなく，年功主義についても評価は時代によって変わっていた」と年功主義が必ずしも優れたものだと断定できないことを述べている。そのうえで成果主義が批判される理由として，個人評価に手間や時間がかかる割には本人が査定結果に納得せず，むしろ勤労意欲が低下したことや，個人業績を重視するあまり，グループやチーム作業に支障をきたすようになったことをあげている。成果主義における評価の仕組みや方法について，改善する必要性が高いことを議論したものだといえるだろう。

また大竹（2006）は，1990年代以降のHRMの変化を，単純に年功主義から成果主義への変化だと捉えるのではなく，長期的な雇用期間全体にわたる成果主義的な賃金制度や昇進制度から，より短期的な成果主義的賃金制度への変更と理解するほうが正しい，と述べている。そう捉えることによって，より現実的に成果主義を理解し，かつ批判することも可能になるからである。

大竹（2006）による長期的な成果主義（年功主義と呼ばれているもの）のメリットは，①査定の公平性や信頼性を高める，②賃金が右肩上がりになって労働意欲が高まる，③企業特殊技能が形成されて生産性が高まる，とまとめられている。しかし同時にそうしたメリットは，近年の経営環境では弱くなってきていることが説明されている。それらのメリットは，企業が長期的に存続し，発展し続けるという期待が持てるような環境では強くなるが，企業の倒産可能性が高くなったり，成果と昇進の関係が不明確になると弱くなってしまうのである。1990年代以降の経営環境を考えると，長期的成果主義のメリットはもはや強いものだとはいえないだろう。したがって，企業は従業員に新しいインセンティブを提示する必要に迫られることになる。

そして新たなインセンティブとして，各時点の市場価値により近い賃金を支払うという成果主義的人事制度が導入されてきたわけである。つまり，日本企業にとって（短期的な）成果主義への移行は必然的なもの，あるいはやむをえないものであり，年功主義への回帰という議論は現実的ではないとも考えられる。しかし，先にみた他の研究と同様に成果主義だけでは労働者の意欲は向上しないと考えられている。大竹（2006）では特に，能力開発の機会を増やすことが必要であると主張される。訓練の機会を豊富にすること，自己啓発を望む従業員の希望を認めること，従業員の市場価値を高める努力を妨げないことなどが，成果主義を有効に機能させるために重要になることが述べられている。

さて三番目に取りあげるのは，成果主義の制度や仕組みを批判するというより，日本企業におけるその運用を批判するものである。特に，人事考課に組織が介入しすぎることによって，成果主義が単に働く人を統制するだけのものになっていることへの批判がなされているといえる。

太田（2008）では，日本企業で成果主義のHRMが普及している一方で，その評価があまり高くない理由についての考察がなされている。2004年と2005年の労務行政研究所の調査によると，回答企業の70%以上が目標管理を導入しており，35%の企業が職務給や役割給を，そして40%を超える企業が業績連動型賞与制度を導入している。しかしながら，成果主義のHRMに対する評価は意外に低いのである。

また日本労働研究機構（1998）の調査結果では，成果主義は必要ではあるが不安があるという回答が69%あり，また正しく成果や能力が評価されるか不明であるという回答が49.9%に上った。これをみると成果主義という考え方そのものより，それを運用する自社の体制に不安や不満を持つ人が多いことがわかる[6]。

太田（2008）は日本企業の成果主義を，「閉ざされた成果主義」と呼んで批判している。客観的にわかりやすい成果を評価し，それを報酬等に直接的に反映させるのではなく，その評価や処遇に人事部が介入し，その意図が色濃く反映されることを批判しているのである。多くの日本企業では，人事考課において主にMBOが導入されており，それによって成果を評価するのだが，その評価結果をもとに従業員を序列化したうえで処遇するのが一般的である。成果が処遇に直接反映されるのではなく，人事部の判断によって序列化が行われるのである。しかもその序列化は相対評価によって行われ，評価ランクには分布制限が行われることも多いため，元々の目標達成率と，最終的に与えられる評価ランクに違和感を

覚える従業員が出てくることも十分に考えられる。それだけでなく，人事考課では仕事の成果だけでなく，仕事のプロセスも依然としてかなりのウェイトで評価されている。行動や能力といった主観的な側面を評価する傾向が残っており，それらが曖昧で信頼性が低い評価につながることもあるのである。それらのことから，日本企業では仕事の市場価値や利益への貢献に基づいて本人を処遇するのではなく，どちらかといえば組織の論理に基づいて従業員を選別し，序列化することに重点を置く成果主義になってしまっていると批判されている。

　もちろん，日本企業の意図を推察すれば，こうした制度を導入すべき理由を挙げることも可能である。目標の達成率だけを評価してしまえば，その時々の運に左右されることもあるし，将来に向けての大事な取り組みが軽んじられる可能性がある。仕事のプロセスを評価することは，そうしたことを考慮したうえでのことであろう。また評価の分布制限はともかくとしても，評価結果を序列化するという行為は，異なる仕事をする部門間での評価の公平さを維持するための，やむをえない手段であるとも理解できる[7]。そう考えれば，ここでの批判は日本企業にとって，やや厳しすぎるものとも考えられる。しかしながら，こうした日本企業の善意による介入も，やりすぎてしまうと成果主義の意義や効果を減じてしまう可能性があることも事実であろう。それらの過剰な介入が続けば，窮屈で従業員に重圧をかけるだけのものになってしまうことが懸念される。

　太田（2008）によると，旧来の（HRMの）日本型システムは，市場に対して閉鎖的な組織とそれを前提にした評価制度を特徴としている。それを基本的に維持しながら，成果主義という異質な論理を取り入れようとしたために矛盾や歪みが生じ，それが従業員の不満や不公平感につながったのではないかと論じられている。そのうえで，成果主義が成立し，機能するための条件として，①個人の仕事がある程度独立している，②仕事の客観的な価値が定まっている，③配属に市場原理を導入する，④個人主導の能力開発やキャリア形成を行う，などをあげている。これらの中には日本企業に一般的な組織や仕事の特性に反するものも多く，日本企業で成果主義を導入することの難しさを指摘した研究だともいえる。そして最終的に，日本企業が開かれた成果主義へ向かうために，金銭以外の報酬で受け取る成果主義を検討すること，自社以外で通用する能力であるエンプロイアビリティの開発を重視することが必要だと述べられている。

　さて，日本企業の成果主義HRMの運用に対する批判は，実務家からもなされている。代表的にものとして，城（2005）をとりあげよう。城（2005）は，成果

主義以前の年功主義によるHRMについても一定の有効性を認めている。ただし，その有効性が維持できなくなり，それによって成果主義への移行が必然的になったとしている。

　組織における年功的な昇進を維持するには，前提として組織拡大が必要になる。そうでないと多くの人に次々とポストを与えることができないからである。日本経済が成長していた時期にはその組織拡大が可能であった。また，経済成長が停滞しはじめてからも，多くの企業で仕事を増やして，そのためにポストが新設されることが習慣のようになっていたという。そうした時代における人事考課は，厳しく行われるものではなく，曖昧な評価基準によって行われていた。城（2005）によれば，実質的には現場の管理職は，人事部が決めた評価分布をみながら，部下の相対的順位づけをしていたにすぎないのである。

　1990年代に入って，組織を拡大することができなくなり，はじめて真剣に社員を選抜する必要が生まれた。それによって成果主義の導入がはじまったわけであるが，その中心に据えられたMBOは，実際に使いこなすことが非常に難しいものだという。それが機能するためには，①目標が数値化できる，②各人の目標のハードルが同じ高さに揃えられる，③達成度だけで絶対評価が可能である，などの条件が揃うことが必要になるのだが，それらが実際に成立することはほとんどない。そのため，結局相対評価になってしまい，成果主義の元々の考え方とは程遠い評価になってしまうのである。

　また，それらの制度を実質的に運用する管理職の問題も指摘されている。日本企業の管理職の多くは，年功主義の時代に育っており，明確な基準を作って部下を厳しく評価するといったことになじみがない。したがって，MBOをうまく運用することが難しい。人によっては，個々の評価を本人にフィードバックしないような管理職もいるという。そうした稚拙なMBOの運用が続けば，そこで働く人々に「目標さえ達成すればいいのだ」という意識が芽生えてしまい，目標の低レベル化や，それに伴う評価のインフレを引き起こしてしまうのだという。そうなれば，MBOは単に工数だけがかかる，無意味な制度に成り果ててしまうのである。

　ただし城（2005）は，成果主義を完全に否定してしまっているわけではなく，そこに一定の可能性があるとも述べている。そのためには，肥大化した組織とその中で十分選別されずに登用された管理職を削減する必要があると主張している。それに加えて，①定性的な目標を重視した目標管理を行い，評価のうえでは無理

な順位づけをしないこと，②自分でキャリアを作る制度を整備し，専門職等を増やして不適格な管理職をなくすこと，③教育訓練も選抜型へシフトし，管理職の選抜を強化すること，④現場に人事考課などの権限を委譲し，人事部の介入を削減すること，などを成果主義が機能する要件としてあげている[8]。

第4節　成果主義の実態に関する研究

1　錯綜する成果主義のイメージ

　前節において，成果主義を批判的に検討した先行研究をみてきたわけであるが，それらを比較してみると，それぞれの研究が想定している成果主義のイメージが異なっていることに気がつく。たとえば高橋（2004）で想定されている成果主義は，個人の仕事の結果だけをみて，それを経済的な報酬にのみ結びつける，いわば出来高給制度に近いようなものである。そこでの批判の中心は，内発的動機づけが失われることであった。それに対し太田（2008）や城（2005）で想定されている成果主義は，多分に組織の介入が行われる成果主義，あるいは年功主義時代の名残のある成果主義であった。そこでの批判の中心は，主に個人の仕事の成果が正しく評価されないことであった。どちらも成果主義の研究といいながらも，その前提となる成果主義のイメージや批判の方向性がまったく異なるのである。こうした混乱を放置したまま，日本企業の成果主義を理解したり，それを研究に応用することは不可能であろう。実際の日本企業の実情をしっかりと調査した先行研究をレビューし，それをもとに議論することが必要である。

　さらに，その他の研究においても，人材育成やチームワークの衰退，あるいは賃金格差の拡大によるモチベーションの低下などが懸念されていたが，その点についても，実情を踏まえたうえでの議論が必要である。本節では，比較的近年において行われた，丁寧な実態調査を伴う先行研究をみることによって，混乱した成果主義の議論を整理し，本稿における成果主義の捉え方を確立していきたいと思う。

2　仕事管理とHRM

　まず中村・石田（2005）では，ホワイトカラーの仕事管理とHRMが分析され，その中で成果主義の実態や意義が明らかにされている。そこでは，ホワイトカラーの仕事ぶりを直接管理することを人事管理に組み入れることが重視され，そ

のうえで報酬制度と仕事管理の関係が分析される。職場でどのように仕事が与えられ,何が成果としてみなされており,その結果どのように報酬が決められているのかが研究されたのである。

　分析対象となった企業は,デパート,情報通信産業の大手企業,トヨタ自動車(以下トヨタ)などであるが,そこで明らかになったのは以下のようなことである。

　まず成果主義を売上高,利益額などの財務的指標だけを基準に報酬を決めることだと考えると,事態を見誤ってしまう。たとえばデパートにおいても,非財務的指標や成果を生み出すプロセスが評価の対象となっている。同様に,情報通信産業,トヨタの成果主義においても,業績は質的なものも含めて様々な指標で評価されており,デパートではマーチャンダイジング政策(計画),ターゲット顧客比率,電機メーカーの営業部門では代金回収期間,顧客の難易度(継続受注か,新規受注か,他社からのリプレースメントか),人材育成,そしてシステム開発部門では品質と納期,人材育成が評価されている。

　それだけでなく,それらの企業ではプロセス,すなわち個人の仕事関連の行動も評価されている。さらに業績評価項目,行動評価項目,個人別の目標達成度をどのようなウェイトをつけて,どのように評価するかは部門に任せられていて,評価は単純に数値だけによって行われるわけではない。トヨタに至っては,テーマは与えるけれど,その達成度を厳密に測定し,処遇に反映させるわけではない。成果を発揮した能力に置き換えて,仕事のプロセスも含めて評価して報酬を決めるのである。もちろん,このような評価を行うためには,個々の仕事の内容を吟味したうえで,何がその仕事の成果であり,どんな貢献が求められるのかが熟慮される必要がある。言い換えるならば,丁寧な仕事管理があるからこそ可能になる評価であり,報酬の決定だといえるのである。

　次に成果主義の主な対象は管理職であり,一般の従業員については,それほど成果を重視した評価や報酬決定になっていないことがあげられる。成果主義のもっとも重要な狙いは,人事考課結果を何とか賃金や賞与に直接反映させることにあったようにみえるが,もう一つのねらいは,中年期以降の賃金の自動的上昇を抑制することにあった。そのため,管理職の賃金は毎年加算されるような方式ではなく,評価結果に応じて増減する洗い替え方式が導入されることも多い。それに対し一般の従業員,特に若年層については,それ以前とあまり変わらない昇給カーブが維持されていることも明らかにされている。

このような実態をみたうえで，中村・石田（2005）は成果主義の意義を次のようにまとめている。

　第一に，成果とは何かに着目することによって，仕事管理の仕組みの重要性を発見することである。成果主義を導入しようとすることによって，より丁寧な仕事管理が行われるようになったということであろう。第二に，中高年層の賃金カーブを寝かせることができたことである。年功主義の大きな欠点は自動的に人件費が上昇してしまう点であるが，報酬が高くなりがちな中高年を中心に，それが抑止されたわけである。そして第三に，その結果として，高齢者活用に道を開くことになった点である。高齢者，すなわち高人件費という図式が崩れれば，高齢者が企業にとって割の合わない人的資源としてみられることも少なくなる。そうすれば，高齢者雇用がより推進される可能性がみえてくる。さらに第四に，賃金の決定要素という観点からは，部分的にではあれ，一時金を含めての報酬決定の一要素に，企業や部門の財務的管理指標が採用されたのはやはり大きな特徴となる。それは年功主義的な報酬管理とは明らかに異なり，個人の企業業績，部門業績への責任意識を大きく高めるものだといえるだろう。

　このように，中村・石田（2005）が明らかにした成果主義の実態やそこにある意義は，高橋（2004）が主張したものとは大きく異なるものである。中村・石田（2005）は，高橋（2004）の主張のベースとなったDeci（1975）の理論についても言及し，外的報酬が「情報の受け手にたいして彼の有能さと自己決定に関する情報が与えるところの情報的側面」を強く持てば，外的報酬は内発的動機づけを増すと述べている。つまり金銭などの外的報酬も，それが個人の能力や判断に基づく成果の報酬だと認知されれば，単なる金銭ではなくなる。したがって内発的動機づけを強化することになると述べられているのである。

　そのうえで，「成果主義という人事管理は，仕事管理との整合性，組織の規範を考量して，旧来の能力主義管理を慎重に改変した。各事例が明らかにしたように，その改変がいかに控え目なものであっても，後戻りできない改変を日本の大企業はなした。成果主義を「虚妄」というのではなくて，後戻りできない改変の意味を吟味することが重要であろう。」[9]とまとめている。

　つぎに佐藤（2007）をとりあげたい。電機メーカーを研究対象として，組織構造，仕事管理，人事管理の内容や相互関係が分析されているのだが，ここでも丁寧な仕事管理や，それに基づく多面的な評価の方法などが議論されている。

　たとえばある企業ではバランスト・スコアカードを利用して，財務的な指標だ

けでなく，業務プロセスや顧客の視点，学習と成長の視点などから業績を評価している。決して単純な数値による評価ではないことがわかる。ただし，業績管理が厳しくなったのも事実であり，成果主義やバランスト・スコアカードの導入に伴い，目標の連鎖と人事管理のつながりが強化されることになった。その結果，部門業績が個人の査定に強く影響するようになり，業績の報酬への反映が管理職の下のレベルにまで及ぶことになってきている。さらには役職（職務の重要度）や目標達成率で賃金が決まる部分が増えることになったのである。

こうした傾向は工場においてもみられるという。日本の電機メーカーの工場では，部門業績管理の変化が雇用の変化，すなわち間接雇用の増加につながっている。電機メーカーでは製品の構造のモジュール化の進展が，売価の低下につながり，工場でのコスト削減圧力を高めることになった。それによって，工数や作業時間のより厳しい管理が必要になったのである。事例の企業ではラインカンパニー制が導入され，以前よりも財務的な業績指標が重視されるようになり，短いスパンの進捗管理が行われることになった。たとえば3カ月単位の生産システムの導入や，柔軟な労働時間の変動がその具体的な施策である。その結果，製造にあたる正社員は減少し，その一方で非正規の間接雇用が増加することになった。そして正社員は高度な仕事に特化するようになり，非正規社員が主要な労働力になるに伴い，彼（彼女）らを教育するモノづくり教室などが開かれるようになり，非正規社員の多能工化も行われるようになったのだという。

佐藤（2007）では調査した企業の変化を次のようにまとめている。まず組織については，ビジネスユニットごとに採算を管理するようになった。つまり各組織の採算性が厳しく問われるようになったのである。次に仕事管理については，PDCAを早く回す，財務的指標を重視するという変化が見られた。仕事のスピードや効率が以前よりも厳しく評価されるようになったのである。そして人事管理については，ユニットごとの業績連動型報酬が増え，非正規雇用の利用が増加した。つまり以前に比べると成果主義化が進んだということになる。ただし，先述したようにそれらの企業の成果主義は単純な数値業績によるものではない。多様な指標で評価されるものである。佐藤（2007）は，それを「企業コミュニティを重視する人事管理と，市場を重視する人事管理の中間にある」と表現している[10]。

3 プロセス重視，組織志向の成果主義

以上にみてきた成果主義の実態によれば，日本企業の成果主義は，数値などの

客観的な業績に報酬が連動するようなドライなものではないことは明白である。中村（2006, 2007）はそうした成果主義を「プロセス重視の成果主義」と表現している。

中村（2006, 2007）によると成果主義には三つのタイプがあるという。一つは素朴な成果主義というもので，売上，利益などを直接的に報酬とリンクさせるものである。よく批判の対象になりやすいのは，このような成果主義だといえるだろう。もう一つはプロセス重視型成果主義で，仕事の目標達成率だけでなく，そのプロセスを評価するものである。先にみた研究から判断すれば，日本の大企業に多くみられる成果主義はこれだといえる。さらにそれどころか日本では，成果主義を標榜しながらも，意図的に成果と評価を分離するものまである。それが分離型成果主義というもので，目標を与えながらその達成率ではなく，発揮能力で評価する。トヨタのようなやり方は，これに近いものだと思われる。

こうしてみると，日本企業ではHRMや賃金管理が成果主義化したといわれながら，それほど極端な財務的成果の偏重，あるいは非財務的成果の排除はなかったようにも思われる。しかし中村（2007）は，賃金への影響として確かな変化があったことを指摘している。それらは主に管理職に対するもので，定期昇給が廃止されたこと，職務遂行能力の対価ではなくなったこと（職務給や役割給への移行），賞与が会社業績や個人貢献度と強く結びついたことだとされている。

また石田（2006）も，こうした日本独自の成果主義の出現を強調している。まず等級や給与が職能から役割主義へ変化し，評価が業績・能力・情意から成果とコンピテンシーに変化したことは，日本企業のHRMにおける組織志向から市場志向へのパラダイム・チェンジだと解釈している。そしてそのうえで，日本では職務等級と呼ばれているものにも，能力や個人への期待の要素が組み込まれる場合があると述べている。つまり，市場志向の中にも，日本企業が従来から持っていた特性が組み入れられたのである。

たとえば役割等級や役割給は，新しいパラダイムによる市場志向（付加価値への貢献）に，従来のパラダイムである組織志向，言い換えれば人基準のものが統合されたもので，成果主義がより日本で受け入れられやすいものに修正された結果なのである。また人事評価におけるMBOとコンピテンシー評価の併用も，期待される成果（付加価値への貢献），すなわち目標の評価と，役割と人（能力），すなわちコンピテンシーとの接合が必然的に求められたのだと説明されている。このように，日本企業の成果主義は，プロセス重視の成果主義，あるいは組織志

向が強い,独自のものだと理解することが可能であろう。

　こうしたことを指摘する研究は他にもある。Jacoby（2005）は人事管理，そして人事部の日米比較を行っているが，そこでも日本の成果主義の独自性が述べられている。元々日本企業では本業中心の事業運営に，強い人事部が貢献していた。金儲けよりもモノづくりを優先しており，そのための人の育成を重視していた。そこでは，人事部が強い権限を持っており，アメリカなら反発されて当然である人事考課への人事部の介入も行われていた。また，役員までのキャリアにおいて，財務・経理部門の経験よりも人事部門の経験が重視されるという特徴もみてとれた。組織志向の雇用政策，本業中心で集権的な人事管理の組織，企業別労働組合，ステークホルダー型のコーポレートガバナンス（アメリカは株主優先）が強い人事部を成立させていたのである。

　1990年代以降，日本企業においても成果主義化が進み，人事管理は市場志向に変わってきたといわれる。しかしながらそれは，多少本社人事部が軽量化し，少し市場志向にシフトした程度であり，日本は相変わらず組織志向であるという。また元々市場志向が強かったアメリカ企業は，同時期にさらにその傾向を強めたので，アメリカとの差はむしろ開いたといわれる。日本企業の人事管理の変化を丁寧に説明するならば，労働者の内部育成と外部調達のハイブリッド化が進み，組織志向の伝統的な幹に成果主義と採用の新政策が接ぎ木されつつある，ということになる[11]。

　以上でみてきたように，日本企業の成果主義はその言葉から連想するほどの激烈なものではなく，また1990年代以降，HRMのすべてが完全に変わってしまったのではない。年功主義の時代から日本企業の特徴であった組織志向や，仕事の結果だけでなくプロセスを重視する傾向は，現在でもHRMの中に残っているのである。

第5節　知識労働者と成果主義

　本章では成果主義の先行研究をレビューし，その特徴や様々な批判の内容について検討してきた。その中で，日本企業における成果主義の特徴が明らかになってきた。

　日本企業の成果主義は，客観的に把握可能な数値の業績成果のみを評価し，それを直接的に報酬に結び付けるものではない。そうした制度を導入している企

もあるだろうが，それが主流ではない。大企業を中心に多くみられるのは，中村（2006, 2007）のいうプロセス重視の成果主義なのである。そうしたHRMの下では，数値以外の業績や成果も評価されるし，仕事のプロセス（発揮された能力や行動）も成果と同時に評価される。そして賃金などの報酬は，そうした複雑な評価の結果を組織が調整したうえで決められることになる。つまり，評価ランクが決められるわけであって，企業によってはその際，評価ランクの分布制限によって部門間の評価のばらつきが調整されることになる。

　このようなプロセス重視の成果主義の特徴は，二つの異なる見方をすることが可能であろう。一つは，非常に丁寧なHRMであり，公正な運用が十分に意識されたものだという見方である。もう一つは，人事部の介入が強くなりやすいHRMであり，結果として従業員を統制する手段として受け止められるという見方である。

　まず一つ目の見方から考えてみたい。プロセス重視の成果主義では，まず丁寧な仕事管理があり，そのうえで個人の仕事の成果が何であるかが検討される。財務的業績や数値の成果だけでなく，質的な成果や部下の育成なども含めた，様々な成果項目が設定される。そしてそれらが評価されるだけでなく，その成果を実現するためにどのような能力が発揮され，どんな行動があったかも評価される。それらすべての結果を総合的に判断して，賃金，賞与，昇進・昇格が決定されるのである。

　個人に期待される仕事の成果はMBOにおける目標として設定されるわけであるが，個々人の目標の適正化を行うためには上司と部下の丁寧な面接が不可欠になる。もちろん評価結果の納得性を高めるためにもそれは重要であろう。人事考課における評価項目の多様化，詳細化だけでなく，面接やフィードバックの充実という点からも，プロセス重視の成果主義は，非常に丁寧なHRMだということができるだろう。

　成果主義のHRMが喧伝されるようになって以降，人事考課や賃金等に関する公平，公正に関する研究が増加してきている。高橋（1998）は組織的公正理論による分配的公正や手続き的公正によって人事考課や賃金の公平を議論しているし，守島（1999）では，組織的公正理論を用いた実証研究も行われた。その結果，成果主義は賃金制度としての導入だけでは十分ではなく，評価制度などで丁寧な人事制度の変更が必要であると結論付けられている。そしてその中心的な課題となるのが手続き的公正の維持なのである。

守島（1999）では，成果主義賃金はモラールにマイナスのインパクトを与える可能性がある（特に部下を育てようとする雰囲気とか，仲間と協力する雰囲気）のであるが，目標設定面接などが丁寧に行われ，手続き的公正が維持された場合には，モラールが向上することが明らかにされている。こうしたことからも丁寧な手続き，詳細な仕組みを持つ成果主義は有効であることが考えられる。

　さて本稿の研究対象である知識労働者にとって，プロセス重視の成果主義はどのような意義があると考えられるだろうか。プロセス重視の成果主義は，日本企業の過去のHRMを踏まえ考えられたものであるから，日本企業に適したものだと推察される。それに丁寧な仕組みや運用があることは，多くの人にとって納得性の高いものだと思われる。知識労働者の場合を考えると，数値による成果だけでなく，質的成果が評価の対象になることの意義が大きいだろう。知識労働者の仕事の価値は，数値によって測れるものだけではない。むしろ数値には現れない創造的な価値こそが彼（彼女）らの仕事の本質である。そう考えるならば，数値以外の成果を積極的に評価することは，知識労働者にとって非常に望ましいことだと理解することが可能である。質的成果を積極的にみるようなHRMが，知識労働者の意識や行動によい影響を与える可能性は十分にある。後の実証研究では，こうした視点からの分析が非常に重要になるものと思われる。

　次に二つ目の見方から考えてみたい。日本企業の成果主義に人事部による介入が多いということは，太田（2008）も指摘するところであった。多くの場合，こうした人事部からの介入は善意によるものであり，組織的公正を維持するための前向きな努力であったと思われる。しかしながらこうした介入が多すぎると，個人の成果が報酬等に反映されにくくなり，結果として従業員に，組織からの統制や組織による選抜が強くなっただけという印象を与えかねない。そうなった場合に，成果主義は従業員に伸び伸びと能力を発揮させるものではなく，彼（彼女）らに組織目標への貢献を強制するものになってしまう。

　本稿の研究対象である知識労働者の場合，そうした懸念に対してより一層の配慮が必要になると思われる。高度な知識労働者であるほど自律性への欲求を強く持っている。彼（彼女）らは組織に何かを強制されたり，統制されたりすることを嫌う傾向がある。それゆえ，プロセス重視の成果主義が知識労働者に魅力的ではないという可能性も，十分に考えられるのである。

　また丁寧なHRMというのは手続きが煩雑になりやすい。さらにいえば，公正さの維持のために人事部が人事考課に介入しすぎると，結果として評価や報酬の

個人差が小さくなってしまいやすい。部門間調整や分布制限の結果，評価が中心化（標準に近いところに集中）してしまうのである。そうなると多くの工数をかけて人事考課をしたところで，成果の高い人も低い人も大して差がつかない結果になってしまうということがありえる。知識労働者の場合，煩雑な管理や細かいルールを嫌う人たちも多いので，そうした事態に直面すると失望してしまう恐れがある。そうなってしまえば，せっかく丁寧につくりこんだHRMの諸制度も，知識労働者に悪い影響を与えるものになってしまいかねないのである。

　本章では成果主義の先行研究をレビューしたうえで，日本企業に多くみられるものとして，プロセス重視の成果主義に注目した。その内容は丁寧なHRMということができるものであるし，人事部の介入が多いものだということもできる。そしてプロセス重視の成果主義を知識労働者にあてはめて考えた場合，ここでみたような良い影響と悪い影響の二つの可能性を想定することができる。もちろん，現段階ではいずれも推論であり，確かな話ではない。後に続く実態の分析において，これら二つの可能性を考慮しながら，知識労働者のHRMをみていきたい。

●注

1　企業によって，ジョブ・グレード，期待役割等級，ミッション・グレード，コントリビューション・グレードなど，多様な名称が使われている。
2　職務分析の方法はいくつかあるのだが，アメリカの有力な人事コンサルティング・ファームであるヘイ・コンサルティングが提供している職務分析の項目は，ノウハウ（専門的，技術的，理論的，職能的な職務遂行能力，組織を管理運営する能力，対人関係の能力），問題解決（思考環境および思考の自由度，思考における挑戦の程度），アカンタビリティ（職務遂行における裁量の程度，取り扱う金額の大きさ，職務と取り扱う金額の関連度）から構成されている（笹島,2001）
3　賃金の成果主義化に関しては正亀（2010）が示すように，従来の職能給を強化する，あるいは年齢給を廃止するといった，年功的な要素を低減するものから，職務給，役割給への変更まで色々な方法がみられる。
4　主な項目として，知識・技能，企画力，判断力，折衝力，指導力などがある。
5　こうした議論は小池（1993a）などの日本のHRMを積極的に評価する研究においてもなされている。
6　同様の調査結果が日本労働政策研究・研修機構（2003）の「企業の人事戦略と労働者の就業意識に関する調査」でもみられている。60.1％の人が，成果主義には賛成だが不安があると回答している。
7　日本企業では多段階で人事考課が行われることが多いのであるが，二次考課

以降は部門間の考課の甘辛を調整するために，相対評価が行われることが多い。そして日本企業では，これをむしろ積極的に捉えてきたといってよい。
8　さらに女性に代表されるような，年功主義時代の日本企業で働きにくい人たちにとっては，成果主義のHRMはより望ましいものではないかとも述べている。
9　中村・石田（2005），271頁。
10　佐藤（2007），228～233頁。
11　同じようなことが平野（2006）でもいわれている。日本企業の人事管理は成果主義へと変化しているものの，従来の特徴がすべてなくなったわけではない。いわば従来の人事管理の派生型に変化したわけで，具体的に言えば，職能等級をベースとしたものから職務等級をベースとしたものへと変化はしたが，人事管理の人事部への権限集中（強い人事部）は変わっていないのだという。

# 第5章
コンサルタント等のHRM
——インタビュー調査の分析結果(1)

第1節　分析の視点

　前章までの先行研究レビューを踏まえつつ，本章と次章において，本書が独自に行ったインタビュー調査の分析を行っていく。本章ではコンサルタントや金融・保険の専門職について，そして次章ではIT技術者についてみていきたい。

　インタビュー調査の目的は，知識労働者のHRMの実態を，実際の企業事例を詳しく検討することによって明らかにすることである。その際に，HRMの多様性やその背景にある要因を探索することを特に重視している。知識労働者のHRMの研究には，これまでのところ多くの企業を対象とした調査が少なく，そのために実態に即した議論が不足しているように思われた。特に日本の知識労働者や知識集約型企業については，わかっていないことが多いと思われる。本書の調査は，そうした状態を打開するためのものともいえる。

　最初に，調査した企業の事例を分析する視点を設定する。HRMの内容に関する分析視点は次のようにまとめられるだろう。

① 個人重視の競争的なHRMの施策はどの程度みられるのか。
② 組織重視の協働的なHRMの施策はどの程度みられるのか。
③ 双方のバランスをとるHRM，あるいはプロセス重視の成果主義のHRMはどの程度みられるのか。
④ その他のHRM，テクノロジストのためのHRMなどはみられるのか。

　それぞれについて説明していきたい。①と②については，多くの先行研究において議論されていたものをまとめたものである。プロフェッショナルか組織人か（Dickmann, Graubner and Richer, 2006），市場志向か組織志向か（Thite, 2004; Jacoby, 2005），ヒューマン・キャピタル・アドバンテージかヒューマン・プロセス・アドバンテージか（Alvesson, 2004）といった議論に基づいている。前者のHRMにあたる具体的な施策としては，高度な学力や専門性を重視した採用，

外部人材のスカウト，個人別の業績の評価とそれに連動した報酬，自由な働き方の容認などがあげられるだろう。一方，後者のHRMにあたる施策としては，人材の内部育成，組織やチームの業績の評価，仕事のプロセスの評価，チームワークの重視などがあげられる。それらがどの程度実際の企業で行われ，重視されているかが，知識労働者のHRMをみる最も基本的なポイントだといえるだろう。

次に③と④は，知識労働者のHRMのさらなる多様性を検討するための分析視点である。知識労働者の多様性を考慮に入れれば，そのHRMは先述の二つのタイプだけではないだろうというのが本書の問題意識である。それを確かめるための分析視点といってよい。まず③についてである。SHRMでのBoxall（1998）のモデルが示していたように，企業にとってはヒューマン・キャピタルもヒューマン・プロセスも重要である。したがって，それらを同時に追求するHRM，あるいは双方のバランスをとるHRMがあるというのは十分に考えられる。またそのバランスをとるという意味では，日本企業では中村（2006, 2007）のいうプロセス重視の成果主義に基づくHRMが一つの具体的な形になるかもしれない。このHRMは多くの日本企業が，年功的といわれたHRMを見直す中で生まれたHRMといえる。それは組織志向のHRMに市場志向，あるいは成果主義の要素が組み入れられたものであるため，双方の長所を組み合わせ，欠点を補おうとしたものであると思われる。日本企業にはこうした企業が多いと考えられるので，知識集約型企業においてもそれがみられる可能性は高いであろう。それがどの程度の企業にみられるのか，確認していきたい。

最後に④についてであるが，もちろん先行研究から想定できるHRM以外のものがあることも考えられる。特に，比較的定型的な仕事にも従事する，テクノロジストのような人材のためのHRMは，少なくとも従来の専門職研究でいわれていたプロフェッショナルを前提としたものとは大きく異なる可能性がある。知識労働者の中には，テクノロジストがかなりいるのであるが，これまでのHRMの研究ではそれらの人材に触れられることがほとんどなかった。そのHRMを探索していきたい。

インタビュー調査では，実際の企業の人事制度の内容や，その運用のしかたを詳しく聞きながら，それらをここであげた分析視点によって検討した。

さて本書では，HRMの多様性を明らかにするだけでなく，多様性の背景にある要因を探索しようとしている。それについても分析視点を設定しておきたい。

① 個人重視の競争的HRMが行われる背景として，知識労働者の仕事の新奇

性や独自性，あるいはその企業が直面している競争の厳しさがあるのではないか。
② 組織重視で協働的なHRMが行われる背景として，仕事で使用する知識の企業特殊性があるのではないか。
③ 仕事の新奇性や独自性，あるいは企業特殊性が低い場合に，職務ベースのHRMや直接雇用ではない短期契約型のHRMになるのではないか。

　これらについても，順に説明していきたい。①については，Maister（1993）やDavenport（2005）でいわれていたように，新奇性の高い仕事や複雑な仕事においては，個人の成果が重視されやすくなると考えられる。さらにSHRMのコンティンジェンシー・アプローチにおいても，差別化戦略の企業には成果主義のHRMが適合することが論じられていた。それゆえ，独自性の高い仕事に従事する人のHRMは，競争的になりやすいと考えることが可能になる。そうした理由からこのような分析視点が設定されることになった。一方②については，Cusumano（1991）によるソフトウェア技術者の研究，あるいはSHRMにおけるヒューマン・プロセス・アドバンテージに関する研究において，企業内特殊知識と組織志向のHRMの関わりがみてとれた。それに基づいてこうした分析視点が設定された。最後に③については，SHRMにおけるLepak and Snell（2003）の人材アーキテクチャからヒントを得ている。そこでは戦略的価値の低い知識で働く人や，ユニークさの低い知識で働く人は，職務ベースや短期契約によるHRMになることが示されていた。言い換えるならば，企業の競争力につながるような高度知識を持たない人や，他者によって代替できるような人は，短期契約の雇用や職務ベースのHRMになると考えられるのである。先述したように，本書ではテクノロジストには高度な専門職とは異なるHRMがあるだろうと考えているのだが，仕事が定型的であることを背景として，このようなHRMが行われると考えることが可能である。こうした理由からこの分析視点が設定されることになった。

　本章と次章では先行研究に則り，このような分析視点を設定したのであるが，ここでいう分析視点は，サーベイリサーチの実証分析における仮説のような強固な論拠を持つものではない。むしろ現在までの議論から得られた，企業事例をみるうえでの手がかりであるといった方がよい。そのため，ここであげた分析視点のどれが妥当であったかではなく，それらの視点で事例をみた時に，どのようなことがわかったか，あるいはどのように事例の解釈や比較ができたかが重要にな

る。次節以降，そのような考え方に基づいて事例を検討していく。

第2節　調査企業の概要

インタビュー調査は2011年3月から2013年11月にかけて行われた。13社の協力が得られている[1]。基本的に調査企業のオフィスにうかがい，人事部門か事業部門のマネジャー，もしくはその両方に1時間から2時間程度のインタビューを行った[2]。表5－1は調査した企業の概要である。

表5－1　調査企業の概要

仮名	従業員数	主な事業内容
A社	（非公表）	コンサルティング，リサーチ業務
B社	約1,000	コンサルティング
C社	約30	ベンチャーキャピタル
D社	約250	コンサルティング，企業研修
E社	約50	グローバル人事コンサルティング
F社	約15	コンサルティング
G社	約5,000	コンサルティング，ITソリューション
H社	約3,500	求人メディア，人材関連サービスとコンサルティング
I社	約200	マーケティング・コンサルティング，プロモーション企画
J社	約250	コンサルティング，企業研修
K社	約60	コンサルティング，企業研修
L社	約350	税務，人事労務他のコンサルティング，顧問等
M社	約6,300名	生命保険

これらの企業のHRMの実態をみていくわけであるが，先にその多様性に関する概要を述べるならば，事例の13社のHRMは四つの類型に大別できるといえる。

一つ目の類型は個人の自律性や専門性をできるだけ尊重しつつ，成果主義の報酬制度や競争的な昇進制度を志向するものである。A, B, C, E, F, M社がそれに該当する。これらの企業では，高学歴の従業員が多く，個人ごとの財務的業績が厳格に管理され，それに基づいた処遇がなされる傾向が強い。また顧客企業に大企業が多く，グローバルな活動や金額の大きなプロジェクトに従事することが多いことから，仕事の難易度や新奇性はかなり高いものと考えられる[3]。

二つ目の類型は，個人重視の競争的なHRMと組織重視の協働的HRMのバランスを取ろうとするHRMである。役割やコンピテンシーを基準とした等級制度を持ち，業績や行動を丁寧に評価する制度を導入しており，充実した人材育成制度がある類型である。G，H，I社がこれに該当するが，大企業が多く，そこで働く人たちの仕事は，長期的なプロジェクトや最先端の仕事が多い。したがって仕事の難易度や新奇性はやはり高いものと理解できる。これらの企業は特性の異なる二つのHRMの良さを組み合わせようとしているものと思われるが，第4章でみたプロセス重視の成果主義に近いものも含まれている。

次に三つ目の類型であるが，こちらはそれほど競争的なHRMではない。少なくとも短期的に大きな報酬格差がつくようなものではなく，熟練や地道な働き方を尊重するものだといえる。K，L社がそれに該当するが，それらの企業ではプロジェクト形式のコンサルティングよりも，むしろ教育研修の講師や特定業務の実行支援，継続的な顧問などの仕事の比率が高い。それゆえ組織活動が少なく，仕事の新奇性や難易度がそれほど高くない仕事も相当数あると理解できる。テクノロジストが多く含まれている企業だと考えられよう。

最後にD社とJ社では，複数の人材群に対し，それぞれ別のHRMを適用している。一方ではコンサルタントと業務委託契約を結び，自律的な働き方を認める代わりに厳しい業績管理を行っている。その一方でコンサルタントの支援や受注の獲得を担当する従業員には，組織重視のHRMを行っている。それに加えて，一部では短期契約で外部の人材を活用している。それらは上記の複数の類型を組み合わせたHRMだとみることが可能であるし，Lepak and Snell（2003）の人材アーキテクチャの実践例とみることも可能であろう。次節からはそれぞれのHRMについて，詳しく内容をみていきたい。

第3節　個人重視の競争的なHRM

では一つ目の類型からみていこう。A社とM社を中心にみていきたい。A社は日本を代表するシンクタンクの一つであり，公共機関向けのリサーチ業務や民間企業向けのコンサルティングに従事している。A社は新卒採用，中途採用ともに積極的に行っており，人材の内部育成と外部からの獲得の双方を熱心に行っているといえる。

A社のコンサルタントには，他のコンサルティングファームと同様に，コンサ

ルタント，シニアコンサルタント，チーフコンサルタントといった昇進・昇格の階梯がある。多くのコンサルティング案件がプロジェクト・チームによって遂行されるわけであるが，通常，プロジェクト・チームのリーダーはチーフコンサルタント以上の者が担当する。ただし，テーマの適任者であれば一般のコンサルタントもリーダーになることもできることになっている。つまり，実力があれば若いメンバーもリーダーになるチャンスが与えられているのである。

A社には，人事考課と賃金の制度に大きな特徴がみられる。A社の人事考課は，大きく分けて実績と期待適性発揮度の二つでなされるのだが，その大半は実績，つまり個人が得た収益の額によってなされる。

A社の仕事はプロジェクト・チームによって行われる。A社ではプロジェクトの収益をメンバーの貢献度によって配分するという形で実績評価を行っている。A社のプロジェクトは，ソフトウェア開発等の場合と同じく，特定のクライアントを持ったビジネスの単位である。プロジェクトごとに価格が決められ，終了後にプロジェクト・チームの損益が計算される。実績評価ではプロジェクトの価格から物件費等を差し引いた粗利益をメンバーの貢献度に応じて配分し，その金額という形で個人の実績の大きさを表わす。貢献度の評価方法であるが，詳細な評価ツールを用いるのではなく，基本的にはメンバーが話し合って貢献度を決めることになっている。そのプロジェクトに参加したメンバーが集まって各人の貢献割合を①営業（受注），②プロジェクト（クライアントとの話し合いや課題解決のコンセプトや手法の起案，チームの運営等），③生産（プロジェクトの資料作成，メソッドづくり等）の三つの点から話し合うのである。そうして算出された個人業績を中心に，部門業績（部門の目標達成度），貢献（マネジメント，人材開発他），プロジェクト品質などの評価を若干加え，個人の実績評価が決められるのである。

A社の従業員には資格等級と前年実績に応じた年収が設定され，それにリンクした目標の収益が定められている。そして先にみた実績評価を中心として，個人があげた年間の収益が計算される。従業員は年間でいくつかのプロジェクト・チームに参加し，貢献することによって目標の収益を達成していかなければならない。個人の次年度の年収は，その人が一年間に上げた収益（目標達成率）に応じて変動する仕組みであり，まさに個人の成果に応じて年収や賞与が決められるのである。

年収の基本的な部分である月例賃金は極端に変動するわけではない。それが年

収の中の安定した部分であり、年収から月例賃金の12カ月分を差し引いた残額を賞与とすることになる。こうした制度の下では、目標の達成率に応じて賞与が大きく増減する。そのため、年収ベースでみるとかなりの格差がつくことになり、成果主義の報酬管理が徹底されていることがわかる。

　なおA社では、このような競争的な人事考課や賃金制度を導入する一方で、裁量制勤務をはじめ自由な働き方を尊重する制度も数多く導入されている。休職して大学院等に留学することも可能であるし、よいアイディアを持っていれば、若くても新しい部門を立ち上げることができる。つまり、厳しさと同時に自由に挑戦できる環境もあるのであり、自律性の尊重と、厳しい実績管理を基盤にしたHRMが行われているのである。

　次にM社の事例をみていきたい。M社は個人や法人などの様々な顧客層に対し、オーダーメイドで生命保険等を提案し、販売する企業である。M社で保険の設計や提案に従事する人材はライフプランナーと呼ばれているが、そのライフプランナーの提案力こそが、M社の競争力だといえるだろう。生命保険は法律や規制のうえに成立している商品なので、M社のライフプランナーの仕事は独創的だとか、新奇性が高いというものではない。ただし、かなり複雑なものであることは間違いない。顧客の細かなニーズに対応するために多くの情報を集め、吟味し、編集して案を構築する。情報収集力や読解力、論理的思考能力を要する難しい仕事だといえる。

　M社のHRMの特徴は人材の採用に端的に現れている。M社はほとんどすべてのライフプランナーを中途採用している。今では少数の女性も含まれるようになったが、かつては全員、大卒の男性、そして他業種の企業でトップクラスの業績をあげていた営業担当者に絞って採用を行っていた。それは他の大手生命保険会社との差別化を意図したものだったという。他社では、保険の外交員と呼ばれる人たちは既婚の女性であり、その人たちに既成の保険商品の販売を任せて、その出来高に応じて報酬を支払うことが多い。ところがM社は個人や法人など様々な顧客層を設定しているため、既成の保険商品では満足して契約してもらうことができない。当然オーダーメイドの保険が必要になるのだが、複雑な顧客ニーズに合わせた提案を行うためには、かなり優秀な担当者が必要になる。それゆえ他業種で活躍している人材に絞って採用し、他社の外交員との違いを鮮明に打ち出すためにも、大卒男性に限定して採用していたのである[4]。

　ライフプランナーとして採用された人は、約1カ月の導入研修を受ける。その

後，各々の営業所に配属されるわけであるが，入社後2年間はOJTをベースとした教育期間とみなされている。教育の責任者は営業所長であり，その責任を明確にするために，営業所長の賃金は教育しているライフプランナーの業績によって変動するものとなっている。こうしてOJTを受けながら，4カ月から6カ月に1度のペースで本社の集合教育にも参加して教育されることになる。なお，OJTは営業所長によっても行われるが，多くのライフプランナーはそれ以外の人からも積極的に学んでいる。むしろその営業所のエース級のライフプランナーから学習することの方を重視する傾向が強いという。

図5－1　M社の資格制度

エグゼクティブ・ライフプランナー
シニア・ライフプランナー
コンサルティング・ライフプランナー
スペシャル・ライフプランナー
ライフプランナー

出所：筆者作成。

図5－1はM社の資格制度である。これらの資格の決定基準は能力でも役割でもない。それまでの業績の累積によって決められる。完全な実績主義なのである。ただし，もちろん上位にランク付けされる際には，同社で定められているライフプランナー憲章に照らして[5]，それに相応しい人物であるかが確認されている。

そうした考え方は評価や報酬制度にも現れている。M社では，上司が部下を観察して評価するような人事考課は行われていない。純粋に業績（契約の金額，新規の獲得，件数等）だけが問われることになる。そしてそれに連動した報酬が支払われるフル・コミッション制である。もちろん，入社したてのライフプランナーはすぐに業績をあげることはできない。そのため，入社直後には一定額の固定報酬が支払われるのであるが，それは徐々に減額され，教育期間が終了する際（入社2年後）にはゼロになる。ライフプランナーは，それまでに業績をあげられるようにならないといけないのである。

完全に業績に連動して報酬が決まるため，M社のライフプランナーの中でも，特に優秀な人の報酬はかなり高額なものとなる。社内でも名の知られたライフプ

ランナーになると年収は数千万円にのぼるし，億単位になる可能性すらある。もちろん，低業績の人はその十分の一にすら達しないこともあるわけで，かなり格差の大きいものだといえる。

なお，M社もA社と同様に自由さが特徴となっており，新しい事業構想を持つライフプランナーが経営層にそれを提案して，実際に挑戦することもできる。またそうした社内のスターと呼ばれているような人の周りには後進が集まり，指導を受けることが多いのだそうだ。M社ではそうした若いライフプランナーを育てることも，スター人材の使命だと考えられているのだという。そのため，厳しい処遇制度を基盤としたM社であるが，人材育成が疎かにされているという認識は持たれていないという。

さて制度の詳細はそれぞれであるが，このような自律的で競争的なHRMがB社やC社でも行われている。パートナーシップ制をとるB社は，グローバルに活動するコンサルティング・ファームの日本法人である。従業員の大半が有名大学や大手企業から入社してきている[6]。B社では昇進昇格が競争的に運用されており，それに伴って賃金も大きく変化する。一流企業の経験者でもなかなかマネジャーにはなれないのに対し，早い人なら新卒6～7年でそこに到達する。さらにパートナーになれるのは全体の5％程度であり，かなり競争的であることがわかる。また上位の職務に上がることによって年収が数百万円高くなるので，昇進が金銭的なインセンティブを伴っていることがわかる。

ベンチャーキャピタルであるC社の従業員も，個人の実績に基づいた報酬制度の下で働いている[7]。個人ごとに投資実績がすべて管理されており，それに基づいて報酬が決められる。投資の初期段階では当然利益は出ないのであるが，その「負債」を後にあげる利益が上回った時に，インセンティブが支払われる仕組みになっている。これらの企業では従業員の自律性が高く，勉強熱心で上昇志向の強い人が多くなるのだそうだ。ただ，全員がこうした働き方に適応できるわけでなく，途中で挫折する人もいるとのことであった。

第4節　個人と組織，競争と協働のバランスを取るHRM

次に二つ目の類型の例をみていこう。この類型は組織重視と個人重視のバランスを取るHRMなのであるが，どちらをベースとするかが企業によって異なっている。前者をベースとするのがG社，そして後者をベースとするのがH社，I社と

いうことになる。まず前者にあたるG社をからみていきたい。

G社は日本でトップクラスの大手シンクタンクであり，500人のコンサルタントと，数千人のIT技術者を雇用している。同じシンクタンクのA社の場合とは異なり，G社は基本的に組織活動を重視しており，それに基づくHRMを行いつつ，そこに個人の差がつくような仕組みを取り入れている。

例えば採用についてもG社は新卒が圧倒的に多く，平均して毎年250人くらいの新卒を採用するのに対し，中途採用は30人程度だという。その背景には人材を長期雇用して会社として育てるという基本方針があり，他社で経験を積んだ人を外部労働市場から調達するという考え方は弱いのだという。採用基準にも組織活動重視の考え方が反映されており，G社の考え方が理解できる人，チームワークを大切にする人というのが採用の大事な基準になるそうである。そして採用された従業員には入社4～5年目の先輩がインストラクターとしてつき，導入教育が行われる。それだけでなく，社内には教育訓練の仕組みが整備されており，全社的な人材開発センターがあるだけでなく，各事業本部の中にも人材育成部門がある。人材の内部育成がかなり強く志向されているといえるだろう。

G社はこのように組織活動を重視しているのだが，だからといって年功的なHRMを行っているわけではない。むしろ昇進や昇格は競争的なものであるし，評価や報酬についても，上位の職位では大きな差がつく制度になっている。

図5－2はG社の等級制度のフレームである。新卒の従業員は最初に総合職となるわけだが，原則として学部卒だと3年，修士だと1年で，専門職に昇格する。そして管理職扱いになる上級専門職には，非常に早い人で入社後8年，順調と言われる人で入社後10年程度で到達するのだという。ただし，その前の主任専門職

図5－2　G社の等級制度のフレーム

等級名称他				勤　務
専門職類	主席	管理職	部門長	管理監督者
	上席			
	上級		－	
	主任	－		裁量労働制
	副主任			
	専門職			
総合職				フレックス勤務

出所：筆者作成。

の段階で10年以上滞留する人もいるし、専門職から副主任専門職に上がる際に特定の資格の取得や定められたTOEICの点数を上回ることが求められる。つまり、G社の昇格は厳格な審査のうえで決められているのであり、決して年功的なものではないのである。

　一方、人事考課や賃金の制度に目を向けると、組織活動を重視する姿勢を反映してか、単純な財務的業績、あるいは数値による考課や報酬決定は行われていない。G社では本部ごとに人事考課における目標項目や、そのウェイト等がある程度自由に設定できるようになっており、本部の方針に基づいて、定性的なものも含めて多様な目標を設定している。コンサルタントはIT技術者に比べ、個人ごとの業績が把握しやすいとされており、特に顧客から受注する力のある人が評価されやすい傾向はあるものの、評価は色々な視点から慎重になされるべきという考え方が浸透している。もちろん目標の達成率だけでなく、行動および能力の評価もなされ、その他インストラクターや社内研修の講師といった組織貢献も評価の対象となる。それらをみても複雑で丁寧な評価がなされていることがわかる。また、人事考課の最終的な結果は全社的なバランスをみながら決定され、一定の配分ルールに従って賞与などが決定される。業績に比例して金額が算出されるようなインセンティブの制度はなく、評価のプロセスも配分方法も組織を重視したものだといえるだろう。このような人事考課の方法は、中村・石田（2005）、佐藤（2007）、中村（2006, 2007）などでみられた日本企業の成果主義、すなわちプロセス重視の成果主義と共通点が多いものだと理解できるだろう。定性的な目標も含め、財務的業績以外の多様な目標を設定し、行動や能力も併せて評価され、全社的なバランスをみて最終結果が決められる。こうした仕組みや方法は単純な成果主義や市場志向のHRMではなく、制度の設計にあたっても運用にあたっても、慎重に考えられたものであることが理解できる。その意味でG社のこうした制度は、日本企業らしいものだと考えることも可能であろう。

　ただし、だからといって賃金などにあまり差がつかないわけではない。特に管理職層については、賞与で2倍くらいの差がつくことはあるという。A社ほどの極端な差ではないものの、決して年功的に報酬が決められているわけではない。これらのことを総合的にみると、G社の評価や処遇の方針は、まず長期的なインセンティブである昇進や昇格における競争が重視されており、次に上位の職位を中心として、短期のインセンティブである賃金の差がつけられているといえるだろう。組織や協働を重視しながら、そこに競争的なHRMが導入されているとい

える[8]。

次に,どちらかといえば市場志向のHRMをベースとした事例をみていきたい。H社がそれに該当する。H社は総合人材サービスの大手企業である。事業内容は正社員・アルバイト・パート社員等の求人メディアの運営,人材紹介・転職サイト,人材派遣,企業に対する採用支援サービス等である。またグループ企業では,情報システムの受託開発や保守,人事コンサルティング,組織や人事に関する調査・研究なども行っている。キャリア・コンサルタント,営業担当者や編集者,リサーチャーなど,多様な知識労働者が働いている企業である。

まず,人事等級制度や,それに基づいて行われる昇進や昇格についてみていきたい。

図5－3は,H社の等級制度,役職制度のフレームである。また表5－2は管理職階層のグレード要件,そして表5－3は,各職位の内容をまとめたものである。簡単に概要を紹介したい。

グレードというのが,一般的によく使われている役割等級に近いもので,基本的な職責と能力要件をベースとした資格等級である。大卒の新入社員は入社後,G1bからスタートし,定期的に昇格審査を受けて上位のグレードに上がっていく。

図5－3 H社の等級制度

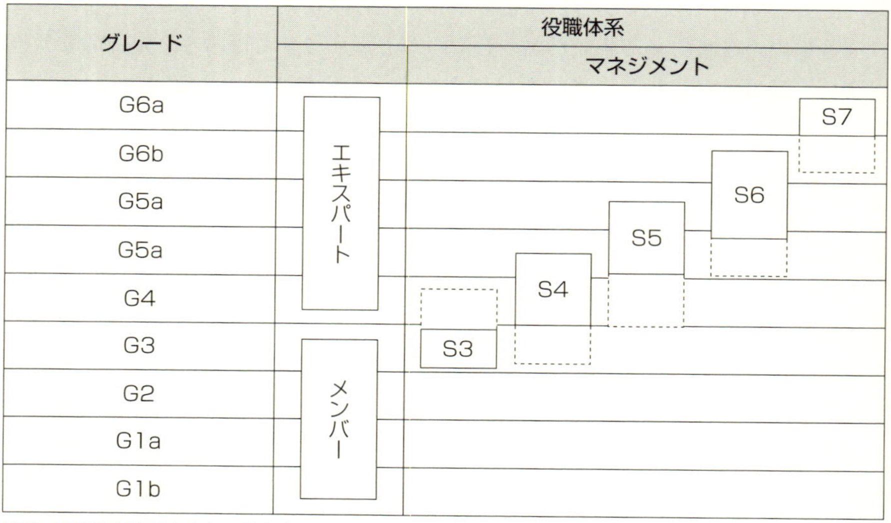

グレード	役職体系						
		マネジメント					
G6a							S7
G6b	エキスパート					S6	
G5a					S5		
G5a							
G4				S4			
G3	メンバー		S3				
G2							
G1a							
G1b							

出所:H社社内資料をもとに筆者作成。

表5−2　管理職階層のグレード要件

グレード	概要	求められる役割遂行		
		顧客創造	組織運営	人材育成
G6a	全社経営			
G6b	全社貢献 経営関与	全社視点での事業設計	全社的重要機能の推進	広範囲への動機づけ，人員調達，後継者育成
G5a	事業運営 全社視点	ビジョン設計	組織価値の共有組織機能の設計	育成の仕組み化 マネジャー候補発掘
G5b	高度で再現性のあるマネジメント	戦略策定	組織の継続改善	マネジャー指導 中期的育成
G4	基本的 マネジメント	戦術策定	組織運営の基本的PDC	基本的な育成

出所：H社社内資料をもとに筆者作成。

表5−3　各職位の内容

職位	組織名	組織長の呼称	組織規模	利益規模	重要度 難易度
S7	事業部/子会社/本部	事業部長/社長/本部長	部下に複数のS6組織・部門長が配置されている	年間営業利益24億以上または売上100億目安	企画管理部門のS7は経営会議で決議
S6	事業部/本部/子会社/支社/統括部	事業部長/本部長/社長/統括部長	50〜300人程度 部下に複数のS5組織	年間営業利益12億以上または売上50億目安	特に重要度が高いと判断された組織のみS6
S5	事業部/子会社/支社/部	事業部長/社長/支社長/部長	20〜100人程度 部下に複数のS4組織	年間営業利益6億以上または売上25億目安	戦略組織/新規事業は原則S5からスタート
S4	グループ	マネジャー	10〜20人程度 部下にマネジャーがいない	利益の定めなし	基本的な管理単位
S3	チーム	−	定めなし	定めなし	管理責任を持たない

出所：H社社内資料をもとに筆者作成。

社内で共有されたイメージでいえば，G2に上がると一人前，G3になるとハイ・パフォーマーとして認知される。そしてG4以上が管理職相当の階層となる。

次に役職の体系であるが，G3までは一般階層であるが，その中から一部の人はS3（チームリーダー）に登用される。そしてその上に，S4（マネジャー），S5（ジェネラルマネジャー），S6・S7（エグゼクティブ・マネジャー）という役職の階層がある。S4はG3からG5bの人の中から登用され，同じようにS5はG4からG5a，S6はG5bからG6aの人の中から登用されている。なお，マネジャーになる人以外に，エキスパートとして昇格していくコースも併設されている。

　さて上記のフレームに基づいた昇進・昇格の運用状況をみていきたい。まず新入社員はG1bに格付けされるわけであるが，それはいわゆる訓練期間に近いグレードになるので，多くの人が早期にG1aに昇格する。平均すると１年半程度で昇格するのだが，それは一律的に行われる形式的な昇格プロセスではない。早ければ１年で昇格するし，成長が認められない場合は，この段階で２年かかってしまう場合もあるという。その後，G2，G3に昇格していくわけだが，この昇格において年齢制限や同一グレードにおける滞留年数などの制約は設けていない。早い人はほんの数年で管理職相当のグレードに昇格する。

　H社ではグレードの昇格を入学方式，つまり下位のグレードの要件を満たしたから上位グレードに上がるというのではなく，上位グレードに相応しい力の持ち主であることが認められたことをもって昇格するという方式で行っている。それゆえ，管理職相当のグレードに昇格する際には，まずG3のままでS4の役職を担当させ，その役割を遂行できることを確認してからG4に上げることにしている。これをみると，H社の昇格は安易には行われておらず，厳しい審査や確認のプロセスを経て行われていることがわかる。

　しかしながら，同社の昇進や昇格がかなり速いスピードで行われていることも事実である。例えば，G4からG5bに昇格する人の３割は，G4昇格後３年以内の人である。また最短で29歳で部長相当の役職（S5）に就いた人もいるし，G3のマネジャー，この場合G4に上がる前の人が期待を込めて登用されたのであるが，その人が入社４年目であったこともある。このようにH社では，活躍が認められた従業員にはかなり早い段階での昇進や昇格が行われている。その一方で，仕事の業績が悪い従業員を対象に年間２〜３％の人が降格になっており，早い昇進・昇格と同時に厳しい運用もなされている。

　さて今度は評価制度，報酬制度についてみていきたい。H社の評価制度は，P（Performance）評価とV（Value）評価の二つから構成される。P評価は業績，あるいは成果の評価であり，数値で表される財務業績とその他の業務業績の両方

が半期ごとに評価され，その結果は賞与の額に反映される。一方，V評価は価値の評価であり，会社が重視している価値に沿った行動ができているか，そして成果を導くような再現性のある行動ができているかが評価される（**表5-4**参照）。

表5-4　P評価とV評価

	P評価	V評価
評価要件	期間成果（財務業績/業務業績）	成果を導く再現性のある行動（顧客活動:組織貢献）
要件内容	●主に定量的（数値化）な成果 ●期間（半期）における最終結果	●主に主体的な価値発揮レベルを指す ●当該期間だけでなく中長期的な成果の要因
注意点	結果が外部要因からの影響を受けやすい	●はっきりと数値化されないので客観的な評価が可能な目標設定が必要 ●評価がP評価の影響を受けやすいため，成果に至る要因部分を評価する必要がある。
報酬反映	賞与（毎年7月，12月）	本給昇給
評価期間	上期評価：10月　評価対象期間：当年4月～当年9月 下期評価：4月　評価対象期間：前年10月～当年3月	

出所：H社社内資料をもとに筆者作成。

　H社ではP評価，V評価の双方で，MBOを取り入れている。H社の場合，働く一人ひとりの現状（CAN），その人がこれからやりたいと思っていること（WILL），そしてその人に組織が求めること（MUST）という三つの視点から，目標が設定され，PDCシートと呼ばれる表が作成される。例えば，営業職のP評価でいえば，売り上げ5千万円というように具体的な金額が示され，それが転職支援の担当者であれば，50人のサポートを完了するというような形で目標が作られる。

　一方，V評価は定性的な評価でもあり，個人の成長にもかかわる評価である。評価要素は，成果を導く行動としての顧客活動と組織貢献，そしてスキル・知識と姿勢・マインドである。そのそれぞれに目標が立てられるわけであるが，例えば顧客活動の場合だと，「A社の役員，キーパーソンとのルートを開拓する」とか，「B社の担当者に定期的に会える関係を構築する」といった目標が立てられる。また組織貢献の目標としては，「後輩を指導して○○ができるようする」などが

あげられる。H社ではこうした目標を立てる際に，その人が上位のグレードに上がることができるように，少し難易度の高い目標設定がなされている。

H社の人事考課は，このようにMBOを中心として行われるものであり，その達成度が重視されるものである。何事にも目標の達成を重視する姿勢は，日常のマネジメントにも根付いており，目標を達成するためのKPI（key performance indicators）が頻繁にチェックされている。それらの指標は，個々人が主要な業績目標を達成していくうえでの進捗管理のためのものであり，こうした指標を日常的にみることによって目標達成を促しているものと考えられる。例えば人材紹介の仕事でいえば，進捗件数，面接者数，紹介者数，本人が承諾した人数，企業に推薦した人数などがチェックされる。同じように求人媒体の仕事では，電話でアポイントメントを取った数，訪問会社数，提案数などがチェックされる。こうしたマネジメントによって，個人は常に目標とその達成度を意識して働くようになるのである。

では今度は報酬制度についてみていきたい。H社の月例給はグレードに基づく本給と，時間外手当から成るシンプルな構成である。管理職階層については本給と役職に応じた職務手当が支払われる。

本給の昇給管理は先ほどみたV評価の結果に応じて行われる。**表5－5**はその一部をまとめたものであるが，7段階での評価が行われ，G2以上では評価ランク4と評価ランク7の昇給金額は4倍になっている。その一方で評価ランク3は昇給がなくなってしまうし，2以下の評価ランクだと減給になる。ほぼ全員が何らかの昇給を得るような仕組みにはなっておらず，ある程度差がつく，厳しい制度であるといえる。

次に賞与であるが，こちらはP評価の結果に応じて支給される。一般階層は本給に評価段階別の賞与月数をかけたものが支給され，管理職階層は本給と職務手

表5－5 V評価による昇給格差（指数：G1bの4を100とした場合）

	7	6	5	4	3	2	1
G3	840	630	420	210	0	－210	－420
G2	700	525	350	175	0	－175	－350
G1a	555	420	280	140	0	－140	－280
G1b	390	300	200	100	0	0	－200

出所：H社社内資料をもとに筆者作成。

当の合計に,評価段階別の月数がかけられる。評価段階は9段階であり,標準的な評価と最高評価では賞与月数は倍以上にもなる。一方で最低ランクでは賞与は支給されない仕組みであるので,半期の業績に応じてかなり年収が異なるような仕組みということができそうだ。

　総じてみると,H社では昇進・昇格においても,人事考課を通じた月例給,賞与の変動においても,強い承認の仕組みがあり,成果をあげることに対する強いインセンティブが働いているといえそうだ。もちろんそれは,非常に競争的なHRMだということもできる。特に月例給,賞与といった金銭的報酬よりも,昇進・昇格の運用においてその傾向が強い。H社では成果をあげた人に金銭的報酬を与えるだけでなく,より大きな責任や権限を与えることを重視しているようだ。

　ただし,H社ではチームワークが組織のDNAと一つとして認識されており,HRMにおいても個人や競争だけが重視されているのではない。そのため,H社では組織を束ねる能力がある人が尊敬されており,多くの従業員がそういう人になることを目指しているのだという。またH社では社内の教育訓練が年々充実する傾向にあり,近年では次世代幹部の育成プログラムや,大学教員を講師に招いてのミニMBAコースなども開設されている。将来に向けて,中心的な人材を社内で育てようという姿勢が強くなってきているのである。そうした施策や取り組みが,H社の従業員にチームワークや組織を意識させることにつながっているのであろう。こうしたことをみても,H社のHRMは単純な市場志向のものではないと考えられる。

　H社に似たような事例として,マーケティング関連のコンサルティング等に従事するI社があげられる。I社でも常時個人別の損益計算書が作成され,管理されるなど,業績管理は厳しく行われている。しかしその一方でチームワークも非常に重視されている。I社では基本的にプランナーと営業担当者,クリエイターなどがチームを組んで働くのであるが[9],そこにクライアントを含めた関係者全員の協力関係が仕事の成否を決めると考えられており,I社の従業員は他者に貢献するという志向が非常に強くなるのだという。そのためか,人事考課においても仕事のプロセスや行動の評価が詳細に行われており,一人の人事考課表を作るために2時間近くを要し,全員に年3回の面談が行われているのだという。決して損益等の業績だけによる単純な評価は行われていないのである。なお,H社,I社とも個人の賃金に差をつけることよりも,昇進昇格に差をつけることを重視する方針のようである。両社ともにマネジャーになるまで10年かからない人もい

れば，20年かけてもなれない人もいるのだそうだ。また，I社でもH社と同様にマネジャーへの昇進階梯だけでなく，エキスパートと呼ばれる専門職への昇進階梯が用意されており，キャリア・ラダーが複線化していることが特徴になっている。一人ひとりの特性に応じていずれかのキャリアが選択でき，アップ・オア・アウトといわれるような昇進制度ではないのである。

第5節　非競争的なHRM

　一方，三つ目の類型の企業では比較的定型的な仕事をしている人が多く，それほど競争的なHRMは行われていない。またチームで行う仕事も少なく，チームや組織単位での評価や報酬の制度もない。そこで勤務する人の多くがテクノロジストであり，主に個人単位で働く人のHRMとみることができるだろう。L社を中心にみていこう。
　L社グループはある地域の地場企業を中心に多くのクライアントを抱える企業グループである。
　L社グループの従業員は，税理士，社会保険労務士，司法書士，ファイナンシャル・プランナーなどの公的資格を活かして働く人と，経営コンサルタント，人事コンサルタントから構成されている。いわゆる士業関連の仕事についている人は，比較的変化の少ない実務の顧客指導等を行っている。その一方で提案型の仕事をするコンサルタントもいるのだが，顧客の中心は中小企業から大きくても1,000人規模の企業であり，基本的には1〜2名のコンサルタントで案件に対応している。また経営コンサルティングは社内で開発されたマニュアルに則って行われる場合もある。そのため全体でみれば仕事の新奇性や独自性はそれほど高くないものと思われる。
　L社グループの採用は新卒と中途が半々だという。ただ中途採用は他社の高業績者をスカウトするというようなものは少なく，30歳くらいまでの若年層の採用が多い。それを考慮すると，外部労働市場を特に重視するというわけではないようだ。採用後も社内で教育することを主眼とし，テーマによって外部研修を活用しているという。
　L社ではシンプルな人事制度を基本方針としており，複雑な制度はなく，運用も現場にかなり権限移譲されている。職能をベースとした等級制度があり，非管理職は6等級構成である。人事考課は能力中心であり，業務知識やスキル，組織

風土の理解，顧客との交渉，コミュニケーション能力などが評価される。その評価項目の細かな部分などに，グループ各社の意向が反映されて独自のものになっているのだという。また非管理職の上位層にあたる5，6等級には個人業績の評価が加味される。非管理職については，同一等級の年収幅が約50万円程度，賞与の格差も上下15％程度と決して大きくはない。ただマネジャー層になると，人事考課に担当部門の業績が含まれる。それに組織管理能力を加えたものかがマネジャーの評価となる。賃金についても，年収の4分の1が決算賞与になり，100万円程度の年収格差がつく可能性があるという。

　マネジャーの賃金がやや格差がつきやすいことを考慮しても，それほど競争的なHRMとは考えにくい。また独特の仕組みを持つHRMではなくオーソドックスな日本的なHRMをベースに，それを自社で使いやすい形に発展させたものだと思われる。従業員全体に占める一定比率の人たちがそれほど変化の多くない仕事に従事していることもあり，こうしたあまり競争的でないHRMが行われているのだと思われる。

　K社についても似たようなことがいえる。K社のコンサルタントの多くは企業研修の講師であり，残りは，企業向けのコンサルティングを行っている。教育研修には顧客企業の要望に応えて内容を作成するものと，あらかじめ内容が定められたものがあるのだが，その割合は半々だという。そのため常に難易度の高い仕事をするわけでなく，競争的なHRMというより，一人ひとりが着実に成長できるHRM，あるいは子育てや介護をしながらも働きやすいHRMが目指されている。ただし近年になって活躍した人が早く昇進するような事例も現れており，徐々に処遇等にも差が付きはじめているという。

　この類型のHRMは，比較的定型的な仕事をしているテクノロジストのような知識労働者のものだと思われる。分析視点において，そのようなHRMの有無が問われていたのだが，やはり高度な専門職とは別のHRMがあるようである。その内容は，従来の日本企業によくみられた年功的なHRMのようにも思える。あるいは，Lepak and Snell（2003）でいうところの，職務ベースのHRMに近いのかもしれない。いずれにしても，知識労働者のHRMの多様性を示す事例が見出せたといえるだろう。

第6節　人材群ごとのHRM

　最後に複数の人材群に対し，別々のHRMを行っている事例をみていく。D社とJ社がそれにあたる。
　D社は長い歴史を有しており，日本における経営コンサルティングの草分け的存在である。D社には専属コンサルタント，協力コンサルタント，プロデューサーという3つの人材がいる[10]。その内，専属コンサルタントと協力コンサルタントはD社と契約を結んで業務を委託されている。そのため，正確にいえば雇用されているわけではなく，従業員という扱いではない。その両者の違いは，専属コンサルタントがD社独自のコンサルタント養成研修によって育てられ，D社だけの仕事をしているのに対し，協力コンサルタントはあくまで外部人材であり，D社以外の仕事もしている点である。当然ながら前者がコンサルティング事業の中心となっており，後者がそれを補完する役割である。
　専属コンサルタントの採用候補となるのは，最低でも実務経験が3年以上ある人で，実際に採用される人の多くは10年程度の他社での実務経験を持つ人だという。候補者はD社が用意する半年程度のコンサルティング養成研修を受けて基本を学んだ後，ジュニア・コンサルタントとなる。ジュニア・コンサルタントはいわば修業期間のようなもので，そこで実践を重ねながら成長することになる。その期間は基本的に2年間で，それを終えた人は主任コンサルタントとなる。もちろん，稀にではあるがそこで主任コンサルタントになることなく，別の道に進む人も出てくる。そして，さらに主任コンサルタントで業績を上げた人だけが主席コンサルタントに登用されていく仕組みである。専属コンサルタントは業務委託契約なので，その報酬は実際にプロジェクトで得た収益に比例した出来高制である。そこだけをみれば，個人と組織の単純な契約関係として捉えられるかもしれない。しかしながら彼（彼女）らには呼称の変更などの組織からの承認の仕組みがあり，組織との結びつきが強い。さらに彼（彼女）らのコンサルタントとしての基礎は，D社独自の研修で学ばれたものであり，D社と専属コンサルタントの関係は非常に深いものだといえる。業務委託ではありながらも，彼（彼女）らは先にみたA社やM社の人たちと同様の働き方をしていると考えられる。そのため，専属コンサルタントの大半が長くD社で働くのだという。
　一方，協力コンサルタントは特定領域における専門性を持つ人材である。多く

は工場管理の指導など，現場に強いコンサルタントだという。専属コンサルタントと同じ業務委託契約であるが，協力コンサルタントはD社以外の仕事をすることも許されている。出来高制の報酬であることも専属の場合と同じだが，協力コンサルタントには呼称が変わるような機会はなく，適宜D社で働くコンティンジェントワーカーに近い位置づけだということになる。

　それに対し，もう一つの人材であるプロデューサーは，D社の職員として長期雇用されており，組織活動重視のHRMで働いている。彼（彼女）らの仕事は顧客の開発，コンサルタントのコーディネートなどであり，D社の仕事全体を円滑に進めるための重要な役割を担っている。そのため，組織人的な一面がとても重視されているのであろう。D社はこのように，三つの人材に対して特性に応じたHRMを適用し，柔軟にコンサルティング体制を編成することを可能にしているのである。

　次にJ社の例をみていきたい。J社は日本有数の大手製造業，Jメーカー社のグループ企業であり，Jグループの企業や，サプライヤー企業に対するコンサルティングや教育研修などを行っている。

　J社のコンサルタントには，同社に直接雇用されている従業員と，同社と業務委託契約を結んで働くJメーカー社のOBがいる。OBは業務委託契約で働いていることからわかるように，被雇用者ではなく個人事業主としてJ社と関わっていることになる。したがってJ社以外の仕事をしてもよいわけで，自分で事務所を構えるような人も何人かはみられる。しかしながら，J社からの仕事で評判を得た人は，多くの引き合いによって多忙になり，他の仕事をする余裕や必要性がなくなる場合もあるのだという。

　同社でコンサルタントとして働くOBは，Jメーカー社の事業部長経験者やそれに近い職位の経験者，あるいはコーポレートスタッフや関連会社の経営層だった人たちである。つまり，日本有数の大手製造業の中核人材だったわけであるから，優れた知識やスキルの持ち主であることは間違いない。そうした人たちがコンサルタントに転換しているのである。

　それらの候補者がJ社で働きはじめるのには二通りのプロセスある。一つはJメーカー社や関連企業で役職定年を迎える前後に，出向という形でJ社に異動になる場合である。その際は，定年年齢になるまでは同社の従業員という立場で，コンサルティングに従事することになる。その後定年を迎えるのと同時に，個人事業主として同社と業務委託契約を結ぶようになるのである。もう一つは出向段

階を経ずに，定年時に業務委託契約を結ぶ場合である。いずれの場合も，本人が希望するか，あるいは先にJ社で働いている人の推薦によって候補者の名前があがり，その中から適切な人が選ばれることが多いのだという。

　さてJ社の評価や処遇の制度についてみてみよう。J社のコンサルタントには最高齢で78歳になる人もいて，年齢幅が意外に広いのであるが，職位や呼称に違いは全くない。OBであれば全員「上席コンサルタント」を名乗るシングル・ステイタス制である。それだけでなく，クライアント企業に提示するコンサルティング・フィーの時間あたり単価も全員同じである。当然ながら，個人が受け取る報酬も同じように同額の単価で算出されている。また一応，年に一度人事部門における簡単な人事考課は実施されるのであるが，それはあくまで参考程度のもので，実際に処遇なり報酬なりに反映されることはない。つまり，会社がコンサルタントに差をつけ，競争させるような仕組みは全くないといえる。

　もちろんだからといって，J社のコンサルタントは安定した処遇を受けているわけではない。OBは業務委託で働いている個人事業主なのだから，報酬は自分が請け負った仕事量に比例したものである。優秀で評判のいいコンサルタントはリピートの受注があるし，新しいクライアントの獲得機会も多くなる。そのような人たちはメーカー時代以上の金銭的報酬を受ける場合すらある。しかしクライアントに評価されないコンサルタントは，徐々に仕事量が減少していく。決して，定年後の気楽な仕事といわれるような類のものではないのである。

　最後に教育訓練についてである。J社のコンサルタントは豊富な実務経験と実績のある人たちなので，教育訓練はあまり必要ないようにも思える。しかしコンサルタントに転換するというのはそれほど簡単なことではない。例え何らかの領域で優れた知識を持った人であっても，それを他者に売り込んだり説明したりする能力を持っていない場合がある。技術部門や生産部門の人たちにはそういう人たちも少なくない。そのため，J社のコンサルタントとして活動しはじめる際には，「新人講師・コンサルタント育成塾」（出向者向け）や，「新人OB育成塾」（OB向け）で学んでコンサルタントとしての基礎を形成することになっている。そして最初のうちは，先輩コンサルタントと行動をともにしてOJTを受けることになっている。もう一つ同社のコンサルタントの学習の機会として特筆に値するのは，OB交流会である。これはほぼ月に一回のペースで問題意識を共有するOBが集まって勉強会を開催し，そこで互いの知識や情報，アイディアを交換するものである。そしてそれらの活動の成果として，全員で使える「基本研修テキス

ト」が作られたり，新しいサービスが生み出され，コンサルティングの質が向上することにつながっている。また近年になって，トップクラスのコンサルタントのノウハウを伝承するための取り組みもはじまった。これは70歳以上のOBの貴重な能力を組織のものとして受け継いでいく努力だといえるだろう。

　なおJ社では，コンサルティング・テーマの管理や事業内容の充実，発展などは現役の出向者の仕事になっている。彼（彼女）らが経営全般の仕組みをつくり，そのうえでOBが自由に力を発揮しているのである。出向者は当然ながらJメーカー社の人事制度の下で働いている。Jメーカー社は日本有数の大企業であるため，精緻な人事制度があるし，そこには日本的な特徴もみられる。例えば人事考課における詳細なスキルの評価はその代表的なもので，ヒューマンスキル，プロセススキル，テクニカルスキルという三つの区分によって，従業員の成長度が評価されている。ただし，Jメーカー社も年功的なHRMを維持しているのではなく，むしろ成果主義を志向した制度を多く取り入れている。課長以上の賃金は年俸制であるし，評価もMBOが中心である。低い評価が2年続くと役職内での役割ランクが下がることもあり，一面では厳しく，また若い人にもチャンスのあるHRMが行われているといえるだろう。

　さてD社やJ社のように複数の人材群に異なるHRMを適用する考え方は，SHRM研究におけるLepak and Snell（2003）の人材アーキテクチャにおいて論じられていた。通常であれば，業務委託形式である両社のコンサルタントは戦略的パートナーであり，提携的関係にあるとみなされるだろう。しかしながら，D社にしてもJ社にしても，コンサルタントと企業との関係はかなり深く，D社の専属コンサルタントはコンサルティングの基礎能力を社内の養成講座によって体得している。J社に至ってはJメーカー社での経験と実績が契約の前提にある。また，それらコンサルタントは両社の競争力そのものであり，主要な収益を獲得する人材である。したがって，両社のコンサルタントの戦略的価値は高く，中核人材そのものといえる。つまり，彼（彼女）らには人材アーキテクチャにおける知識ベースと提携ベースを組み合わせたようなHRMが行われているとみた方がいいだろう。それに対し，D社のプロデューサーやJ社の出向社員には知識ベースのHRMが，そしてD社の協力コンサルタントにはやや流動的な提携ベースのHRMが適用されているとみることができるだろう。

　このように複数の人材群を異なる雇用形態やHRMによって組み合わせる企業は他にもあることが考えられる。実は先でみたG社においても，一部のコンサル

タントを独立事業主として契約し，自律的な働き方を認めようとしている。元々G社は組織を重視する企業であるが，コンサルタントの中に，向上心と独立心が極めて強い人がいることに着目し，彼（彼女）らの要望に沿った形での雇用をすることにしたのだという。制度導入初年度には2名のコンサルタントがそれを選択したそうだ。こうした多様な働き方があり，それが選択できるというのは，知識労働者ならではのことだといえるかもしれない。同様のことが今後どの程度の企業でみられるようになるか，注目に値する。

第7節　HRMの背景にある要因

　本章の最後に，これまで取りあげた13社における，HRMの背景にある要因について考察する。HRMの背景については，三つの分析視点から事例をみることにしていた。それに則って順にみていきたい。
　まず，仕事の新奇性や独自性が高く，競争が厳しい場合に，個人重視の競争的なHRMになりやすいのではないかということについてである。インタビュー結果をみると，新奇性や独自性の高い仕事が多くみられるのは，最初にみた個人重視の競争的なHRMの企業と，二番目の組織と個人のバランスをとるHRM，あるいはプロセス重視の成果主義のHRMの企業においてだといえる。また，人材群別のHRMを行う企業にも，中核人材の仕事にはそうした特徴がみられる。それらの企業は，個人を重視するか組織を重視するかはともかくとして，すべて評価や報酬，昇進の制度に競争的な特徴が明確にみられている。そして，それらの企業は大きなプロジェクト，あるいは長期間にわたるプロジェクトに取り組むことが多く，新しい取り組みといえるような仕事や，グローバルな活動にも従事する。さらに顧客には大企業等が多く，それゆえ顧客からの要望，要求のレベルも高いものである。もちろん，すべての仕事に新奇性や独自性が求められるというわけではないだろうが，少なくとも日常的に複雑で難易度の高い仕事に従事しているといえるだろう。これらのことから，仕事の新奇性や独自性，あるいは難易度が高い場合には，やはりHRMは競争的になりやすいと考えることが可能である。そのような難しい仕事は誰にでもできるわけでなく，また経験を積めばできるようになるといったものではないのだろう。したがって，それに対応できる優秀な知識労働者を確保し，動機づけていくことが重要になる。そのためには，年功的なHRMで一律に管理するのではなく，競争を促して成果の高い人に積極的に報

いていくことが必要になるのだと思われる。
　一方，競争の厳しさについては，インタビュー調査から何らかの傾向を読み解くことが難しかった。インタビュー回答者はすべて競争の激化を認識しており，企業間での差異を認識することができなかった。この点については，次章以降の大きな課題といえる。
　二番目の分析視点は，仕事で使う知識に企業特殊性が高い場合に，組織的で協働的なHRMになりやすいのではないかというものであった。これについても判断は難しいのであるが，事例の中で最も組織を重視したHRMを行っている二つ目の類型の企業では，ややそうした傾向がみられた。特にG社では自社でノウハウを蓄積し，それを共有することの重要性が意識されていた。ただし，個人や競争を重視している企業が企業特殊知識を軽視しているというわけではない。例えばM社では，スター人材やベテラン人材の知識やスキルを模倣し，共有しようとする姿勢がかなりみられるのだという。そのためこの分析視点については，ある程度の妥当性はみられるものの，断定的なことがいえるほどの論拠は見出せていないといえる。
　そして最後の分析視点は，仕事の新奇性や独自性，あるいは企業特殊性が低い場合に，職務ベースのHRMや直接雇用ではない短期契約労働になるのではないかということである。これについては三番目に紹介した非競争型のHRMの企業がその例になっているものと思われる。あるいは人材群別のHRMの企業において，比較的小さなプロジェクトを請け負っている外部のコンサルタントもそうであるかもしれない。非競争型HRMで働く人の中には，やや定型的な仕事に従事する人が多かった。創造性や独自性よりも，特定の専門的な仕事を着実に，能率よく仕事を遂行することが求められる場合には，仕事の成果に個人差がつきにくく，したがって職務ベースか，あるいは年功的なHRMが適用されることになるのだろう。またその仕事が企業の中核的な部分にあたらず，そして特定の人しかできないものでなければ，それは外部化されやすくなるのであろう。ここでみた事例からは，そうした傾向が読み取れた。
　以上でみてきたように，HRMの背景にある要因については，比較的ある程度の傾向がみえたものと，そうでないものがあるといえる。また傾向が見出せたものについても，今回のインタビュー調査だけでは確かなことをいうまでには至っていないと考えられる。それゆえこの点については，第7章と第8章におけるアンケート調査の結果を併せてみていくことが重要になる。ここでみられた傾向と，

アンケート調査の結果を照合することによって、より確かな結論を求めていくことが必要だろう。なお、今回の分析で非競争型のHRMをしている企業はやや小規模であり、個人重視の競争的なHRMや、バランスをとるHRMの企業は大規模な企業、もしくは有名な企業が多かった。このことから、企業規模や企業のブランド（あるいは知名度）がHRMに何らかの影響を与えていることも考えられる。例えば大規模でブランドのある企業の方が、人事部のスタッフが充実しており、複雑な制度や先進的な仕組みを取り入れやすく、結果として個人重視のHRM、あるいは成果主義的なHRMになったり、人材育成などが活発になったりすることが考えられる。また企業の知名度は外部労働市場における競争力となり、それを活用したHRMもしやすくなるだろう。その他にも、企業規模の大きさや企業ブランドがHRMの選択可能性を広げていることは十分に考えられる。アンケート調査では、そうしたことも併せて分析する必要があると思われる。

●注

1　この調査の分析結果の一部は、三輪（2013a）、三輪（2004）、三輪（2014c）において紹介している。
2　可能な企業については複数回のインタビューを行っている。
3　仕事の難易度や新奇性をインタビュー調査で測定するのは困難であるため、本稿では非定型的な仕事の多さやプロジェクトの規模、期間などでそれを推察するにとどまっている。
4　その後、新卒や女性も採用されるようになってきており、採用対象となる人材が広がっている。
5　ライフプランナーとしての心得やM社の理念が表されたものである。一部を終章において紹介している。
6　B社の採用は中途採用が中心である。新卒については、入社後の導入教育はしっかり行われるが、それ以降の公式なカリキュラムは多くない。
7　C社は設立が1996年と社歴が短く、従業員は全員中途採用である。また少人数であるため教育訓練の制度も多くなく、人材育成はOJT中心である。
8　G社がこのような組織重視のHRMを行っている背景には、G社にはかなり多くのIT技術者が働いていることもあるだろう。IT技術者はコンサルタントに比べて組織人的な傾向が強いのであるが（三輪, 2011）、G社では基本的にコンサルタントとIT技術者に共通のHRMを適用しているので、組織重視のものになりやすいのかもしれない。
9　I社では中途採用の比率が、クリエイターで6～7割、営業で3割、プランナーで1割程度になっており、決して新卒採用・内部育成だけにこだわってい

るわけではない。
10 実際の名称は若干異なるものである。

第6章
IT技術者のHRM
──インタビュー調査の分析結果(2)

第1節　調査企業の概要

前章に続いて，インタビュー調査の分析結果をみていきたい。ここでは，IT技術者のHRMを取りあげる[1]。事例の分析視点については，前章と同じである。

表6-1　調査企業の概要

仮名	従業員数	主な事業内容
N社	約4,000	システム・ソフトウェア開発，関連サービス
O社	約4,000	ITサービス・ソリューション，IT基盤開発
P社	約600	システム・インテグレーション，コンサルティング
Q社	約4,000	制御機器，FAシステム，電子部品他
R社	約60	組み込みソフトウェア開発，半導体エンジニアリング
S社	約500	デバイス，ソリューション開発
T社	約90	組み込みソフトウェア，アプリケーション開発
U社	約150	親会社向け情報システムの開発と運営
V社	約150	基幹系システム開発，ネットワークサービス
W社	約100	組み込みソフトウェア，アプリケーション開発

表6-1は調査した企業の概要である。調査は2011年3月から2012年9月にかけて行われた。企業の選定にあたっては，企業規模（1000人超，300～999人，299人以下），事業内容（業務系，組み込み・マイコン系等）が偏らないように注意し，直接当該企業に協力を依頼するか，業界団体を通じて申し入れを行った。10社の協力が得られている。基本的に調査企業のオフィスにうかがい，人事部門か事業部門のマネジャー，もしくはその両方に1時間から2時間程度のインタビューを行った[2]。

事例の10社のHRMは三つの類型に大別することができる。一つ目の類型は個

人と組織，ならびに競争と協働の両方を重視し，そのバランスをとるようなHRMであるといえる。前章におけるG，H，I社と共通する点が多いHRMであり，N，O，P，Q社がそれに該当する。役割やコンピテンシーを基準とした等級制度を持ち，業績や行動を丁寧に評価する制度を導入しており，充実した人材育成制度がある企業である。大企業が多く，そこで働く人たちの仕事は，大規模あるいは長期的なプロジェクトや最先端の仕事が多い。したがって仕事の難易度や新奇性はかなり高いものと理解できる。

　二つ目の類型は，古くから日本企業に普及していた職能等級制度を維持しながらも，賃金制度などを工夫することによって，同制度にみられがちな年功的な特徴を低減しようとしているHRMである。より厳しい本格的な能力主義，あるいは過去の貢献をそれほど重視しない能力主義だと理解できるかもしれない。定期昇給の廃止や等級別の明確な賃金レンジの設定等が特徴になっている。R，S，T社がこれに該当するが，企業規模はそれほど大きくない。一つ目の類型の企業ほど大規模な仕事には従事してはいないのだが，それぞれ特定の技術領域で実績と競争力を持つ企業であり，仕事の新奇性についてはともかく，難易度は決して低いものではないといえる。これらの企業のHRMの目的は，一つ目の類型の企業のものとかなり似ているといえるかもしれない。その点において両者の区別が難しくもあるのだが，一つ目のHRMが役割等級やコンピテンシーなど，昨今の成果主義のHRMを構成する諸制度をすべて備えているのに対し，二つ目のHRMはあくまで職能等級制度の改良形である。それをみると一つ目のHRMの方が，かつての日本的なHRMの改革を強く意識していることがわかる。

　次に三つ目の類型であるが，こちらはそれほど競争的なHRMではない。古くからの職能等級制度を維持しており，その運用方法も従来のものと変わっていない。中にはMBOを導入している企業もあるが，評価の中心は能力評価の方であり，賃金や賞与の差もわずかである。前章でみたL社と共通する点が多くみられるといえる。U，V，W社がそれに該当するが，それらの企業では親会社，もしくは特定の得意先企業からの受注が売り上げの大半を占めている。親会社，もしくは得意先からプログラミングやモジュール開発を受注しているため，ソフトウェア開発における下流工程を中心に従事することが多くなり，要求分析や要件定義については親会社か得意先企業が自ら担当している。またそれらの企業では開発業務だけでなく，システム運用の仕事もかなり行っており，総じて他の類型の企業に比べて，仕事の難易度や新奇性が高くないといえる。

要約するならば、一つ目の類型は、中村（2006, 2007）のいうプロセス重視型成果主義に近いものであり、二つ目の類型はあまり年功的でない修正型の職能等級制度のHRM、そして三つ目の類型は従来の職能等級制度による非競争的なHRMといえるだろう。次節からは、その内容を詳しくみていきたい。

第2節　個人と組織，競争と協働のバランスを取るHRM

では一つ目の類型の例からみていこう。この類型の企業では、第4章で取りあげた成果主義HRMの基本的な構成要素である、①職務や役割による格付け制度、②MBOとコンピテンシーを中心とした人事考課制度、③職務（役割）と業績に基づく賃金制度がすべて導入されている。

これらの企業はかつて、職能等級制度を採用していたのであるが、2000年前後以降に、その人事制度を改定している。その狙いにはもちろん、年功的な人事制度から成果主義への移行があったわけなのだが、ここで取りあげる4社はいずれも単純な、あるいは極端な成果主義を志向しているわけではない。成果主義を基本としながらも、同時に人材育成や組織活動も重視したHRMを目指している。

表6-2　N, O, P, Q社の格付け制度

	等級等の構成
N社	7等級
O社	一般職（非管理職の基幹職）4等級と管理職層6グレード
P社	5等級
Q社	一般職（非管理職）で7等級と管理職層11グレード

出所：筆者作成。

各社の格付け制度は**表6-2**のような構成になっているが、いずれもかつての職能等級制度のように年功的な昇格が行われないような仕組みになっている。

例えばO社では、年功的な昇進・昇格によって管理職層が増加するのを防止している。管理職層への昇格は簡単なことではなく、その前の主任（非管理職の最上位）に上がれないこともありえるという。さらには45歳が管理職層に昇格する事実上のリミット年齢になっており、それを超過すると昇格できなくなってしまう。同じように、N社においても昇進・昇格運用が厳しく行われている。N社の

等級制度はS1からS7までの7等級構成であり，S5以上が管理職層に該当するのだが，まだ下位等級であるS2からS3に上がる段階で2年程度の差がみられるようになり，次のS4に上がる段階ではかなりの差がつくようになっている。また，Q社では管理職階層の格付け（グレード）が各人に求められる役割と成果によって柔軟に変わるように制度設計されており，年功的，あるいは安定的な格付けにならないように工夫されている。このように，この類型の企業では昇進・昇格管理が非常に厳しく行われているのである。

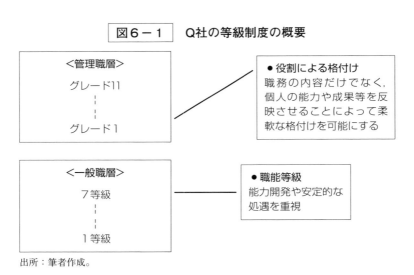

図6－1　Q社の等級制度の概要

出所：筆者作成。

一方，この類型の企業のもう一つの特徴として，格付け基準に職務以外の要素も考慮に入れていることや，階層別に格付け基準を変えていることがあげられる（図6－1参照）。例えばN社の格付けは，基本的役割とそれに必要とされる能力の二つから定められた複合的な基準で行われている。またQ社では，非管理職の一般職層は役割ではなく，職能による格付けを維持している。同じようにO社においても，一般職はプラクティス（同社版のコンピテンシー）で格付けされている。どちらも役割ではなく能力に基づく格付けであり，能力の概念は両社で違うものの，ともに若年層は現在の仕事の価値による格付けよりも，人材育成を主眼とした格付けや昇格を重視しているといえる[3]。

さて役割等級制度とは，職務等級制度を導入しようとした日本企業が，日本企

業の曖昧な分業体制や変動的な仕事内容に適合した制度を求めて、職務等級制度を一部改変したものだといえる。ここでの企業が取り入れている役割等級制度もそのような特徴を持っており、より柔軟な運用ができるようなものに工夫されているといえよう。各社の管理職の役割グレードは、単純に職務内容によって決まるものではない。職務内容の他に、その人の持つ能力も考慮されるし、あるポストで個人が継続的に高い成果を上げることによって、そのポストの価値（役割グレード）が上がることもある。つまり仕事の難易度や責任だけでなく、人の要素も加えて格付けが決められる仕組みになっている。そうした格付け基準にすることによって、より柔軟な処遇や適材適所の配置を可能にしているのだという。

次にこの類型の企業では、社内での人材育成が充実していることも特徴となっている。すべての企業が新卒中心の採用であり、人材の内部育成を重視している。ただし各社とも必ず一定数の中途採用を行っており、その比率が増加している企業もある（Q社では約3割にのぼる）。それゆえ、外部人材の有効活用が軽視されているわけではないようだ。

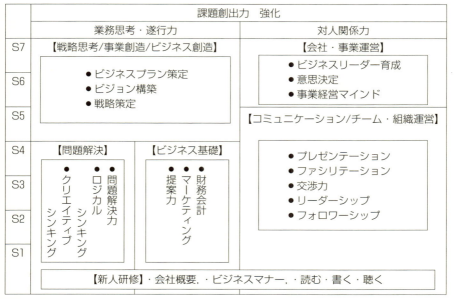

図6-2　N社の共通育成－共通研修体系（一部）

出所：N社資料より。

表6-3　4社のスキルや専門性の認定制度

	制度の内容
P社	専門分野ごとの専門レベル認定制度があり，試験を受けることで11のレベルでスキルが認定される。
N社，O社	IT産業のスキル標準であるITSSに準拠した仕組みを用い，自社の従業員のスキルを認定している。
Q社	対象者を厳選する形での専門職制度がある。管理職層のわずか5～6％の人しか認定されておらず，極めて高度な専門性を持つ人を育て，承認するためのものになっている。
O社	専門職である上席プロフェッショナルは，事業部長同等の価値があると認められている。
N社	プロフェッショナル認定制度があり，認定されたプロフェッショナルは後進の目標となり，次のプロフェッショナルの育成に貢献する。

出所：筆者作成。

採用後の人材育成については各社充実した取り組みが行われている。N社では，人事制度と連携した共通育成―共通研修体系の整備を進めている（**図6-2**参照）。その一つに若手技術者の育成に関する取り組みがあるのだが，そこでは入社1～5年目の技術者を対象として，上司やトレーナーが一緒になって育成計画を作成し，それに基づいて現場でのOJTがなされるだけでなく，各種の研修が多数実施される。他にも，外部での資格取得や留学制度を含めた専門性深化施策などが順次整備されてきている。

またその他の企業においても，IT技術者のスキルや専門性の認定制度があり，それを基軸とした技術者の能力開発やキャリア開発が進められている（**表6-3**参照）。これらの制度は，技術者の専門性を承認し，彼（彼女）らの意欲を高めるための制度にもなっている。

さて，人事考課や賃金の制度に目を向けると，これらの企業では成果主義を原則としながらも，単純な財務的業績，あるいは数値成果のみによる考課や賃金決定は行われていない。いずれの企業も，能力やプロセスを重視してそれを行っている。

N社では業績の評価にバランスト・スコアカードを取り入れており，財務面だけでなく顧客やビジネスプロセスの視点など，様々な視点から業績が評価されている。またO社ではMBOによる業績の評価の他に，プラクティス（O社版のコンピテンシー）の評価がなされ，それがキャリア・レビューとなって昇格や能力開

発の判断材料とされている。O社のプラクティスには全社共通のものと職種・部門別のものが整備されており，求められる行動モデルだけでなく，スキルや能力の要件が，研修の受講実績，資格の取得，語学の能力レベルなどの指標で表わされている。それをみることによって昇格や今後の能力開発が検討されるのである。さらにP社では，対人関係，職務遂行，専門技術という三つの視点から個人のスキルが詳細に評価されているし，Q社においても，MBOの他にコンピテンシーの評価が行われている。これらは，中村（2006，2007）でいうところのプロセス重視の成果主義に基づく人事考課の特徴であるといえるだろう。

　そしてそれらの企業の賃金であるが，いずれの場合も業績比例の出来高給ではなく，また若い時期から大きな格差がつくようなものでもない。N社もP社も，中堅クラスの賞与の格差は20〜30万円程度が限度だということだった。各社が差をつけようとしているのは管理職層，年齢では40歳以降についてだということができる。この2社でもそこからは格差が大きくなるとのことであるし，Q社の管理職階層の賞与は2倍くらいの差がつくということであった。またO社の賞与制度も，仕組みとしては0〜200％までの差がつくものなのであるが，実際にはそこまでの差がつくことは例外的であり，標準的な評価とやや高い評価に，分布の山が二つできることが多いのだという。このように，この類型の企業の賃金に差がつくのは管理職層が中心であり，かつその差も極端に大きなものが目指されているわけではない。成果主義の賃金制度が原則にはなっているものの，賃金の格差がHRMの重点ではないようだ。これらの企業では，どちらかというと昇進や昇格といった長期的なインセンティブにおいて差をつけることが重視されており，賃金などの短期的なインセンティブは二次的なものであるといった方がよい。

　さて実はこうした人事考課や賃金の制度は，他のIT企業にもみられるものであるし，日本の多くの大企業にみられるものだといってよい。笹島・社会経済生産性本部（2008）で紹介された新日鉄ソリューションズ株式会社の人事考課と報酬の体系をみても，業績の他に能力や行動（成果行動評価）が評価されていることがわかる。また業績についても，短期的な業績や個人の業績だけでなく，中長期的な課題への取り組みや組織業績への貢献の評価がなされている。多様な視点からの丁寧な評価がなされているのである。同じように，佐藤・佐野（2005）による電機メーカーのシステム開発部門の事例研究においても，プロジェクト・マネジャーの評価が収益（受注額と費用の差額）だけでなく，開発するシステムの納期と品質，部下の育成などの視点から非常に丁寧に行われることが示されてい

る。それは中村（2005）による情報通信企業の事例研究にも同様にみられ，そこではマネジャーの評価にチャレンジ・シートという表が使用され，短期的収支だけでなく，長期的収支，顧客満足度，他のメンバーとの関係が評価されている。このようにみると，多くの評価項目を使用し，プロセスや行動も同時に評価するようなHRMの仕組みは，日本の大企業に一般的なものであると理解することができるだろう。

　最後に昇進制度については，近年各社ともに，中核人材の早期選抜を意識した取り組みが行われてきている。例えばO社では，次期経営者候補を早期に選抜して特別の能力開発プログラムに乗せる，いわゆるファスト・トラックのようなプログラムがある。このプログラムでは大学教授等を講師とした理論的なカリキュラムの他，自分の仕事上の問題意識を具体的な企画書，提案書としてまとめていく研修，そしてそれを役員の前で発表して実践につなげていく取り組みなどが行われている。その他，各社において管理職への登用が，早い人で30歳代中盤になるなどやや早期化しており，特に部長相当に昇進する年齢に大きな差がつくようになってきている[4]。このようにこの類型の企業では，幹部候補，あるいは中核人材を早期に選抜する傾向や，その人たちに特別な教育訓練の場を与えて大きく育てようとする傾向が強くなってきているといえる。

第3節　能力主義を強化したHRM

　次に二つ目の類型の企業の事例をみていこう。R社とT社は，マイコン，組み込みソフトウェアの開発を主な事業内容としている。どちらも特定領域の技術に優れており，技術志向の企業といえる。例えばR社であるが，20年以上取引が継続している大手顧客が数社あり，技術に対する評価の高い企業といえる。大手の顧客と取引きしているからといって，R社は顧客のオーダーに忠実に応えているだけではない。R社が顧客から受注する際にはまだ開発の仕様は決まっておらず，R社は要求分析，要件定義の段階から開発に参加している。言い換えればかなり上流工程から仕事を任されているのである。そのため，前節の企業に比べて仕事の規模は小さいものの，仕事の難易度は高いものであると理解できる。一方S社は，計測制御デバイス，産業用PC，ネットワーク機器の製造と，それらを応用したソリューションの提供を行っている。こちらもニッチな領域での技術開発先行型企業としての評価を得ている。他社にはない独自製品を開発することを競争

力としているため，S社も技術力のある企業だと考えられる。

　さてそれらの企業の格付け制度であるが，基本的には日本で普及していた職能等級制度を維持しながらも，そこに独自の工夫を加えていることが特徴になっている。

　図6-3はR社の等級制度の概要である。5等級以上が管理職であり，4等級のチーフ・エンジニア以上がプロジェクトのリーダーをすることができる。枠組み自体は非常にシンプルなもので，大きな特徴はないのであるが，その昇格管理の仕組みに工夫が施されている。R社の制度では年に一度行われる能力評価の結果がポイント化され，そのポイント数に応じて自動的に等級が決まるのである。一般的な職能等級制度であれば，昇格の要件として，現在の等級での最低滞留年数，過去の人事考課の状況（標準を超える評価が何度かあるとか，考課結果の点数が何点以上溜まっているとか）などが定められており，その要件が整った人が昇格審査を受けることになる[5]。しかしR社では，そうした要件は決められていない。能力評価の結果がある水準に届くと，すぐに昇格することになる。その評価は積み上げ式ではないので1年でその水準に到達するかもしれないし，10年経っても到達しないかもしれない。そのため年功的な昇格は行われにくく，かつ場合によっては降格もありえる仕組みとなるのである。能力に基づく格付けという基本的な考え方は維持しつつも，年功的になりやすい職能等級の特徴を独自の工夫で修正したものだといえるだろう。

　次に，S社の制度は11等級構成（技術職は2等級以上）の職能等級制度であるが，年功的にならないように人事考課制度や賃金制度に工夫がなされている。この点については後で詳しく述べたい。さらにT社であるが，こちらは6等級構成

図6-3　R社の等級制度の概要

等　級	役　職　他		
7等級	部長	管理職	プロジェクトリーダー
6等級	課長		
5等級	係長		
4等級	チーフ・エンジニア		
3等級			
2等級			
1等級			

出所：筆者作成。

であり、その中の育成期間にあたる下位3等級が職能等級であり、管理監督階層にあたる上位3等級が職能と役割の二重基準の格付けになっている。こういう制度は前節でみたような大企業にやや似ているのであるが、T社の場合は企業規模も小さく、平均年齢が若いため、上位等級に格付けられる従業員は非常に少ない。T社のHRMの中心は職能等級にある従業員であり、そこにおいて年功的な運用がなされないように、主任相当にあたる3等級に昇格する際に厳しい審査（昇格試験、全役員による審査会議）が行われている。同社では主任相当の従業員は、顧客との交渉や小さなチームのリーダーの役割を担うことになる。そうした等級への昇格が安易になされないように厳しい審査が行われているのだといえる。

一方、人材育成についてはこれらの企業も熱心なのであるが、そのための制度やプログラムは前節でみた大企業ほどは充実していない。この類型の企業は比較的小さな企業が多いので、自前で教育訓練のカリキュラム等を豊富に設けるには限界がある。それでもこれらの企業では内部育成を基本方針としながら、長期にわたって人材を育成する努力がなされている。

採用については3社とも新卒中心で、それを内部で育成しようとしている。S社はほとんどが新卒の従業員であり、中途採用といっても30歳代前半までの若い人だけを対象としている。R社やT社も、中途採用は数年に一度行う程度で、やはり若い人が対象になっているという。各社とも自社独自の技術やノウハウを大事にしており、かつ得意先企業との間に形成される固有のノウハウなども多い企業である。いわゆる企業特殊知識や関係特殊知識[6]が企業の強みになるのであり、そのため自社内における人材育成が非常に重要になるのである。加えてこれらの企業は前節でみた類型に比べると小規模であるため、中途採用市場で必ずしも優位な立場に立てるわけではなく、優秀な経験者が確実に採用できるわけではないという。そのことも新卒採用が中心になる一因になっているらしい。

これらの企業では、新入社員研修、若手社員研修、中堅社員研修、管理職研修などの基本的な階層別教育を行うことによって、社会人、組織人としての基礎能力を高めようとしている。それに加えて各部門が起案する専門教育がいくつか行われている。前節の大企業であれば、そのための専門組織があり、教育プログラムも多数用意されるのであるが、これらの企業にはそこまでの余裕はない。そのため外部の教育機関に従業員を派遣して、セミナーなどを受講させるようにしている。また社内で技術者の成果発表会を開催することなどによって、従業員の学習意欲を高める工夫も行っている。

表6-4　R社の賃金制度の概要（イメージ）

能力評価の点数	等級	賃金
111〜170	3	××××××円〜 ○○○○○○円
71〜110	2	◇◇◇◇◇◇円〜 □□□□□□円
〜70	1	△△△△△△円〜 ○○○○○○円

出所：筆者作成。

　さて，これらの企業の人事考課や賃金の仕組みにはそれぞれ独自の工夫が行われている。R社では職能給が年功的にならないよう，能力評価と等級，賃金を直結させる仕組みを導入している。表6-4がその仕組みのイメージであるが，能力評価の点数ごとに等級と賃金が決められており，賃金は能力評価の点数と1点刻みで完全にリンクしている。そして，いわゆる定期昇給のような制度がない。

　通常の職能等級制度であれば，毎年標準評価であればいくらかの昇給が行われるのが一般的である。表6-5は，一般的な職能等級制度における昇給ルールを表わしたものであるが，人事考課の結果は何段階かの評価ランクに区分され，それごとに昇給号数が決められる。それを表6-6のような賃金テーブルに当てはめ，評価ランクで決められた号数を現在の号数に加えたものが昇給後の号数になり，それによって賃金が決まる。この仕組みでは標準的なB評価を取り続けても毎年2号分ずつ昇給することになるので，安定的で年功的な賃金になりやすい。無難に働き続ければ昇給し続けられる仕組みとなる可能性もある。

表6-5　職能等級制度における評価ランクと昇給号数の例

評価ランク	S	A	B（標準）	C	D
昇給号数	4	3	2	1	0

出所：筆者作成。

表6−6 職能等級制度の賃金テーブルの例

号数	2等級	3等級	4等級	5等級
0（初号）	200,000	230,000	266,000	306,000
1	202,200	232,600	269,000	309,400
2	204,400	235,200	272,000	312,800
3	206,600	237,800	275,000	316,200
4	208,800	240,400	278,000	319,600
5	211,000	243,000	281,000	323,000
6	213,200	245,600	284,000	326,400
7	215,400	248,200	287,000	329,800
8	217,600	250,800	290,000	333,200
9	219,800	253,400	293,000	336,600
10	222,000	256,000	296,000	340,000
11	224,200	258,600	299,000	343,400
12	226,400	261,200	302,000	346,800
13	228,600	263,800	305,000	350,200
14	230,800	266,400	308,000	353,600
15	233,000	269,000	311,000	357,000
16	235,200	271,600	314,000	360,400
17	237,400	274,200	317,000	363,800
18	239,600	276,800	320,000	367,200
19	241,800	279,400	323,000	370,600
20	244,000	282,000	326,000	374,000
21	246,200	284,600	329,000	377,400
22	248,400	287,200	332,000	380,800
23	250,600	289,800	335,000	384,200
24	252,800	292,400	338,000	387,600
25	255,000	295,000	341,000	391,000

出所：筆者作成。

　ところがR社の制度では，能力評価の点数が前年を上回らなければ昇給はないのであり，評価の点数が前年より1点でも低ければ減給となってしまう。R社では職能給の特徴といわれていた年功による自動的な昇給を廃することによって，より能力主義のHRMを追求しようとしているのである。ちなみにR社では大卒の従業員も大学院修了の従業員も初任給は同じである。そこから能力評価に応じ

て昇給させることによって、公正な競争を従業員に実感してもらおうとしているのである。

次にS社であるが、こちらでは曖昧な評価になりやすいという理由で能力評価や情意評価を廃止している。その結果、人事考課はすべてMBOで行うことになっている。しかし財務的な業績や数値だけの成果を問うのではなく、定性的な目標も立てて評価している。さらには結果がすべてにならないようにプロセス目標を立てるなどの工夫も行っている。その意味ではプロセスも含めた多様な視点から評価を行っているのであり、決して単純な業績や成果のみの評価ではない。前節でみた大企業同様、丁寧な評価をしようという意図がみられる。ただし賃金制度でおいては、定期昇給を完全に廃止してしまっている。S社の賃金制度は等級別・評価ランク別に金額が決められたものである。

表6-7 S社の昇給の仕組み（金額は実際のものではない）

	S	A	B（標準）	C	D
4等級	340,000円	315,000円	290,000円	270,000円	250,000円
3等級	290,000円	270,000円	250,000円	235,000円	220,000円
2等級	250,000円	235,000円	220,000円	210,000円	200,000円

出所：筆者作成。

表6-7はその仕組みを表わしたものであるが、賃金の改定は毎年のキャンセル方式となり、前年度の金額に昇給額が足されるようなものではない。前年より高い評価であれば金額は上がるし、前年度より低い評価であれば、例え標準以上の評価ランクであっても金額は下がるのである。S社ではこうした賃金管理を行うことによって、昇格するか前年より高い評価ランクを得ない限りは昇給がない制度を実現している。賃金制度だけに限ってみれば、前節の大企業に比べても成果主義的な傾向が強いものだといえるだろう。またT社でも、職能給レンジを明確に定めて昇格のない昇給を抑制したり、人事考課が標準より低い管理職に対してゼロ昇給やマイナス昇給を行って、年功的な賃金管理を防ぐなどの工夫を行っている。これらがこの類型の企業が、一般的な職能等級の企業と異なる点だといえるだろう。

最後に昇進管理についてみておきたい。R社やT社は小規模で平均年齢が若いためか、昇進速度やその格差がHRMの大きな課題になってはいない。実態をみ

てみると，R社では，係長相当に昇進する人が30歳前後で現れるなど，決して昇進が遅いというわけではないようだ。それに対してS社は他の2社に比べて規模も大きく，歴史も長いために既に多くの管理職がいる。現在の人事制度が導入されたのは2003年であるが，それ以前の標準的な昇進速度は，課長相当で40歳前後，部長相当で50歳前後であり，突出した者はほとんどいなかったという。それが現在はそれぞれ34～35歳，45歳前後と早期に昇進する者が現れてきており，昇進管理も競争的なものになってきたという。これらの事実をみても，ここでみた企業は職能等級制度を維持しているとしても，従来の年功的なHRMを続けているわけではないことがわかる。

第4節　非競争的なHRM

　最後に，非競争的なHRMの企業をみていきたい。ここに該当する企業はおおむね従来からある職能等級制度をそのまま維持しているといえる。
　U社は親会社であるUメーカー社（機械製造業）向けのシステム開発に従事している。また従業員の中には，システム開発だけでなくシステム運用に携わる技術者もかなりいる。次に，V社はVメーカー社（化学製造業）グループの企業であり，Vシステム社の子会社として，Vシステム社とともにVメーカーグループのためのシステム開発に従事している。ただし，すべての仕事がグループのためのものというわけではなく，売り上げの30％程度は，グループ外の企業向けの仕事から得ている。最後にW社は主に，マイコン，組み込みソフトウェアの開発や試験・評価などに従事しており，親会社は持たないものの，売り上げの60％程度を特定の電機メーカーグループの仕事から得ている。程度の差はあるものの，いずれの企業も売り上げの大半を特定の顧客が占めており，そこに貢献することが強く求められていることが特徴といえる。
　先述したようにこれらの企業の格付け制度はすべて職能等級制度である。U社は6等級構成で，その内の上位3等級がプロジェクト・マネジャーや管理職に相当する。V社は7等級構成で上位3等級が管理職，その一つ下の等級が技士と呼ばれる現場のリーダークラスに相当する。W社は9等級構成で上位3等級が管理職，その下の2等級がチームリーダーにあたる。前節でみた3社のように，昇格や賃金についての独自の仕組みもなく，オーソドックスな職能等級制度だといえる。

これらの企業の人材育成はこれまでの企業とやや異なっている。まず採用については，中途採用が多いことが特徴といえる。U社とW社がそれに該当する。U社はかつて新卒中心の採用をしていたのだが，近年は退職者が多く，ここ10年ほどでみると新卒採用者の40％近くが退職してしまっている。それを補填する必要もあることから中途採用を増やしている。W社も2分の1は中途採用である。組み込み系のソフトウェア企業では比較的退職者が多く，同社も3年以内に辞める人，10年程度で辞める人が相当数いるのだそうだ。それを埋め合わせるためにも，30歳代を中心とした中途採用が増えるのである。このことからわかるように，U社とW社の中途採用は，自ら意図したものというより，退職者を埋め合わせるものだといえる。中途採用を積極的に行うのは市場志向のHRMの特徴の一つなのであるが，この両社の中途採用はそうしたHRMの一環ではない。
　次に採用後の育成方法についてであるが，社内における教育訓練プログラムがそれほど多くなく，現場での指導や社外での研修が中心になっているのが特徴といえる。U社，W社においても，人材育成の中心は現場でのOJTである。そして必要に応じて，管理職研修に外部のコンサルタントなどを講師として呼んだり，外部機関の講習に従業員を派遣したりしている。これらの2社は比較的規模が小さいため，社内で多くの取り組みをするのは難しいのだと思われる。
　その中でV社だけは新卒中心の採用を行っている。退職者も少なく，それゆえ中途採用はあくまで例外的なことなのだという。そして採用後の社内の能力開発も充実している。V社の新入社員はほぼ全員が専門学校卒で，4年制の学科の卒業生も少数いる。入社後の新入社員教育は3カ月間であるが，その後の1年間，若手の先輩が相談役になってくれる。これはメンター制度のような取り組みだと思われるが[7]，終業後の時間も活用して相談や話し合いがもたれるのだという。またその後もV社の従業員は，親会社であるVシステム社と一緒の教育訓練を受けることが可能である。こうした充実した能力開発の制度が，V社の従業員の定着につながっているとも考えられる。
　次に賃金や人事考課の制度についてみてみたい。賃金については，全社とも職能給が基本給の中心になっている。人事考課に関していえば，U社はMBOを導入しているものの，それよりも能力評価の方が重視されており，職能等級制度らしい考課の仕組みを維持している。考課の結果についてもそれほど大きな個人差がつくわけではなく，賞与において一般職層では5％くらいしか差をつけていないという。したがって成果主義的な性格は弱いといえる。それはV社とW社も同

様で，MBOによく似た目標や課業を分担・共有するための仕組みはあるが，その目的は考課よりも能力開発のためとされているし，業績や成果の評価よりも能力評価や情意評価の方が重視されている。したがってV社での賞与の差もそれほど大きくない（一般職層で10万円程度，管理職層では50万円程度に上る）。またW社の賃金制度では，職能給の昇給は先にみた表6-5，表6-6のような仕組みで行われており，賞与の差も一般職で10〜15％程度，管理職でも20％程度とあまり大きくない。個人ごとの差が少ない，年功的な傾向がある賃金制度だといえる。これらのことから，これら三つの企業ではあまり成果主義的な考課や賃金は目指されていないと理解できる。ただし，業績賞与が導入されている（U社），役員の裁量で優秀な人に賞与加算金が与えられる（V社）といった若干のインセンティブも導入されている。

　最後に昇進についてである。こちらも大きな格差はみられない。V社では技師になるのが早くて30〜35歳ということなので，古くからある日本企業のゆっくりとした昇進に近い運用がなされていると思われる。一方U社では，かつてよりも昇進昇格の速さに差がつくようになったといわれているが，それでも課長相当に昇格する時に5年程度の差がつくだけである。ただし，女性部長や中途採用の管理職も存在しており，実力本位の昇進が増えつつあることがうかがい知れる。W社でも極端に早い昇進は少ないものの，近年はやや個人差がつくようになってきて，早い人は32歳くらいで上級のチームリーダー（エリアリーダー）になるのだという。このように，他の類型の企業ほど昇進の速さに差はみられないものの，従来よりは昇進昇格が競争的になりつつあるようである。

第5節　HRMの背景にある要因

　ここからは，これまで取りあげた10社における，HRMの背景にある要因について考察していく。まずIT技術者についてはコンサルタントにあったような，はっきりとした個人重視で競争的なHRMはみられなかったといえる。さらに本章でみた三つの類型の違いも，コンサルタントのものほど鮮明ではなかったといえる。全体的に，IT技術者のHRMは組織重視の傾向が強いようである。この点は大きな特徴として注意されるべきであろう。

　さて最初に，仕事の新奇性や独自性が高く，競争が厳しい場合に，個人重視の競争的なHRMになりやすいのではないかということについて検討する。インタ

ビュー結果をみると，新奇性や独自性の高い仕事が多くみられるのは，最初にみた組織と個人のバランスをとるHRM，あるいはプロセス重視の成果主義のHRMの企業と，二番目にみた能力主義を強化した企業においてだといえる。非競争的なHRMの企業では，仕事の多くが下流工程に限定されており，顧客，あるいは親会社の指示に従ってプログラミング等を行うことが多い。つまり自分たちで考えて仕様や要件を決めることがあまりないわけであり，仕事の難易度はそれほど高くないものと思われる。それに対し，能力主義を強化した企業では上流工程に関与することも多いし，自社独自の製品を作っている企業もある。その分仕事の内容は高度化し，自らアイディアを出すような機会も多いものと考えられる。さらに，個人と組織，競争と協働のバランスを取るHRMの企業では，その多くが大企業であることもあり，自ら上流工程を担当するのはもちろん，プロジェクトの規模も大きい。中には新奇性の高いプロジェクトもあるため，仕事の難易度はさらに高くなるといえる。このようにみると，仕事の難易度や新奇性が高い企業では，HRMが競争的になる傾向があることがわかる。ただし先述のように，今回調査したIT関連企業には，明らかに個人業績重視の企業は見当たらなかった。個人の業績に比例するような報酬制度もないし，極端に差がつく昇進競争もなかった。それを考慮すれば，仕事の新奇性や独自性によってIT技術者のHRMは競争的になるものの，それはある程度コントロールされた範囲のものであり，組織による協働を優先する中で行われている競争だとみることができるだろう。

　一方，競争の厳しさについては，インタビュー調査から何らかの傾向を読み解くことが難しかった。コンサルタントの場合と同じく，インタビュー回答者はすべて競争の激化を認識しており，企業間での差異を認識することができなかった。この点については，次章以降の課題である。

　二番目の分析視点は，仕事で使う知識に企業特殊性が高い場合に，組織的で協働的なHRMになりやすいのではないかというものであった。しかし，企業特殊知識が豊富か否かをインタビューで識別するのは困難なことであった。もちろん，独自の製品やシステムを開発しているO社，P社，Q社，S社等は，企業特殊知識が豊富であるという推察は可能である。そしてそれらの企業が，それぞれの形で組織重視のHRMを行っているとみることもできるだろう。ただ，そうした推察はできたとしても，それらの企業と他の企業との明確な差を特定できないため，ここでの推察はおおよそ確かなものとはいえないだろう。次章以降において詳しい分析や検討が必要だと思われる。

最後の分析視点は，仕事の新奇性や独自性，あるいは企業特殊性が低い仕事において，職務ベースのHRMや直接雇用ではない短期契約型の労働があるのではないかということである。これについては，非競争的なHRMの企業があてはまりやすいと思われる。もちろんこれらの企業の中にも，やや難易度の高い仕事をはじめ，多様な仕事があるのだが，他のHRMの企業と比較すると，顧客のオーダー通りに仕事をすることが多い。そしてそれらの企業のHRMが非競争的で，ともすれば短期雇用であることを考慮すると，やはり定型的な仕事のHRMは，Lepak and Snell（2003）でいうところの知識ベースのものにはなりにくいと考えられる。単純に職務ベースということはできないかもしれないが，年功的，あるいは短期的なHRMになりやすいようである。

　なおインタビュー調査を通じて，当初想定していなかった要因がある可能性がみえてきたといえる。その一つが前章でも取りあげた企業の規模であり，企業ブランド，あるいは知名度などである。やはり規模が大きい企業や有名な企業は制度の目的，内容を問わず，HRMの諸施策が充実している。おそらくそうした企業では人事部門が充実しており，色々な施策を行ううえで必要な経営資源も揃っているのだろう。企業の規模やブランドによって，HRMの選択肢も広くなり，各種の施策が充実するといえそうである。

　そしてもう一つの要因として考えられるのが，特定の顧客あるいは顧客企業との結びつきの強さである。IT企業の中には，親会社のためのシステム開発を行う企業や，売り上げの大半が特定企業からの受注による企業がいくつかみられた。特に比較的小規模な会社に多く，特定の顧客の要望に沿ったソフトウェア開発などが行われていた。そしてそうした企業では，非競争的なHRMが行われていたといえる。そのように考えると，やはりそれらの企業では主体的な創意工夫よりも確実な仕様の実現が重視されるために，あまり技術者が切磋琢磨して技術や知識を競うといったことが起こらず，したがって非競争的なHRMになりやすいと推察することが可能である。特定の顧客との強い結びつきや，安定的な取引きが，HRMを非競争的にしている可能性があるといえるだろう。もちろんこうした推察も，少ない事例に基づくものであるため，次章以降の調査も含めて検証を重ねる必要があるのはいうまでもない。

第6節　コンサルタント等とIT技術者との比較

　さてここで，インタビュー調査の結果をまとめるとともに，コンサルタント等の調査結果とIT技術者の調査結果の比較をしておく。

　インタビュー調査の一つ目の目的は，知識労働者のHRMの実態を，その多様性に着目して把握することであった。前章と本章による事例分析の結果，いくつかの類型のHRMが見出されたといえる。

　まずコンサルタント等については，個人重視の競争的なHRM，個人と組織，競争と協働のバランスをとるHRM，非競争的なHRM，人材群ごとのHRM，の四つが見出された。それに対しIT技術者では，個人と組織，競争と協働のバランスをとるHRM，能力主義を強化したHRM，非競争的なHRM，の三つが見出された。先行研究で議論されていたようなHRMがあることも確認できたし，本書が考えていたように，個人重視で競争的なものと，組織重視で協働的なもののバランスをとるHRMや，テクノロジストに向けてのHRMがあることがわかってきた。またバランスをとるHRMの内容も，個人・競争重視と組織・協働重視のどちらをベースにするかによって内容が異なることもわかってきている。さらに，SHRMで提示されていた人材アーキテクチャとよく似た考え方による人材群別のHRMがあることもわかってきた。日本企業における知識労働者の多様なHRMの実態と，その具体的な制度の内容が明らかになってきたといえるだろう。

　その中で，コンサルタント等の方がIT技術者よりも，個人重視で競争的な傾向が強いことが特徴的である。今回の事例ではIT技術者には個人や競争のみを強調するようなHRMは見当たらなかったといえる。また，HRMの多様性の程度もコンサルタント等の方が大きい。一つひとつの類型の違いも鮮明だといえそうだ。IT技術者の方が各々の類型の違いが小さく，古くから日本で普及していたHRMを踏襲しているような点も多くみられる。それらをみると，HRMの多様性はコンサルタント等を中心にみられるというようにも判断できる。もちろんIT技術者についても，先行研究でみたマイクロソフトのような企業もあるし，グーグル（Google）においても非常に個人の自律性を重視したHRMが行われている（Schmidt, Rosenberg and Eagle, 2014）。日米の労働市場の違いによって日本企業にはそうした特徴が弱くなるのかもしれないが，IT技術者に市場志向の競争的なHRMがないというわけではない。そのことには十分注意が必要であるが，

三輪（2011）によるキャリア研究においても，ソフトウェア技術者の方がコンサルタントよりも組織人的な傾向が強かった。それを考慮するならば，両者のHRMにある程度の差があることは十分に考えられる。それは次章以降のアンケート調査においても，分析を行ううえでの一つの注意点になるだろう。

　次に，インタビュー調査の二つ目の目的は，HRMの背景にある要因を探索することであった。当初用意していた分析視点は，①個人重視の競争的HRMが行われる背景として，知識労働者の仕事の新奇性や独自性，あるいはその企業が直面している競争の厳しさがあるのではないか，②組織重視で協働的なHRMが行われる背景として，仕事で使用する知識の企業特殊性があるのではないか，③仕事の新奇性や独自性，あるいは企業特殊性が低い仕事において，職務ベースのHRMや直接雇用ではない短期契約労働があるのではないか，という3点であった。そのうち①については，仕事の難易度が高く，新奇性あるいは独自性の強い企業の方が競争的なHRMになりやすい傾向がみてとれたといえる。ただし，個人重視になるかどうかをはっきり判断することができなかった。また競争の厳しさについては，あまり明確な傾向を見出すことはできなかった。ほとんどの企業が競争の厳しさを認識しており，それによる比較が難しかったといえる。次に②についても明確な差は見出しにくかったのであるが，自社の独自製品や独自技術の開発をしているIT企業の方が組織志向のHRMを行う傾向があるため，一定の関連性があることが推察される。しかしこれについても確かな論拠によって議論できるレベルにはないため，次章以降の分析が必要である。最後に③については，定型的な仕事の多い企業の方がHRMが非競争的になることがみてとれた。それに加えて，一部には短期契約のような形の労働になる例もみることができた。これらはテクノロジストに該当するような人材のHRMであり，プロフェッショナルを前提としたHRMとは大きく異なるものだと考えることが可能であろう。

　なお当初考えていた分析視点以外にも，HRMの多様化の背景になりえる要因というのが明らかになってきた。その一つが企業の規模やブランドである。規模が大きく，知名度，ブランドが高い企業ほど，様々なHRMの諸施策が充実する傾向がみてとれた。それは企業が持つ経営資源や人事部門のスタッフの充実度によるものだろう。また特定顧客との結びつきの強さも，HRMと何らかの関係があるように思える。それが強いIT企業では，あまり競争的ではないHRMが行われる傾向がみられた。もちろん，それらについても，もっと厳密な検証が必要である。これらの二つの要因についても，次章以降の分析において，引き続き取り

あげていくことにしたい。

第7節　知識労働者の定着，相互作用，キャリア志向

　さてインタビュー調査では，【研究課題2】に関わる，知識労働者の企業への定着，相互作用，キャリア発達などについても各企業の状況を聞いている。本章の最後にその結果を簡単にみておきたい。これらについては，第7章と第8章における知識労働者個人へのアンケート調査によって詳しい分析を行うわけであるが，その前にそれらについての企業側の認識や評価を聞いておくことも必要だと思われる。今回のインタビュー回答者は主に人事部門の責任者（マネジャー）であるが，企業への定着などについては，彼（彼女）らが企業全体の動向を把握しているので，有益な情報が得られる。またここでの結果をみることによって，後のアンケート調査におけるポイントが明らかになったり，結果の解釈がしやすくなることも期待できる。もちろん，インタビューで得られた情報の正確さや形式は一様ではない。例えば企業への定着については，年間の退職者（数，率）でそれを把握する企業もあるし，採用した人が数年後にどの程度定着しているかを重視している企業もあった。それゆえ決して共通の指標で定着の程度が比較できるわけではない。さらに，従業員の相互作用やキャリア発達（キャリア志向）についていえば，インタビュー回答者が観察した範囲での推論による回答でしかない。それゆえ正確性はそれほど高くないわけであるが，後のアンケート調査につながるものとして，参考になる情報だと思われる。

　ではその結果を順にみていこう。まず**表6-8**は，企業への定着に関する各企業のコメントをまとめたものである。インタビューでは，年間の退職者率や採用後5年経過した時の定着率などでの回答が得られている。

　表6-8をみると，組織を重視する企業の方が定着率が高いようにもみえる。しかしながらI社のように流動性の高い企業もあるし，個人重視のHRMの下でも，定着率が決して低くない企業がある（A社，B社，M社，D社）。それゆえ，組織重視であるかどうかだけで，従業員の定着率が決まるとはいいきれないようだ。むしろ，背景要因として注目した仕事の新奇性や独自性の方が定着に関係しているようにみえる。それが低い企業や人材群は短期雇用になる傾向があるようだ。それらのことから，従業員の組織への定着率には，組織重視のHRMだけでなく仕事の新奇性や独自性なども関係しているように推察できる。ただ，企業へ

表6-8　HRMの企業への定着

	企業への定着
個人重視の競争的なHRM＊	年間の離職率が4％弱（A社）。 新卒はあまり辞めない（B社）。 経営陣が変わると動く人も出てくる。最近は安定してきている（C社）。 会社に適応できない人20％が2年以内（教育期間）に辞める。その後はほとんど辞めない（M社）。
個人と組織、競争と協働のバランスをとるHRM	ほとんど辞めない（G社）。 勤続が伸びてきており、産休明けの復帰も目立つ（H社）。 20年で17人の同期が4人になった（I社）。 あまり辞めない（N社）。 年間の退職率は2％くらいでは（O社）。 辞める人は少ない。競合より処遇がいいのも原因ではないか（P社）。 大半が定着する（Q社）。
能力主義を強化したHRM	6割〜7割は残る（R社）。 ほぼ定着している（S社、T社）。
非競争的なHRM	辞める人も結構いる。定着策は今後の課題（K社）。 コンサルタントは5年後に80％以上残るが、士業だと40〜60％になる（L社）。 ここ10年は40％くらい辞めている（U社）。 1年に2人くらいしか辞めない（V社）。 中途採用は3年で3人が1人になる。新卒は2年以内に辞めるか続くか（W社）。
人材群ごとのHRM	平均勤続は20年を超える（D社）。 契約コンサルタントの勤続年数は市場で決まる（J社）。

＊E社、F社、は社歴が5年程度で、大半の人が入社して日が浅く、定着率を評価するのが難しい。
出所：筆者作成。

の定着については、単純に勤続期間が長い方が望ましく、短いのは望ましくないとはいえないであろう。ある程度定型化できる仕事や、それほど企業特殊知識が多くない仕事では、人材の入れ替えが行いやすいため、低い定着率が企業にとって大きな問題になるとは限らないのである。例えばL社は従業員の定着率があまり高くないが、企業業績は堅調であり、長く取引のある顧客企業も多数ある。またそこで働く士業従事者も、その多くがいずれは独立したり、他の職場に移るということを想定しながら働いている。そのため、彼（彼女）らの定着率が低いとしても、それが不満や働きにくさによるものではない場合も多い。またM社のように少数の人は早く辞めるが、残りの人は長く勤めるという企業もある。そのよ

表6-9　HRMと相互作用

	相互作用
個人重視の競争的なHRM	チーム内では活発，部門間ではなかなか難しいが，知識交流大会等を開いている（A社）。 困難な仕事をするうえで相互作用は必然（B社）。 社内でも社外でも活発（C社）。 チームワークはなかなか根付かない（E社）。 社内ではスター人材を中心とした「スクール」ができる。また青年会議所，ロータリークラブ，MDRT*など，社外の人的ネットワークづくりも活発である（M社）。
個人と組織，競争と協働のバランスをとるHRM	チーム内は活発だが，部門間は難しいので定期的に刺激している（G社，I社）。 社内でも社外でも活発（H社）。 職場単位での相互学習は活発（N社）。 チームは運命共同体（O社）。 チームワークについては評価が難しい（P社）。 一時減っていたが，社内勉強会などが復活してきた（Q社）。
能力主義を強化したHRM	意見が言いやすい自由さがある（R社）。 技術伝承を重視しているし，面倒見のいい先輩もいる（S社）。 日常的な教え合いはいいが，真剣なやり取りはまだまだ（T社）。
非競争的なHRM	職場では自然と教え合っている（K社）。 中核メンバーは熱心（L社）。 先輩社員は聞かれれば教えるが，濃密とまではいえない（U社）。 親会社の人と一緒に勉強できる（V社）。 3分の1くらいの人は相互学習している（W社）。
人材群ごとのHRM	専属コンサルタントやプロデューサーは自然に教え合っている（D社）。 OBも積極的に社内勉強会で交流している（J社）。

＊MDRTとはMillion Dollar Round Tableという，生命保険の営業業績が突出した人たちの国際的な円卓会議である。M社の高業績者にはそこに名を連ねる人がいるのである。
出所：筆者作成。

うな場合，早く辞める人の存在を必要以上に問題視するわけにはいかないだろう。さらにA社やG社，H社，M社などを退職した人が他のビジネスや，マスコミ，学術の分野で活躍するといったことは珍しくない。そうした人材を輩出することは企業にとっても有益なことであるし，本人にとってその企業は自分を育ててくれた母校のような存在になるだろう。そうしたことを考慮すれば，知識労働者の企業への定着を評価する際には，十分な注意が必要であることがわかる。単純に長く勤める人が多いかが問題なのではなく，その企業に一定期間以上勤務するこ

とが知識労働者にとって意義のあることなのか，また彼（彼女）らがその企業にやりがいや愛着を持って働くことができるのか，といったことが問題になるのだと思われる。

次に表6－9は，相互作用についてまとめたものである。インタビューでは，チーム内での交流や情報交換と，チームや部門を越えた相互作用について回答者の見解を聞いている。

相互作用については，明確な判断をすることが難しい。先行研究に則るならば，組織や協働を重視するHRMで相互作用が多くなると考えられるのだが，結果はそれほど単純ではなかった。全般的には各社それなりに相互作用をしているようだが，部門間の相互作用に問題があるとする企業もあるし，一部の人しか活発にしていないという意見もある。個人や競争を重視する企業の中にも，E社のようになかなかチームワークが根付かないとする企業がある一方で，J社のように個人事業主であるはずのコンサルタントが活発に交流をする企業もある。それゆえ，はっきりした傾向があるようには思えない。ただ，仕事の新奇性や難易度が高い企業において，活発な相互作用が強調される例が多かった。例えばB社の事例をみると，困難な仕事をするうえでは相互に学び合うことが不可欠になり，成果を強く求めるHRMの下でも，従業員同士が協力して切磋琢磨するようである。またH社では，「競い合い学び合える同僚がいることが，この会社の魅力」との意見も聞けたことから，難易度が高い仕事の下では，競争的なHRMが相互作用を阻害するのではなく，促進することもあることが推察される。

最後に表6－10は，キャリア志向についてまとめたものである。第2章でみたように，知識労働者のキャリア発達において，キャリア志向が非常に重要なものになっている。それゆえインタビューでは，主に30歳以上の従業員を念頭に，どのようなキャリア志向が強いのかを聞いている。

キャリア志向については三輪（2011）に則り，管理職志向，専門職志向，社会貢献志向，自律志向がどの程度強くみられるかを聞いてみた。特に三輪（2011）において，成果の高い知識労働者は専門職志向だけでなく，管理職志向や社会貢献志向が強いことが明らかになっているので，それらの強い従業員がどの程度いるのかについて詳しく聞いている。その結果，多くの企業において，やはり専門職志向は全般的に強いと認識されているようであった。そして管理職志向や社会貢献志向については，企業によって回答がかなり異なる結果となった。具体的にいうと，仕事の新奇性や難易度が高く，競争的なHRMを行う企業の方が，それ

表6-10　HRMとキャリア志向

	キャリア志向
個人重視の競争的なHRM	マネジメントへの志向は強い（B社）。 自律や社会貢献の志向が強い（C社，F社）。 管理職志向については個人差が大きい（A社，E社）。 単純な管理職志向ではないが，企業家的志向が強い人が多く，経営とかビジネスへの関心はとても強い（M社）。
個人と組織，競争と協働のバランスをとるHRM	マネジメントを目指す人は多いが，それ以外の人もいる（G社，H社）。 管理職志望とエキスパート志望に分かれる（I社）。 マネジメントを目指す人は多いが，個人差も大きい（N社） 専門性のみでは昇進させないので，マネジメントに関心が強いのではないか（O社）。 管理職志向が強い人はそんなに多くない（P社）。 基本的に管理職志向（Q社）。
能力主義を強化したHRM	30歳以降は管理職志向が強い（R社）。 管理職志望と専門職志望に分かれる（S社）。 中堅以上で管理職志向が強いのは半数くらいでは（T社）。
非競争的なHRM	若い人は管理職志向は弱いのではないか（K社）。 コンサルタントはマネジメントに興味があるが，士業では専門職志向が強い（L社）。 職人気質の人が多い。組織人タイプは10％くらい（U社）。 マネジメントに関する意識は弱い（V社）。 専門職になりやすい（W社）。
人材群ごとのHRM	社会貢献志向が強い（D社，J社）。

出所：筆者作成。

らが強いようなのである。インタビューの前には，組織重視のHRMの企業の方が管理職志向が強いと予測していたのだが，必ずしもそのような結果にはならなかった。IT技術者に限定した場合でも，競争的なHRMの企業において，管理職志向が強いように思われる。これらの企業では仕事の難易度が高いといえるのだが，困難な仕事や厳しい環境が働く人の意識に働きかけ，組織の成果やチームのマネジメントに責任感を持たせるのかもしれない。またそれに該当する，組織と個人のバランスをとるHRMや，能力主義を強化したHRMの企業の方が，上流工程の仕事に深く関わっていることも，IT技術者の管理職志向を高める原因になっていると推察できる。反対に非競争的な企業では，専門職志向のみが強いようである。もしかしたらこれらの企業では，自律的に製品やシステムを考える機会が少ないので，何らかのマネジメントに参加するとか，あるいは意思決定すると

いった意識が弱くなるのかもしれない。顧客あるいは親会社の要望を忠実に実現する職人気質のようなものが強くなれば，管理職志向は強くならないことも考えられる。

　まとめるならば，困難な仕事や厳しい環境が働く人の意識に働きかけ，組織の成果や社会貢献に関心や責任感を持たせていると推察することができる。特に，個人別の業績が厳しく評価される企業においても，管理職志向や社会貢献志向が強くなることは注目に値するだろう。HRMが個人別の業績を重視すると，知識労働者が個人主義になり，組織やチームへの関心が弱くなることが，多くの先行研究で懸念されていた。しかし，インタビューでは反対の結果がみられたとも考えられる。このことは，第7章と第8章の分析において，重要なポイントになるものと思われる。

●注

1　本章の分析結果の一部は，三輪（2014a）においても紹介している。
2　数社に対しては複数回のインタビューを行っている。
3　能力による格付けは降格が起こりにくく，また昇格についても必ず上位の職務や役割につくことが条件とされない。そのため，本人の成長が認められればポストに関係なく昇格できるわけで，より人材育成を重視した格付けということができる。
4　各企業のインタビュー回答者の見解では，課長登用については成果主義を導入する前に比べ，若干早く上がる人が出てきた程度だが，部長登用については明らかに早く上がる人や，年齢の逆転現象が目立つようになってきたという。
5　例えば，上位等級の昇格審査を受ける要件として，①現在の等級での最低対流年数4年，②過去の人事考課で標準より上のランクを1回，あるいは2回とっている，③直前の人事考課は標準以上である，④所定の教育研修や通信教育を受講している，⑤上司の推薦がある，などが定められる場合が多い。
6　浅沼（1997）は，特定の顧客との長期取引により，その顧客との間に固有の知識が形成されることを指摘している。顧客が望む設計，顧客が大事にしている品質基準，顧客独自の技術特性などがそれに含まれるのだが，それは取引を繰り返すことによる経験の蓄積でしか習得できないものである。
7　メンター（mentor）とは，「より経験を積んだ年長者」（Kram, 1988）であり，若年者や経験の少ない者が仕事やそれに関連することを学ぶのを支援する役割を担う。新入社員や新人管理職にメンターをつけることで，彼（彼女）らが組織や仕事になじみ，仕事に必要な能力やスキルの体得を円滑にしようとするのがメンター制度であるが，それを導入している企業が増えている。

第7章
HRMの多様性に関する
アンケート調査の分析結果

第1節　はじめに

　第5章と第6章において，インタビュー調査の結果についてみてきた。知識労働者のHRMの多様性とその背景にある要因が，徐々に明らかになってきたといえる。それに続いて本章と次章では，アンケート調査の結果についてみていく。
　アンケート調査の目的，あるいは利点は大きく分けて二つある。一つは企業側の視点ではなく，そこで働く知識労働者の視点によってHRMの分析を行うことである。インタビュー調査はHRMの諸制度の内容を詳しくみるために，企業の人事部門，あるいは事業部門のマネジャーに対して行っている。そのため，調査結果として明らかになったことはHRMにおける企業側の意図であり，評価であるということができる。もちろんそれを知ることも重要なのであるが，HRMをはじめとするマネジメントの諸施策に関して，企業側の意図と働く人々の受け取り方が異なるということは，十分にあり得ることである。したがって，HRMの内容やそれに関する要因をできるだけ正確に知ろうとするならば，双方からの情報を得ることが望ましい。本書におけるアンケート調査は企業の人事部門ではなく，働く個人に対して行っているため，知識労働者側の情報を得ることができるのである。
　もう一つの利点は，アンケート調査では変数間の因果関係の分析や，グループ間の平均点の比較が厳密に行えるということである。インタビュー調査においても，HRMのタイプ別に背景にある要因や知識労働者の意識と行動を比較してみた。そこではインタビュー回答者の見解をもとに一定の傾向を見出すことはできたが，それらが確認されたとまでは言い難い。それらを厳密に検証するためには統計分析で行うような手法が有効になってくる。多くのサンプルを扱うアンケート調査は，そうした分析が可能である。そこでの分析結果と，インタビュー調査の結果を照合することによって，より正確な議論を行うことが可能になる。

本章ではまず【研究課題1】に関する分析を行う。【研究課題1】は,「知識労働者のHRMの実態について,特にどのような多様性があるのかという観点から明らかにする」ということであった。HRMの施策に関する特性と,その背景にある要因に関するデータを分析し,それらの関係を明らかにしていく。

第2節　基本的な分析枠組みと調査の概要

1　基本的な分析枠組み

まず,基本的な分析枠組みを提示したい。本書ではHRMの諸施策の中でも,雇用管理,人材育成,昇進・昇格,評価,報酬管理などに注目している。そしてそれらが個人重視で競争的なものなのか,あるいは組織重視で協働的なものなのか,またはその他の特性を持っているのか,などを議論している。それに加えて,そうしたHRMの違いが現れる背景として,仕事の新奇性や難しさ,企業特殊知識の多さ,競争の厳しさ,さらには企業の規模やブランド,特定顧客との結びつきなどがあると考えている。HRMの違いが明らかになり,その違いと背景にある要因との関係が明らかになれば,研究の目的が達せられることになる。

それに従って本章では,二つの分析枠組みを採用することにした。

まず一つ目の分析枠組みは,インタビューでみたようなHRMの類型を見出すことと,その類型ごとの背景にある要因を明らかにすることである(図7-1参照)。第一ステップとして,アンケート調査で各企業のHRMの施策の特性を測定したうえで,その特性をクラスター分析してサンプルをいくつかの類型に分類する。その類型におけるHRMの特性を比較すれば,それぞれの類型の内容がよく理解でき,インタビュー調査の結果が妥当であったかを検証することもできる。そして第二ステップで,それぞれの類型においてどのような要因が背景にあるかを比較すれば,【研究課題1】の目的を達することができる。第3章のSHRMの先行研究において,HRMの個々の施策だけでなく,施策間の整合性,すなわち束としてのHRMが重視されていたが[1],分析枠組み1は,そうした束としてのHRMの内容や,その背景を知ることを目的としたものである。クラスター分析で導出された類型ごとに,仕事の新奇性や企業特殊知識に関するデータの平均点を比較すれば(分散分析),そこに有意な差が存在しているかどうかが明らかになる。そうすれば,どのような類型のHRMがどのような要因によって成立しているかを理解することができるだろう。これが分析枠組み1である。

図7－1　HRMの多様性に関する分析枠組み1

- ◆第一ステップ
  HRMの施策の特性の
  クラスター分析
  ⇒類型化

- ◆第二ステップ
  （類型別の平均点比較）
  背景にある要因
  ● 仕事の難易度，新奇性
  ● 企業特殊知識の豊富さ
  ● 競争の厳しさ
  ● 企業の規模，ブランド
  ● 顧客との結びつき

　それに加えて本書では，もう一つの分析枠組みを設定する。SHRMにおいても，HRMを類型として論じる方法の他に，個々のHRMの施策の効果を論じるものがあった。どのような特性を持つ施策が，どんな効果を持つかという検証である[2]。通常，このような分析は，変数間の因果関係を明らかにする重回帰分析などによって行われる。本書は個々の施策を論じることを重視しているわけではないが，これらの分析方法を併用することによって，分析枠組み1で得られた結果をより厳密に検証することが可能になるものと思われる。それゆえ，本書においてもこうした分析を取り入れてみたい。ここでの研究課題に照らすならば，HRMの施策の特性を結果（従属変数）とみなし，背景にある要因を原因（独立変数）とみなした分析を行うことになる。もう少し詳しく言うならば，例えば雇用管理においてどの程度新卒が重視され，あるいはどの程度中途採用が活用されているのかが測定され，それらが背景要因である競争の厳しさや仕事の新奇性などに，どの程度影響されているかを分析するのである。一つひとつのHRMの施策の特性と，

図7－2　HRMの多様性に関する分析枠組み2

- （独立変数）
  背景にある要因
  ● 仕事の難易度，新奇性
  ● 企業特殊知識の豊富さ
  ● 競争の厳しさ
  ● 企業の規模，ブランド
  ● 顧客との結びつき

- （従属変数）
  HRMの施策の特性
  ● 雇用管理
  ● 人材育成
  ● 昇進・昇格
  ● 評価
  ● 報酬管理

背景要因との因果関係が明らかにされることになる。そこで統計的に有意な結果が得られれば、HRMとその背景にある要因についての厳密な検証が可能になるだろう。その分析枠組みは、**図7-2**のように表わされる。こうした二つの分析を併用することによって、より充実した考察が可能になるものと思われる。

2　調査の概要

次に、今回の調査の概要を紹介する[3]。調査は2013年10月から2014年1月に実施され、18社から520名の知識労働者の協力が得られている（**表7-1**参照）。企業規模や事業内容、職種等が極端に偏らないように注意して調査を行った。職種別にみるとIT技術者が275名、各種コンサルタント168名、金融・保険の専門職他77名であった。第5章と第6章で取りあげた企業と同じ企業も含まれているが、それ以外の企業もある。混同を避けるために企業の識別をアルファベットを使った仮称によってではなく、番号で行っている。

表7-1　調査協力企業の概要

企業No.	主要事業	企業規模
1	インターネット事業	100～299名
2	システム開発	100～299名
3	機械製造業	5,000名超
4	ITサービス、IT基盤開発	3,000～4,999名
5	マイコン、システム開発	100～299名
6	マイコン、システム開発	30～99名
7	インターネット関連サービス	100～299名
8	マイコン、システム開発	30～99名
9	経営コンサルティング	1,000～2,999名
10	情報・広告サービス	1,000～2,999名
11	シンクタンク（コンサルティング、調査）	300～999名
12	経営コンサルティング	100～299名
13	経営コンサルティング	100～299名
14	広告・マーケティング企画他	100～299名
15	会計・法律関連サービス	30～99名
16	経営コンサルティング	100～299名
17	生命保険	5,000名超
18	金融・投資	300～999名

少し詳しく回答者の属性をみていきたい。まず表7-2は年齢構成を示したものである。30歳代が最も多く，20歳代後半から40歳代までが中心となった構成である。40歳代はIT技術者の方がコンサルタント他よりもやや多いが，コンサルタント他には60歳以上の人も少なからずいることが特徴になっている。また表7-3は性別の構成であるが，男性の方がかなり多くなっている。若干ではあるがコンサルタント他の方が女性の比率が高い。

表7-2　回答者の年齢構成

年齢区分	IT技術者		コンサルタント他		合計	
20-24歳	10	3.6%	4	1.6%	14	2.7%
25-29歳	40	14.5%	29	11.8%	69	13.3%
30-34歳	55	20.0%	52	21.2%	107	20.6%
35-39歳	57	20.7%	44	18.0%	101	19.4%
40-44歳	41	14.9%	30	12.2%	71	13.7%
45-49歳	35	12.7%	23	9.4%	58	11.2%
50-54歳	25	9.1%	14	5.7%	39	7.5%
55-59歳	6	2.2%	13	5.3%	19	3.7%
60歳以上	2	0.7%	34	13.9%	36	6.9%
不明	4	1.5%	2	0.8%	6	1.2%
合計	275	100.0%	245	100.0%	520	100.0%

表7-3　回答者の性別の構成

性別	IT技術者		コンサルタント他		合計	
男性	253	92.0%	208	84.9%	461	88.7%
女性	20	7.3%	34	13.9%	54	10.4%
不明	2	0.7%	3	1.2%	5	1.0%
合計	275	100.0%	245	100.0%	520	100.0%

次に表7-4は最終学歴をまとめたものである。IT技術者もコンサルタント他も大学卒が中心になっているが，コンサルタント他の方がやや修士や博士の比率が高い。反対にIT技術者では高校卒，短大・高専・専門学校卒の比率が高くなっている。

表7−4　回答者の学歴構成

学歴	IT技術者		コンサルタント他		合計	
高校卒	39	14.2%	10	4.1%	49	9.4%
短大・高専・専門学校卒	69	25.1%	9	3.7%	78	15.0%
大学卒	140	50.9%	170	69.4%	310	59.6%
修士	25	9.1%	52	21.2%	77	14.8%
博士	0	0.0%	3	1.2%	3	0.6%
不明	2	0.7%	1	0.4%	3	0.6%
合計	275	100.0%	245	100.0%	520	100.0%

　表7−5は回答者が勤務する企業の規模をまとめたものである。100人から299人の企業が最も多く，70％程度の人が1,000人未満の企業に勤務している。一般に，コンサルティング・ファームやソフトウェア開発企業は製造業ほど大規模にはなりにくい。そのため，こうした構成になっているものと思われる。職種別にみた場合の大きな差異はないようだ。

表7−5　回答者の勤務する企業の規模

企業規模	IT技術者		コンサルタント他		合計	
10人未満	6	2.2%	6	2.4%	12	2.3%
10人〜29人	2	0.7%	5	2.0%	7	1.3%
30人〜99人	51	18.5%	29	11.8%	80	15.4%
100人〜299人	139	50.5%	86	35.1%	225	43.3%
300人〜999人	3	1.1%	36	14.7%	39	7.5%
1,000人〜2,999人	30	10.9%	40	16.3%	70	13.5%
3,000人〜4,999人	5	1.8%	2	0.8%	7	1.3%
5,000人以上	39	14.2%	41	16.7%	80	15.4%
合計	275	100.0%	245	100.0%	520	100.0%

　最後に，表7−6には回答者の職位がまとめられている。40％弱が一般のチームメンバーであり，同じくらいの比率でチームリーダーをしている人がいる。そして20パーセントを少し超える程度の人が管理職，あるいは経営者に該当する人

第7章 HRMの多様性に関するアンケート調査の分析結果 193

表7-6 回答者の職位の状況

職位	IT技術者		コンサルタント他		合計	
一般のチームメンバー	113	41.1%	88	35.9%	201	38.7%
小さなチームなど，状況に応じてリーダーになる職位（資格）。	44	16.0%	47	19.2%	91	17.5%
基本的には常にチームのリーダーとしての責任を担う職位（資格）。	54	19.6%	45	18.4%	99	19.0%
課相当の組織の業績や管理に責任を負う職位。	34	12.4%	23	9.4%	57	11.0%
部相当の組織の業績や管理に責任を負う職位。	13	4.7%	10	4.1%	23	4.4%
管理職と同等の専門職	10	3.6%	13	5.3%	23	4.4%
経営者，役員，パートナーなど全社経営に関与する職位。	7	2.5%	16	6.5%	23	4.4%
不明	0	0.0%	3	1.2%	3	0.6%
合計	275	100.0%	245	100.0%	520	100.0%

たちである。IT技術者の方がやや一般のメンバーの比率が高いが，極端な職種別の差はないといえるだろう。

第3節　HRMと背景にある要因の詳細
——分析枠組みの次元構成

ここからは分析における主要な概念の因子分析結果をみることを通じて，分析枠組みの次元構成と，それらに含まれる具体的な調査項目の内容を確認していきたい。

まずはHRMについてである。先行研究では，①プロフェッショナルを前提とするか組織人を前提とするか，②市場志向のもの（競争的で外部労働市場を重視する）であるか組織志向（内部での人材育成や人材登用を重視する）のものであるか，③有能な個人の採用や保持（ヒューマン・キャピタル・アドバンテージ）を重視するか優れたチーム，組織づくり（ヒューマン・プロセス・アドバンテージ）を重視するか，ということが論点となっていた。そして本書では，プロセス

重視の成果主義のような日本独自のHRMや，テクノロジストのためのHRMを含めて，日本の知識集約型企業においてどのような多様性がみられるのかを明らかにしようとしている。その目的を達するためには，まず上記の論点に対応するようなHRMの諸施策に関する質問票を作成し，回答企業の実際の施策がどの程度それに当てはまっているのかを調査する必要がある。そしてその回答状況を分析することによって，HRMの多様性を解明することができる。アンケート調査ではその目的に基づいて様々なHRMの施策についての質問項目が設定された。**表7-7**は，その因子分析の結果である。ここで得られた因子が，後の分析に使用される変数となる。順に因子の内容等についてみていきたい。なお，調査票の質問は，それぞれの項目に対して，1．全くあてはまらない，から5．非常にあてはまる，までの5点尺度で回答する形式であった。

表7-7 HRMについての因子分析結果（主因子法，プロマックス回転後）

因子	1	2	3	4	5	6	7
固有値	6.309	3.416	1.679	1.621	1.359	1.314	1.138
α	0.834	0.753	0.784	0.706	0.605	0.549	0.654
将来の幹部，中核人材を早期に選抜して育てる制度がある	.738						
社内の人材育成の制度や施策が充実している	.769						
会社が主導して行うジョブ・ローテーションがある	.643						
レベルの高い研修プログラムが用意されている	.705						
定期的に自分のキャリアや適性を考える研修やセミナーなどがある	.724						
自分の専門能力やスキルを判定，格付けする制度や仕組みがある	.403						
上司やメンターが定期的に能力開発やキャリア開発の相談に乗ってくれる	.506						
個人の業績，目標達成度が厳しく評価される		.705					
売上，利益，生産性などの業績が個人別に管理されている		.721					
個人の業績や成果の数値に連動するような形で報酬が決められる		.762					

第7章　HRMの多様性に関するアンケート調査の分析結果　◆195

項目	1	2	3	4	5	6	7
業績次第では報酬が大きく下がることもありえる	.539						
先進的な仕事や創造的な仕事をした人が認められる		.864					
新しい仕事を提案し，挑戦することが高く評価される		.940					
優れた提案，企画，研究，技術開発，メソッド開発などが承認されたり，表彰されたりする。		.475					
有能な人であれば中途採用も積極的である				.734			
スカウトや中途採用された人が重要なポストにつくことがある				.659			
役職につかなくても能力を高めることによって高く処遇される（資格等級など）					.545		
経験やスキルの蓄積で昇給や昇進昇格が可能である					.617		
新卒採用が大半を占めている						.696	
マネジャーになる人は内部昇進の人が多い						.606	
仕事のプロセスや能力の発揮・向上を重視した評価がされる							.428
チーム，部門の業績が評価される							.538
定性的な目標項目を含めて多様な評価の視点がある							.616
年功的な昇給がある							
昇進や昇格のスピードにかなりの差がある							
個人の自由な働き方が認められている							
世の中全体の相場よりも賃金水準が高い							
学力や知識だけでなく人柄などを重視して採用を決めている							
平均点	2.777	3.408	3.481	3.808	3.108	3.143	3.443
標準偏差	.779	.810	.826	.883	.909	1.022	.717
因子の相関	1.000						
	.243	1.000					
	.459	.326	1.000				
	.073	.437	.341	1.000			
	.370	.132	.281	.088	1.000		
	-.019	-.419	-.216	-.262	.088	1.000	
	.498	.091	.369	-.006	.350	.110	1.000

七つの因子が抽出されている[4]。第1因子は人材育成のための施策や教育訓練の充実に関する質問項目から成っている。O'Reily and Pfeffer（2000）によるSASインスティテュートの事例では，非常に多くの教育訓練が社内で行われていたが，それらの先行研究に則って設定された質問項目である。またスキルの格付け制度やキャリア研修，メンター制度などの質問項目は，インタビュー調査における企業の実例に基づいて設定された。この因子は人材育成と名づけることができるだろう。それに対し第2因子は個人の業績や目標達成度に対する評価，ならびにそれに基づいた報酬制度に関する質問項目から成っている。Cusumano and Selby（1995）によるマイクロソフトの事例や，パートナーシップ制のコンサルティング・ファームの事例（Dickmann, Graubner and Richer, 2006）ではこのような施策が顕著であった。もちろん，インタビュー調査においても同様の例がみられた。この因子は個人成果重視と名づけられるだろう。前者が組織志向のHRM，あるいはヒューマン・プロセス・アドバンテージを追求するHRMで強調されるものであるといえる。そして後者は特に成果主義や市場志向，あるいはヒューマン・キャピタル・アドバンテージに関わりの強いものだと思われる。

続く第3因子は，新しい提案や創造性を評価することに関する質問項目から成っている。この因子は提案・創造重視と名づけられるだろう。Maister（1993）でいう頭脳型の仕事においては，新しいことに取り組み，独自の提案をすることが重要になるはずである。そうしたことがどの程度重視されるかに関する因子だといえる。また，中村・石田（2005）や，佐藤（2007）において，成果主義を導入した日本企業の多くが，財務業績などの数値目標だけでなく，質的成果を求める目標を設定していることが明らかにされていたが，この因子で問われている成果も，そうした成果の一つだと考えられる。その意味でこの因子は，丁寧な成果主義に関わるものだともいえるだろう[5]。

続く第4因子は中途採用やスカウトに関する質問項目から成っている。先にみたパートナーシップ制のコンサルティング・ファームや，Thite（2004）やJacoby（2005）が論じた市場志向のHRMの特性だといえる。同時に，ヒューマン・キャピタル・アドバンテージを重視したHRMの要素だともいえる。この因子は外部労働市場活用と名づけられるだろう。インタビュー調査では一部のコンサルティング・ファームにこのような特性がみられた。また第5因子は能力や熟練による昇格に関する質問項目から成っている。これらの施策は，従来の日本の人事制度である職能等級制度でもよくみられるものであった[6]。インタビュー調査ではこ

うした施策を今でも維持している企業がみられたため，それに関する質問項目が用意されたのであるが，それが因子として抽出されたわけである。この因子は能力主義と名づけられるだろう。

そして第6因子は新卒採用や内部昇進に関する質問項目から成っている。これは従来の日本企業の大きな特徴であり，Jacoby（2005）が論じた組織志向のHRM，そしてヒューマン・プロセス・アドバンテージを追求するHRMの特徴ともいえる。内部人材登用と名づけられるだろう。インタビューでもこのような施策を重視している企業が多くみられた。最後に第7因子はプロセスやチーム業績の評価に関する質問項目から成っている。第4章の成果主義に関する先行研究レビューにおいて，中村・石田（2005），あるいは中村（2006, 2007）によって日本企業の成果主義がプロセス重視の成果主義であることが明らかにされていた。この因子の施策はそれに該当するものであり，プロセス・チーム評価と呼ぶことができるだろう。インタビュー調査において，個人と組織，競争と協働のバランスをとるHRMを行う企業があったが，それらの企業ではこうした施策が行われていたといえるだろう。アンケート調査においても，多くの企業がこうした施策を行っていると予測される。

以上，HRMの特性を表わす因子として，七つの因子が抽出されたわけであるが，これらをHRMに関する変数としたうえで，次に取り上げる背景要因の変数との関係が分析される。またこれらの変数のどれが強く現れるかによって，HRMをいくつかの類型に分類し，それごとに背景要因が比較されることになる。表7－7には各因子の平均点と標準偏差も表わしているのだが，それをみると人材育成や能力主義，内部人材登用の点数が低いことがわかる。それに対し高くなっているのは外部労働市場の活用である。全体としてみるならば知識労働者のHRMは市場志向になりやすいのかもしれない。

では，そのHRMの背景となる要因についても，因子分析結果をみていきたい。先行研究のレビューとインタビュー調査を通じて，HRMの背景にある要因として，いくつかのものを取りあげてきた。それらは大別すると知識労働者の仕事の特性に関するものと，彼（彼女）らの所属する組織に関するものといえる。前者でいえば仕事の新奇性や難しさ，企業特殊知識の多さ，顧客との結びつきである。そして後者でいえば，企業の規模やブランド，さらには競争の厳しさであった。それゆえ，アンケート調査ではそれに基づいた質問項目が用意されている。以下はその因子分析の結果であるが，まず**表7－8**は仕事の特性に関する因子分析の

表7-8 仕事の特性の因子分析結果（主因子法，プロマックス回転後）

因子	1	2	3
固有値	2.717	1.721	1.407
α	0.742	0.743	0.635
自社の独自技術や独特のノウハウをよく使う	.731		
社内のメンバーに共有された仕事のプロセス，進め方がある	.520		
他社にはないツールやメソッドがある	.890		
プロジェクトや案件の度に新しいノウハウや考え方が必要になる		.627	
先進的で不確実性の高い仕事である		.777	
独自性のある提案をすることが仕事上強く求められる		.645	
特定の顧客，ユーザーとの結びつきが強い			.568
顧客，ユーザーの要望に忠実であることが求められる			.648
仕事の内容は顧客やユーザーが明確に指定する			.621
仕事の内容（仕様や最終的な成果の形）が途中で変わることがある			
平均点	3.681	3.468	3.486
標準偏差	.868	.816	.792
因子の相関	1.000		
	.424	1.000	
	.199	.115	1.000

結果である。調査票の質問は，それぞれの項目に対して，1．全くあてはまらない，から5．非常にあてはまる，までの5点尺度で回答する形式であった。それは**表7-9**においても同様である。

第1因子は自社独自のノウハウやメソッドに関する項目から成っている。チームで仕事をすることの多い知識労働者にあてはまるものであるし，Cusumano (1991) が示した組織に蓄積された知識の再利用を行う知識労働者には，特に該当するものだと思われる。またMaister (1993) においても，組織に蓄積された知識を応用する知識労働が論じられていた。この因子は知識の企業特殊性と名づけられるだろう。次に第2因子は仕事の難しさ，特に先進性や独自性に関わる項目から成っている。Maister (1993) やDavenport (2005) が強調していたものであり，インタビュー調査においても，HRMの背景にあると推察されたもので

表7−9　組織の特性の因子分析結果（主因子法，プロマックス回転後）

因子	1	2
固有値	1.843	1.626
α	0.822	0.603
自社は業界でもネームバリューがある会社である	.759	
自社は同業他社からも高く評価されている	.936	
同業他社との競争が厳しい		.689
自社の顧客，市場が他社に奪われてもおかしくない		.693
新しい競争相手が参入してくる可能性がある		.415
平均点	3.300	3.943
標準偏差	.965	.718
因子の相関	1.000	
	.086	1.000

ある。仕事の難しさの中でも，今回の因子分析では特に先進性や独自性が抽出されたといえる。したがってこの因子は先進・独自性と呼ぶことができるだろう。そして第3因子は顧客の要望への対応等に関する質問項目から成っている。インタビュー調査において，親会社や特定の顧客からの受注が大半を占める企業が一定数いたことから，これらの質問項目は設けられた。この因子は顧客との結びつきと名づけたい。インタビュー調査では非競争的なHRMを行う企業がこのような背景を持っていたのだが，そうしたことが後の分析で検証されることになる。

次に表7−9は組織の特性に関する因子分析の結果である。二つの因子が抽出されている。まず第1因子は企業のネームバリューや社会的評価に関する質問項目から成っている。インタビュー調査では，こうした特性が強い企業では，競争的な評価や報酬の仕組みがあることもみてとれたし，人材育成施策が豊富にあることもみてとれた。それらの企業ではHRMの選択肢が多くなり，諸施策が充実すると考えられたのである。例えば優秀な人を外部からスカウトするようなHRMは，かなり知名度の高い企業でないと不可能であろう。インタビュー調査においても，大企業や高度な仕事をしている企業において中途採用が活発であった。無名の企業では外部労働市場で競争力を持つことは難しい。そう考えれば企業ブランドが高いかどうかによって，企業の取りえるHRMが変わってくると思われる。この因子と，先にみたHRMの因子との関係をみることにより，そうし

たことが検証されることになる。この因子は企業ブランドと名づけることにしたい。

それに対し第2因子は他社との競争に関する質問項目から成っている。先行研究において、知識社会の進展とともに企業競争が激化し、それにともなって市場志向のHRMが増加することが論じられていた（Thite, 2004）。日本でも1990年代の後半以降、HRMの成果主義化が進んでいるのだが、厳しい競争下にある企業の場合、成果主義のHRMが重視されやすいものと思われる。競争に勝ち抜くために、知識労働者に高い成果をあげることを強く意識させる必要があるからである。この因子は競争の厳しさと名づけることができるだろう。以降の分析では、これら5つの因子をHRMの背景にある要因の変数としたうえで、それらとHRMとの関わりが分析されることになる。なお、背景要因についても各因子の全体の平均点と標準偏差を示してあるが、その中では競争の厳しさの点数が非常に高くなっている。やはり多くの知識労働者が厳しい競争を認識しているようである。

第4節　HRMの類型別の分析

さて、分析枠組み1に則った分析を進めていきたい。まず多様なHRMの実態を把握するための分析である。図7-1（189頁）の1の第一ステップにあるように、因子分析で得られたHRMの各因子を使い、クラスター分析によっていくつかの類型に分類していく。**図7-3**はその結果の概要であるが、そこから大きく四つの類型のHRMがあると判断した。

では、四つの類型の内容を詳しくみていきたい。**表7-10**は四つの類型におけるHRMの各次元（先に抽出した7つの因子）の平均値を、分散分析によって比較したものである。

まず一見して1の類型で全般的に平均点が高いことがわかる。また2の類型も平均点が押し並べて高いが、1ほどは高くない。1と2を比較すると、1は2に比べて個人成果重視、提案・創造重視、外部労働市場活用が顕著に高いことが分かる。その一方で内部人材登用は明らかに低いことが特徴的である。1に比べると2の類型は全体的にバランスを取ったHRMであり、個人重視で競争的なHRMと組織重視で協働的なHRMの中間に立つHRMに見える。

次に3の類型は人材育成や内部人材登用の点数が低く、外部労働市場活用や個人成果重視の点数が高い。1や2に比べると人材育成や能力主義の点数が低いこ

図7-3 HRMのクラスター分析結果（Ward法）の概要

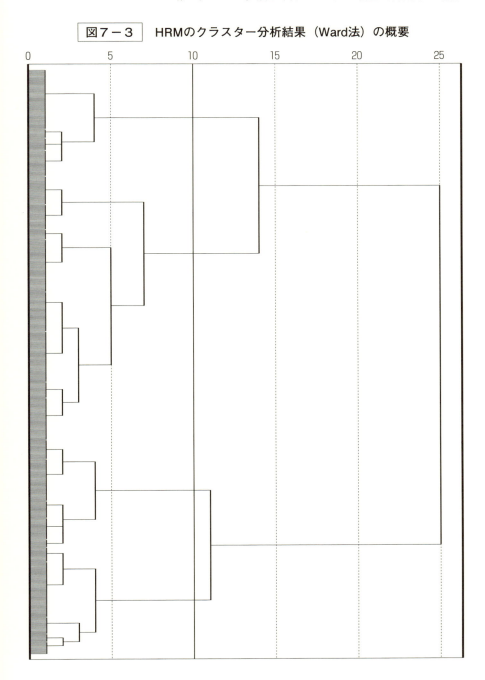

表7-10　HRMの四つの類型（分散分析）

	1の類型 1段目:平均値 2段目:標準偏差	2の類型 1段目:平均値 2段目:標準偏差 3段目:1との差	3の類型 1段目:平均値 2段目:標準偏差 3段目:1との差 4段目:2との差	4の類型 1段目:平均値 2段目:標準偏差 3段目:1との差 4段目:2との差	F値
人材育成	3.383 0.596	2.981 0.679 0.403 ***	2.241 0.602 1.142 *** 0.74 ***	2.206 0.625 1.177 *** 0.775 ***	83.521 ***
個人成果重視	4.037 0.791	3.357 0.645 0.679 ***	3.359 0.960 0.678 *** −0.001	2.955 0.654 1.082 *** 0.402 ***	35.198 ***
提案・創造重視	4.109 0.625	3.635 0.680 0.473 ***	3.182 0.802 0.926 *** 0.453 ***	2.772 0.725 1.337 *** 0.864 ***	67.025 ***
外部労働市場活用	4.447 0.548	3.734 0.747 0.713 ***	4.374 0.588 0.074 −0.640 ***	2.784 0.675 1.663 *** 0.950 ***	124.933 ***
能力主義	3.858 0.591	3.274 0.822 0.583 ***	2.453 0.838 1.405 *** 0.822 ***	2.600 0.706 1.258 *** 0.675 ***	70.934 ***
内部人材登用	2.463 0.759	3.862 0.679 −1.399 ***	2.153 0.681 0.311 * 1.709 ***	3.037 0.906 −0.574 *** 0.825 ***	158.003 ***
プロセス・チーム評価	3.793 0.625	3.634 0.591 0.159	3.189 0.787 0.604 *** 0.445 ***	2.875 0.595 0.918 *** 0.759 ***	46.611 ***
内訳	95名 内IT技術者32名 内大企業63名	235名 内IT技術者166名 内大企業77名	95名 内IT技術者29名 内大企業41名	95名 内IT技術者48名 内大企業15名	

*$p<0.05$, **$p<0.01$, ***$p<0.001$

とから，市場志向で非常に競争的なHRMとみなすことが可能である。そして4の類型は全般的に点数が低い。特に外部労働市場活用や提案・創造重視の点数が低いことから，安定的な仕事をして処遇される企業のようである。

　以上の結果をみると，2の類型は中村（2006, 2007）が指摘するプロセス重視の成果主義型のHRMだと判断できるだろう。インタビュー調査においては，大手企業を中心に多くの企業が組織と個人，競争と協働のバランスをとるようなHRMを行っていた。この類型はそれに該当するものであり，今回の分析でも最も多くの人が該当している。特にIT技術者は2の類型において比率が高い。また大企業の比率（従業員300人以上）がそれほど高くないことをみると，このタイプのHRMは，企業規模に関わらず多くの企業で導入されていることがわかる。それに対し1の類型は成果主義，能力主義が強く，内部の人材にこだわらないことが特徴である。名前を付けるとすれば，強い成果・能力主義型と呼ぶことができるだろう。2の類型と比べるとIT技術者の比率が少なく，大企業の比率が高くなっている。そして3の類型は1の類型との識別をしやすくする意味で市場志向型と呼ぶのが適当だろう。Thite（2004）などがあげていた知識社会特有のHRMに最もよくあてはまるものだといえるだろう。人材育成よりも外部労働市場を重視し，能力主義よりも個人成果重視の傾向があるので，そう判断するのが望ましいといえる。こちらもIT技術者よりもコンサルタント他の比率が高い。インタビュー調査ではコンサルティング・ファーム等において，個人重視で競争的なHRMが行われていたが，3の類型はそれに該当するものであろう。最後に4の類型は非競争型と呼ぶことができるだろう。インタビュー調査でみられた比較的小規模な企業のHRMとよく似ている。IT技術者の比率が高めであり，大企業の比率は少ないことがわかる。このように，クラスター分析の結果として，四つの類型が見出されたわけであるが，それはインタビュー調査の結果と照合しても納得性の高い結果であると思われる[7]。ただし，1の強い成果・能力主義型についてはインタビュー調査においてはっきりとは認識できていなかった。企業に対するインタビューだけでは，市場志向型との違い，あるいはプロセス重視の成果主義型との違いを認識するのは難しかったのだと思われる。分析結果をみると，強い成果・能力主義型は強い市場志向をベースにしながら，そこに組織志向やプロセス重視の施策を一部取り入れたものである。今後の分析において，このような類型が他の類型とどのように異なるのか，注意深くみていきたい。

　では分析の第二ステップに移りたい。ここでは四つの類型ごとに背景にある要

因の平均点が比較されることになる。**表7-11**はその結果である。

　類型ごとの特性をみていきたい。本書が重視していた背景要因は仕事の特性としての先進・独自性，知識の企業特殊性，顧客との結びつきと，企業の特性としての企業規模，ブランド，競争の厳しさであった。まず強い成果・能力主義型であるが，競争の厳しさ以外のすべての要因の平均点が，他の類型に比べて有意に高いことがわかった。すなわちこの類型は，仕事の特性が先進的で独自性が高く，企業特殊知識も豊富で，顧客との結びつきが強く，企業の特性としては企業ブランドが高いことがわかる。また表7-10をみれば，大企業の比率も高いことがわかる。つまり，かなり市場競争力の高い企業で，難易度の高い仕事をしている人のHRMだと推察することが可能である。

　次にプロセス重視の成果主義型であるが，こちらも強い成果・能力主義型ほどではないものの平均点はすべて高めである。知識の企業特殊性，先進・独自性，企業ブランドについては非競争型の企業よりも有意に高いし，顧客との結びつきに関しては市場志向型，非競争型よりも有意に高い。また表7-10において大企業比率はそれほど高くないことがわかっている。それらのことから，この類型は特に大企業とか，競争力の高い企業に限定されるわけではないが，それなりに難易度が高く，自社独自の知識も使うような仕事に従事する人のHRMだと理解することが可能である。それゆえ，今回の分析においても最も多くの人が該当したのだと思われる。

　続いて市場志向型であるが，こちらはほとんどの要因において平均点がプロセス重視の成果主義型と変わらない。企業ブランドではむしろやや高めである（統計的に有意な差ではない）。また先述の通り，顧客との結びつきはプロセス重視の成果主義型より低い。その一方で，競争の厳しさは最も高い点数になっており，強い成果・能力主義型よりも有意に高くなっている。企業規模でいうと表7-10の大企業比率は半分程度であった。これらのことから判断すると，ある程度大企業，あるいはブランドの高い企業でありながら，厳しい競争をしており，そこで特定の顧客との結びつきはあまり強くない仕事，いいかえればオープンな市場で競争している知識労働者のHRMだと推察できる[8]。

　最後に非競争型についてみていく。こちらは競争の厳しさ以外のすべての平均点が，強い成果・能力主義型と比べてもプロセス重視の成果主義型と比べても有意に低くなっている。また顧客との結びつき以外は，市場志向型と比べても大分低い。表7-10をみると大企業比率もかなり低いことから，比較的小さく，知名

表7-11　HRMによる背景要因の分散分析結果（HRMの類型別）

	1. 強い成果・能力主義　1段目:平均値　2段目:標準偏差	2. プロセス重視の成果主義　1段目:平均値　2段目:標準偏差　3段目:1との差	3. 市場志向　1段目:平均値　2段目:標準偏差　3段目:1との差　4段目:2との差	4. 非競争　1段目:平均値　2段目:標準偏差　3段目:1との差　4段目:2との差	F値
知識の企業特殊性	4.070　0.759	3.733　0.818　0.337 **	3.519　0.972　0.551 ***　0.214	3.326　0.812　0.744 ***　0.407 ***	14.023 ***
先進・独自性	3.818　0.714	3.492　0.798　0.325 **	3.486　0.779　0.332 *　0.006	3.039　0.813　0.779 ***　0.454 ***	15.937 ***
顧客との結びつき	3.737　0.674	3.597　0.737　0.140	3.106　0.840　0.630 ***　0.491 ***	3.333　0.832　0.404 **　0.264 *	14.075 ***
企業ブランド	3.858　0.953	3.213　0.901　0.645 ***	3.410　0.922　0.448 **　−0.197	2.847　0.902　1.011 ***　0.365 **	20.705 ***
競争の厳しさ	3.837　0.794	3.982　0.667　−0.145	4.140　0.720　−0.303 *　−0.158	3.761　0.709　0.075　0.220 †	5.406 **

† p<0.10, *p<0.05, **p<0.01, ***p<0.001

度等がない企業で，それほど難しくない仕事をしている人のHRMだと判断することができるだろう。本書が想定していたテクノロジストのHRMとみることも可能である。そしてこれら四つの類型の違いは，インタビュー調査から推察されたことと，ほぼ合致するものだといえる。

さて，ここで注意すべきことがある。このアンケート調査では，クラスター分析の結果，同じ企業に勤務する人が違うHRMの類型に分けられる場合がいくつ

かあった。もちろんそうなる可能性は十分にあり，同一企業でも階層やコース別の管理により，異なるHRMが適用されている場合がある[9]。そのため，こうした分析結果が出ることは，必ずしも間違いだとはいえないのであるが，この調査

表7－12 HRMによる背景要因の分散分析結果（HRMの企業区分別）

	1. 強い成果・能力主義 1段目:平均値 2段目:標準偏差	2. プロセス重視の成果主義 1段目:平均値 2段目:標準偏差 3段目:1との差	3. 市場志向 1段目:平均値 2段目:標準偏差 3段目:1との差 4段目:2との差	4. 非競争 1段目:平均値 2段目:標準偏差 3段目:1との差 4段目:2との差	F値
知識の企業特殊性	3.812 0.919	3.726 0.840 0.086	3.537 0.964 0.274 0.188	3.528 0.697 0.284 0.198	2.242 †
先進・独自性	3.691 0.793	3.377 0.815 0.314 *	3.642 0.802 0.048 −0.266 *	3.340 0.779 0.351 † 0.036	5.045 **
顧客との結びつき	3.662 0.841	3.568 0.741 0.094	3.049 0.810 0.613 *** 0.519 ***	3.646 0.682 0.016 −0.078	6.069 ***
企業ブランド	3.891 1.227	3.117 0.865 0.775 ***	3.529 0.901 0.362 † −0.413 **	3.104 0.838 0.787 *** 0.013	14.199 ***
競争の厳しさ	3.819 0.864	3.918 0.687 −0.099	4.190 0.641 −0.371 ** −0.272 **	3.757 0.724 0.062 0.161	16.114 ***
内訳	69名 内IT技術者 28名 内大企業69名	299名 内IT技術者 211名 内大企業78名	102名 内IT技術者23名 内大企業43名	48名 内IT技術者13名 内大企業6名	

† $p<0.10$, * $p<0.05$, ** $p<0.01$, *** $p<0.001$

はあくまで個人が回答したHRMの特性であるので、認識の個人差がこうした違いを生んだ可能性は否定できない。そこで、それによる誤解を避けるために、本章と第8章の分析にあたっては、クラスター分析の結果をそのまま使った類型による比較と、個々の企業ごとに、最も多くの人が該当した類型に揃えた企業区分による比較の両方を行うことにする。前者を類型別の分析、後者を企業区分別の分析と呼ぶことにするが、その結果を見比べることによって、より正確な議論ができるものと思われる。

表7-12は、企業区分別にHRMの背景要因を比較したものである。結果は表7-11とそれほど変わるものではなかったが、知識の企業特殊性については、有意な差がみられなくなった。先進・独自性と企業ブランドが高いのは強い成果・能力主義型と市場志向型である。そして市場志向型は、競争の厳しさが高く、顧客との結びつきが低いことがわかる。全体的には表7-11と同じ傾向であり、解釈を変更すべきと思われるような結果は現れなかったといえる。

第5節　HRM特性と背景にある要因との関連性の分析

次に分析枠組み2に則り、HRMの背景にあると思われる要因を独立変数に、そしてHRMの特性を表わす七つの次元を従属変数に置いた重回帰分析を行う。表7-13はその結果である。

分析にあたり、コントロール変数として年齢、性別、学歴、役職[10]などを設定している。これはHRMが個人属性に影響を受ける可能性があることを考慮したものである。一定の年齢を超えると賃金カーブが変わったり、管理職と一般階層では評価や報酬の仕組みが違っていたり、何らかのコース別管理が行われることは珍しくない。それらの影響を考慮して、このようなコントロール変数を設けたのだが、表7-11をみると、年齢が高くなるほど組織重視のHRM特性が強くなる傾向がみられる。具体的にいえば、外部労働市場の活用が弱くなり、人材育成が強く現れているのがわかる。他には高学歴（修士以上）になると、人材育成が弱くなるという結果が現れている。

さて、本書が重視していた背景要因に関する結果をみていきたい。まず、仕事の先進・独自性が高いほど、HRMは個人成果重視、提案・創造重視、外部労働市場活用、プロセス・チーム評価の程度が強くなることがわかっている（統計的に有意な結果がみられる）。また能力主義についても同様の傾向がみられる（10%

表7-13　HRM特性と背景要因との重回帰分析結果

	人材育成	個人成果重視	提案・創造重視	外部労働市場活用	能力主義	内部人材登用	プロセス・チーム評価	
独立変数	β	β	β	β	β	β	β	VIF
年齢	.154 ***	−.072 †	.068	−.108 *	−.036	.065	−.021	1.198
性別（男=0，女=1）	−.043	−.032	−.034	−.009	−.016	−.023	.000	1.062
学歴（大卒まで=0，修士以上=1）	−.114 *	−.063	−.044	−.021	−.062	.035	−.019	1.092
役職（課長相当以上=1，それ以外=0）	.006	.028	−.023	.049	.057	.031	.056	1.086
職種（技術者=1，それ以外=0）	.162 ***	−.316 ***	.085 †	−.001	.086 †	.424 ***	.133 **	1.312
企業規模（300人以上=1，それ以外=0）	.020	.243 ***	.137 **	.280 ***	−.003	−.047	.054	1.205
知識の企業特殊性	.237 ***	−.043	.150 **	−.102 *	−.038	.131 **	.100 *	1.439
先進・独自性	.037	.107 *	.212 ***	.143 **	.085 †	−.022	.102 *	1.332
顧客との結びつき	.146 ***	.199 ***	.084 *	.096 *	.268 ***	.086 *	.206 ***	1.045
企業ブランド	.277 ***	.156 **	.189 ***	.166 **	.073	−.041	.105 *	1.059
競争の厳しさ	−.109 **	−.003	.006	.099 *	−.109 *	.073 †	−.047	1.537
調整済みR2乗	.295 ***	.311 ***	.224 ***	.165 ***	.107 ***	.199 ***	.092 ***	

†*p<0.10，*p<0.05，**p<0.01，***p<0.001

水準）。仕事が先進的であれば，個人成果が重視されるということはMaister（1993）やDavenport（2005）でも論じられており，インタビュー調査でもその傾向がみてとれたが，それがアンケート調査においても検証されたといえるだろう。

　次に知識の企業特殊性が高いほど，HRMは人材育成，提案・創造重視，内部人材登用，プロセス・チーム評価の程度が強くなり，外部労働市場活用の程度が弱くなることがわかった。企業特殊知識が豊富で重要な仕事では，人材の内部育

成や内部登用が重要になると推察されたわけであるが，その通りの結果が得られたといえる。

　続いて顧客との結びつきについてである。インタビュー調査において，一部の企業は大半の受注を親会社や特定の顧客企業から得ていた。そしてそれらの企業では，非競争的なHRMが行われていることが多かった。そのため，特定顧客からの安定受注があり，独自の提案などよりも顧客の要望に着実に沿うことが重視される仕事のHRMは，非競争的になると考えられたわけである。この要因はそのような理由で注目されたものであった。ただ分析結果をみるとそうした推論とは逆の結果となっている。顧客との結びつきが強くなるほど，全てのHRMの特性が強くなることがわかっている。すなわち，HRMは競争的にもなりえるのだといえる。その理由なのであるが，実は想定した企業以外の，例えば大手企業や数多くの顧客を抱える企業においても，個人やチーム単位でみると得意先企業や継続的な顧客を持つことは非常に多いのである。そこで働く知識労働者は特定の顧客に依存しているわけではないものの，得意先からの継続受注を得ることが，仕事上非常に重要なことになる。それゆえ，顧客と強く結びつくことは当然のことになるのである。さらに，大手の知識集約型企業などは顧客も大手企業であることが多く，その要望なども詳細で高度なものになりやすい。したがって依存するような関係にない場合でも，顧客と強く結びつく，顧客を深く理解するという意識はとても強くなる。そのような事情もあり，顧客との結びつきが強い企業が非競争的なHRMになりやすいという推論は覆されることになった。むしろそうした企業は大手企業などにも多く，そこでは競争的なHRMもありえるとみる方が正しいようである。

　さて今度は企業の特性についてみていきたい。まずは企業規模[11]であるが，それが大きいほどHRMは個人成果重視，提案・創造重視，外部労働市場活用の程度が強くなることがわかった。大企業の方が個人重視で競争的なHRMになりやすいようである。これはインタビュー調査の結果とほぼ一致する。

　それと関連するのだが，企業ブランドが高いと，HRMは人材育成，個人成果重視，提案・創造重視，外部労働市場活用，プロセス・チーム評価の程度が強くなることがわかっている。個人重視で競争的なHRMと組織重視で協働的なHRMのどちらもが強くなるといえそうである。企業ブランドが高い企業は歴史があり，市場での競争力が高い企業が多いものと思われる。それゆえ，多くのHRMの施策を充実させることができるのだと思われる。ただし，内部人材登用や能力主義

にはほとんど影響を与えていないことから，企業ブランドが高い企業はあまり日本的なHRMを目指していないとも考えられる。

　最後に，競争の厳しさについてであるが，それが強くなるほどHRMは外部労働市場の活用の程度が強くなり，人材育成や能力主義の程度が弱くなることがわかっている。厳しい競争にさらされている企業では，時間をかけて人材を育成するよりも，外部から迅速に獲得することの方が重視されているようだ。これについては先行研究などから厳しい競争をしている企業の方が市場志向になりやすいとの推論が立てられていたわけだが，それが検証された形だといえるだろう。

　ところでコントロール変数に職種の違いを設定している。これはIT技術者であるかそれ以外であるかの変数なのだが，それを設定したのには理由がある。インタビュー調査において，IT技術者には個人重視の競争的なHRMがみられなかった。そのことから，IT技術者のHRMは組織を重視したものになりやすいのではないかという推論ができたのであるが，それを検証するためにこの変数を設けたのである。結果をみるとIT技術者の方が，人材育成，内部人材登用，プロセス・チーム評価が強く，個人成果重視が弱いことがわかる。やはりIT技術者の方が組織重視のHRMになりやすい傾向がありそうだ。このことは次章の分析においても，十分に注意されるべき点だということができる。

第6節　見出された四類型

　本章の最後に，これまでみてきた分析結果をまとめておきたい。
　本章では【研究課題1】，すなわち「知識労働者のHRMの実態について，特にどのような多様性があるのかという観点から明らかにする」についての分析を行ってきた。そのうち，多様なHRMの実態の把握については，HRMの施策の特性を示す七つの次元から，四つの類型のHRMを見出すことができた。強い成果・能力主義型，プロセス重視の成果主義型，市場志向型，非競争型である。それらは先行研究でなされていた議論や，インタビュー調査の結果とほぼ合致するものであるといえる。

　ただその中の，強い成果・能力主義型については，インタビューでははっきりと識別できてはいなかった。強い成果・能力主義型は，プロセス重視の成果主義型と比べると，強い市場志向，あるいは成果主義的な特徴を持っている。その一方で，市場志向型と比べると人材育成にも力を入れるHRMである。ただし，人

材の登用に関しては内部人材にこだわらず，外部からの人材も積極的に登用する。こうした特徴が市場志向型ともプロセス重視の成果主義型とも異なっているのである。次章では知識労働者の意識や行動に関する分析を行うわけであるが，この類型においてどのような結果がみられるのか，注目に値するといえるだろう。

　また今回の調査において，プロセス重視の成果主義型に該当する人が非常に多かったことも特徴的である。インタビュー調査において，比較的多くの企業が個人と組織，競争と協働のバランスをとるようなHRMを行っていた。それらがここでいうプロセス重視の成果主義型に該当しているのだと思われる。また，第6章のIT技術者に関するインタビュー調査では，能力主義を強化したHRMを行う企業がいくつかみられた。先のバランスをとるHRMを行っている企業が大企業に多いのに比べ，それらの企業はやや小規模のものが多かったといえる。そこでは従来からある職能等級制度が維持されているものの，賃金制度の改変などによって年功的にならないように工夫されていた。おそらくそれらの企業のHRMも，今回の分析ではプロセス重視の成果主義型に含まれたのだと思われる。大企業のHRMとこれらの企業のHRMは個々の仕組みやその詳細さは異なるけれども，成果主義と従来の日本的HRMを組み合わせようとした類のものには違いがない。そのため，従業員側からみた調査の場合，両者のHRMとしての特性は，よく似たものになったのだろう。それゆえ，多くの人がこの類型に該当したのだと思われる。この類型は日本的なHRMの特性を踏襲するものであり，日本企業の中のかなりの数の企業がこれに該当するものと思われる。こうしたHRMの下での知識労働者の意識や行動についても注目する必要があるだろう。

　さて，HRMの背景にある要因についてであるが，重回帰分析と分散分析の結果，組織重視のHRMを強化するものと，個人や競争を重視するHRMを強化するものが明らかになってきたといえる。前者を強化するのは，知識の企業特殊性である。これが強い仕事においては，HRMは人材の内部育成や内部登用を重視したものになる。反対に後者を強化する要因となるのは，競争の厳しさと企業の規模である。特に競争が厳しくなると人材の外部からの獲得が強化される。そして企業規模が大きくなると，それに加えて個人成果や創造・提案の評価を重視したHRMになる。大手企業ほど，競争的で，創意工夫を求めるHRMになりやすいと考えられる。

　さらに，仕事の先進・独自性や企業ブランドは，組織重視のHRMと個人重視のHRMの両方を強化することがわかった。それらは企業のHRMを様々な点で充

実させる要因だといえるだろう。その中で，先進・独自性についてはやや個人重視で競争的なHRMを強化する傾向の方が強い。その点は先行研究などで議論されていたことと合致するものである。

最後に，IT技術者とコンサルタント他を比較した場合のことについても触れておきたい。重回帰分析では，IT技術者であることをコントロール変数に設定すると，それが組織重視のHRMを強化していることがみてとれた。また四類型の分析においても，プロセス重視の成果主義型と，非競争型においてIT技術者の比率が高かった。それらをみても，IT技術者の方が個人よりも組織重視のHRMになりやすいことは明らかなようである。次章以降で知識労働者の意識や行動を分析するのであるが，この点については十分な注意が必要であろう。

● 注

1　第4章でみたコンフィギュレーショナル・アプローチがこのような考え方を持っているが，本書のようにHRMの多様化を論じる場合は，個々の施策を分析するだけでなく，その組み合わせ，編成をみることが必要になる。
2　コンティンジェンシー・アプローチに関わる研究にみられる。竹内（2005）の研究がそれに該当する。ただし竹内（2005）の場合は個別のHRMの施策についての詳しい質問を設定するというより，大まかなHRMポリシーという形で質問項目が設定され，それを用いて分析がなされている。
3　本章と第8章における分析結果の一部は，三輪（2014b）においても示されている。
4　本書の因子分析では，固有値1以上のものを因子とし，因子負荷量が，400以上のものを因子構成項目とみなしている。
5　中村・石田（2005）や佐藤（2007）では，成果主義の導入に伴って丁寧な仕事管理が行われるようになり，評価される成果の内容も多様なものになったことが記述されている。数値による成果だけでなく，質的な成果を重視することは，日本企業の特徴ともいえるかもしれない。
6　職能等級制度では役職，あるいは職位と等級が分離されるので，役職への昇進と職能等級での昇格は別に行われる。つまり上位の役職につかなくても処遇上の昇格が可能になるので，それが働く人にとって承認と動機づけの仕組みになることもありえる。同時にそれは日本企業のHRMが年功的になることにもつながっていた。
7　なお，インタビュー調査では人材ごとに異なるHRMを適用する企業がみられたが，アンケート調査では回答する個人にあてはまるHRMのみを聞いているので，当然ながらそのような類型を識別することはできていない（また，コンティンジェント・ワーカーのように働く人の回答も集められなかった）。この点は調

査方法による利点の違いといえるだろう。
8 　知識の企業特殊性も，プロセス重視の成果主義型に比べて低くなっている。ただし統計的に有意な差ではない（また，コンティンジェント・ワーカーのように働く人の回答も集められました）。
9 　インタビュー調査でもそのようなHRMの例がみられた。
10 　性別，学歴，役職はダミー変数を設定している。それぞれ男＝0，女＝1，大卒まで＝0，修士以上＝1，一般のメンバーとチームリーダー＝0，課長以上相当＝1である。
11 　企業規模にもダミー変数を置いている。従業員が300人未満＝0，300人以上＝1である。

第8章
知識労働者の意識や行動，成長に関するアンケート調査の分析結果

第1節　分析枠組み

　前章に引き続き，アンケート調査の分析結果をみていく。本章では【研究課題2】の分析，すなわち前章で見出された四つのHRMにおいて，知識労働者の意識や行動，成長がどう異なるのかを分析する。知識労働者の企業への定着，相互作用（コミュニケーション），キャリア発達に着目して比較を行う。

　まず本章の分析枠組みを明らかにしておく必要があるが，これについても前章同様，二つの考え方に基づく枠組みを設定することにした。一つはHRMの多様性を類型として捉えたものである。前章で見出したHRMの四類型を使用し，それごとに知識労働者の意識や行動等を比較することになる。そこで何らかの差異が見出されれば，それぞれのHRMの意義や課題を具体的に把握することができるだろう。四つの類型別に彼（彼女）らの企業への定着意志，相互作用，キャリア発達に関わる諸変数の平均点が比較され（分散分析），そこに有意な差があるかどうか検証されることになる（**図8-1**）。

　もう一つの分析枠組みは，変数間の因果関係を明らかにする重回帰分析を使用するものである。ここでの研究課題に照らすならば，知識労働者の意識や行動，成長を結果（従属変数）とみなし，HRM特性を原因（独立変数）とみなした分

図8-1　知識労働者の意識や行動，成長に関する分析枠組み1

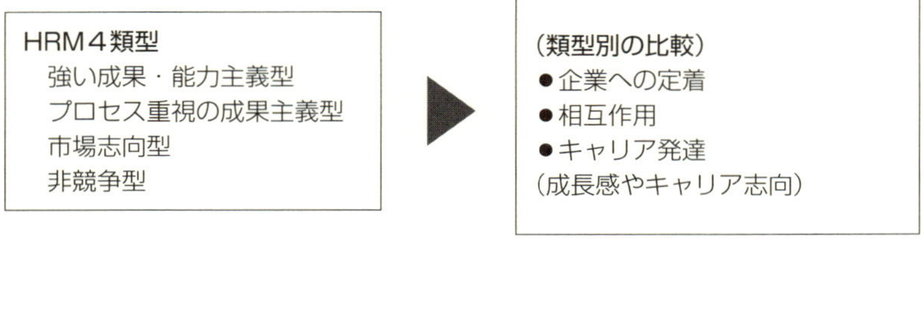

HRM4類型
　強い成果・能力主義型
　プロセス重視の成果主義型
　市場志向型
　非競争型

（類型別の比較）
● 企業への定着
● 相互作用
● キャリア発達
（成長感やキャリア志向）

析を行うことになる。従属変数については，例えば知識労働者が所属する企業に勤務し続ける意志があるか，あるいは部門内外の人たちとどの程度活発に交流をしているか，さらには彼（彼女）らがどのようなキャリア発達を遂げているかが測定されることになる。そして，それらが独立変数であるHRMの特性に，どの程度影響を受けているかどうかが分析されることになる。一つひとつのHRMの施策の特性と知識労働者の意識や行動との因果関係が詳細に検証されるわけである。そこで統計的に有意な結果が得られれば，HRMと知識労働者の意識や行動の関係についての厳密な議論が可能になるだろう。そのような目的意識のもとに，図8－2のような分析枠組みを設定することにした。

図8－2 知識労働者の意識や行動，成長に関する分析枠組み2

（独立変数）
HRMの施策の特性
● 人材育成
● 個人成果の重視
● 創造・提案の重視
● 外部労働市場の活用
● 内部人材登用
● 能力主義
● プロセス・チームの評価

（従属変数）
● 企業への定着
● 相互作用
● キャリア発達
（成長感やキャリア志向）

第2節　分析枠組みの次元構成と概略的な仮説

1　知識労働者の意識や行動，成長の詳細――分析枠組みの次元構成

　ここからは，分析枠組みを構成する次元についてみていく。HRMについては前章においてみているので，ここでは知識労働者の意識や行動，成長についてみることになる。

　まず企業への定着についてであるが，これについては少し注意が必要である。先にも述べた通り，知識労働者の場合，単純に長く勤めれば勤めるほど良いというわけではない。転職や独立を経てキャリア発達を遂げる人もたくさんいるし，離職者が新しいフィールドで活躍することによって，かつての勤務先が恩恵を受ける場合もある。さらに，長く勤務していても積極的に新しいことを学び，挑戦

的な仕事をしなければ知識労働者が企業に役立っているとはいえない。それらを考慮するならば，退職すると今までの蓄積がもったいないからなどという，消極的な理由から勤続年数だけが長くなっても意味はない。勤続年数よりも大事なのは，知識労働者がその企業やそこでの仕事に愛着を持っており，そこにとどまって働くことに意義を見出していることだとわかる。そこでアンケート調査では，知識労働者の企業への定着意志をそのような観点から聞いている[1]。表8－1は，それに関する因子分析の結果である。第1因子は，勤務先への愛着や，働き続けることの意義に関する質問項目から成っている。この因子が企業への定着意志を表わしているものと思われる。一方，第2因子であるが，それと対比することを目的として設定された質問項目から成っている。すなわち，社外で活躍する自信やその可能性である。これらは優秀な知識労働者が組織の壁を越えて活躍できることを踏まえた質問項目である[2]。企業に定着する知識労働者は社外で活躍する自信や可能性をどうみているのか，またいくつかの先行研究でも指摘されていたように，企業としては社外でも活躍できるような優秀な人が自社に定着することが望ましいのだが，それを実現するHRMとはどのようなものなのか，それをみるために設けられた質問項目だといえる。第2因子は社外効力感と名付けるのが適当だと思われる。

次に相互作用についてみていきたい。表8－2はそれについての因子分析の結

表8－1 企業への定着意志等の因子分析結果（主因子法，プロマックス回転後）

因子	1	2
固有値	2.764	1.878
α	0.849	0.835
今の会社に愛着を感じている	.780	
この会社で長く勤めることは自分にとってプラスになると思う	.893	
今の会社の仕事や働き方が気に入っている	.758	
社外でも通用する知識やスキルを持っていると思う		.671
その気になれば転職や独立も可能だと思う		.905
他の会社にも自分が活躍できる場があると思う		.812
平均点	3.564	3.453
標準偏差	.865	.888
因子の相関	1.000	
	.210	1.000

果である。質問項目は社内の様々な人たちとの交流に関するものが設定された。その中で，第1因子は部門間での交流や学習に関する質問項目から成っている。この因子は部門間の交流と名付けられるだろう。一方第2因子は，チームメンバーとの交流に関する質問項目から成っている。この因子は部門内の交流と名付けられるだろう。これらの交流が活発なHRMはどのようなものなのかが検証されることになる。インタビュー調査では部門内の交流は良好であるものの，部門間の交流を問題視する企業が多かった。平均点にもそうした傾向が現われているが，それに関しても詳しくみていきたい。

表8－2　相互作用の因子分析結果（主因子法，プロマックス回転後）

因子	1	2
固有値	3.345	1.160
α	0.874	0.776
色々な部門に相談できる人がいる	.738	
部門を越えた人との交流を活発に行っている	.934	
他部門の人の知識やノウハウに触れる機会を持っている	.815	
チームメンバーと積極的に教え合い学び合っている		.786
大事な情報はすぐさまチームメンバーと共有する		.771
若いメンバーに積極的にアドバイスをしている		.611
平均点	3.237	3.658
標準偏差	.951	.772
因子間の相関	1.000	
	.559	1.000

　最後にキャリア発達についてである。キャリア発達については二つの方向性から考えてみたい。一つは知識労働者がその企業で働いた結果，自分が成長したと思えるか，自分の能力が役に立っていると思えるかどうかである。直接的に知識労働者のキャリアが望ましい状態であるかどうかを聞くものである。もう一つはキャリアの意志と方向性に関することで，知識労働者がどのようなキャリア志向を持つに至ったかである。どのようなHRMの下に，どのようなキャリア志向の持ち主が多いかがわかれば，HRMと個人の目的意識の関連性などを考えることが可能になるだろう。また三輪（2011）などによって，成果の高い知識労働者がどのようなキャリア志向を持っているのかが明らかにされている。成果につなが

るようなキャリア志向をどの程度強く持っているかは，知識労働者のキャリア発達において重要な要素だといえる。それについても分析する必要があるだろう。

まず前者の方からみていきたい。**表8－3**はそれに関する因子分析の結果である。第一因子は，自分の適性の発見や新しい能力の獲得に関する質問項目から成っている。この因子は成長感と名付けることができるだろう。それに対して第二因子は，どれだけ仕事で活躍できているかに関する質問項目から成っている。この因子は有能感と名付けることができるだろう。これらを高めるHRMが探索されることになる。

表8－3 成長に関する因子分析結果（主因子法，プロマックス回転後）

因子	1	2
固有値	5.128	1.170
α	0.876	0.807
自分の持ち味や得意分野などがわかった	.676	
自分の本当のやりたいことが理解できた	.617	
自分の長所，短所を理解できた	.771	
様々な仕事や状況に対応できるようになった	.659	
自分にとって新しい長所や能力を開発することができた	.783	
自分が一回り大きくなったと実感できた	.751	
いろいろ苦労があっても仕事は楽しいと思う		.492
自分には誇れる能力や専門分野があると思う		.680
新しい仕事やプロジェクト等を会社や顧客に提案できている		.872
仕事内容に自分の意思やアイディアを取り入れられている		.733
平均点	3.666	3.592
標準偏差	.690	.786
因子間の相関	1.000	
	.683	1.000

次に後者，すなわちキャリア志向についてみていく。**表8－4**は知識労働者の働くうえでの目的意識や目指している事柄等に関する因子分析の結果である。四つの因子が抽出されている。第1因子は，経営や意思決定への参加，昇進などに関する質問項目から成っている。この因子は管理職志向であるといえるだろう。第2因子は仕事の先進性や専門性に関する質問項目から成っている。この因子は

専門職志向だといえるだろう。次の第3因子は，人の役に立つことや社会貢献に関する質問項目から成っている。この因子は社会貢献志向だといえるだろう。最後に第4因子は，自由な働き方に関する質問項目から成っている。この因子は自律志向と名付けることができるだろう。ほぼ三輪（2011）と同様のキャリア志向が抽出されたといえる。平均点を見ると，専門職志向や社会貢献志向の点数が高く，管理職志向の点数が低いことがわかる。やはり平均的な知識労働者をみると，マネジメントへの関心より専門性などへの関心が強いといえそうだ。

HRMの違いによって，これらの知識労働者のキャリア志向がどのように異な

表8−4 キャリア志向の因子分析結果（主因子法，プロマックス回転後）

因子	1	2	3	4
固有値	5.362	2.435	1.528	1.089
α	0.863	0.849	0.809	0.792
会社に貢献して昇進したい。	.693			
自分の力で大きな売上や利益を生み出したい。	.441			
組織の重要な意思決定に参加したい。	.838			
人を管理したり指導する仕事をしたい。	.848			
経営層として経営全般をリードしたい。	.847			
専門性あるいは新奇性の高い仕事に従事したい。		.821		
自分の興味のあるプロジェクトに参加したい。		.547		
社会的にも最先端の仕事を追求したい。		.811		
会社を変わってでも高い専門性を追求したい		.608		
進歩的なものや独創的なものを生み出したい。		.868		
仕事を通じて社会貢献したい。			.706	
困っている人の助けになるような仕事がしたい。			1.031	
大きな仕事よりも人が喜んでくれる仕事がしたい。			.592	
何事も自分で決められる働き方をしたい。				.773
束縛されることのない自由な働き方を追求したい。				.805
平均点	3.283	3.759	3.996	3.675
標準偏差	.851	.710	.705	.875
因子間の相関	1.000			
	.372	1.000		
	.271	.484	1.000	
	.220	.533	.403	1.000

るのかが分析されることになる。同時に，三輪（2001, 2011）において，成果の高い知識労働者は専門職志向だけでなく，管理職志向や社会貢献志向が強いことが明らかにされているのであるが，それらのキャリア志向が強い人が多いHRMはどのようなものなのかも分析される。それが明らかになれば，知識労働者を育てることのできるHRM，あるいは優秀な知識労働者を多く保有できるHRMがわかることになる。

2　HRMは意識や行動，成長に影響を与えるのか──概略的な仮説

　ここで分析における概略的な仮説を設定しておきたい。前章の分析においてHRMの類型化ができていることから，本章の分析ではあらかじめ仮説を設けることが可能である。ただHRMの特性についても，知識労働者の意識や行動等についても変数が多数あるために，それら全てを一つひとつ取り上げるような形で厳密に設定していくと，仮説の数が膨大なものになってしまう。そのためここでの仮説は，いくつか複数の変数をまとめて扱った大まかなものにしておく。

　まず分析枠組み1の類型別の比較分析の仮説から設定していこう。前章で明らかになった四つの類型において，知識労働者の意識と行動，成長に関する平均点を比較する際の仮説である。ここでの仮説は二通りの考え方に基づいて設定することができるものと思われる。例えば企業への定着や相互作用については，従来は日本企業のように，企業特殊知識を重視して働き，組織や協働を重視したHRMを行う企業において，それらが促されると考えられてきた[3]。それゆえ，そのような考え方に基づいて仮説を立てることも可能である。しかしながら，知識労働者の特性を考慮すると，個人の自律性を重視したHRMの方が働きやすいという反対の考え方も成立する。専門性の高い人材を扱った先行研究では，それらの人々を組織人と同じように扱うことは不適切であると論じられている[4]。またインタビュー調査の結果をみると，新奇性や難易度の高い仕事においては，競争的なHRMに下でも定着や相互作用が強化される傾向があるようにも思われる。そこから考えるならば，ここでの仮説はそれら二つの考え方から設定しておく必要があるだろう。そのために，まずHRMの四類型で組織や協働を重視するものと，個人や競争を重視するものを識別しておく必要がある。

　前章の分散分析（表7-10）から判断するならば，四類型の中で組織や協働を最も重視しているのは，プロセス重視の成果主義型だといえるだろう。もちろんこの類型は競争的な一面も持っているのだが，他の類型に比べると，かつての日

本企業のHRMに近い特性をたくさん持っている。反対に，市場志向型は個人や競争を重視しているということになるだろう。おそらくかつての日本企業のHRMとは最も異なる類型だといえる。問題は強い成果・能力主義型なのであるが，こちらは競争的な特性と協働的な特性をともに強く持っているといえる。しかしながら，どちらかといえば個人重視で競争的なHRMをベースに，そこに協働を重視する要素を組み入れたものだと考えるのが妥当であろう。そして非競争型は，競争的な特性も協働的な特性も弱いと判断できるだろう[5]。そのいずれの類型において，知識労働者の企業への定着や相互作用，キャリア発達についての平均点が高いかが検証されることになる。以上のことから，ここでの仮説は次のように設定できる。

仮説1：プロセス重視の成果主義型のHRMにおいて，知識労働者の企業への定着や相互作用が強い。
仮説2：市場志向型や強い成果・能力主義型のHRMにおいて，知識労働者の企業への定着や相互作用が強い。

こうした二つの考え方による仮説設定は，キャリア発達においてもあてはめることができる。従来は組織を重視したHRMの方が人材育成に優れており，多くの人がそこで成長すると考えられていた[6]。またキャリア志向についていえば，それらの企業は対人的な活動が多く，組織人的な人が多くなるため，管理職志向の持ち主が多くなるものと考えられていた。それに対し，個人を重視したHRMでは成長する人は限られており，多くの人が長期的に成長するわけではないと考えられていた[7]。またキャリア志向でいえば，企業へのコミットメントが弱くなるので，専門職志向を持つ人が多くなると考えられていた。ところがインタビュー調査の結果をみると，それとは反対の傾向があるように思える。新奇性や難易度の高い仕事では，競争的なHRMに下でも管理職志向が強い例が少なからずみられたのである。そのため，キャリア発達についても相反する二つの考え方から仮説を立てる必要があるだろう。そしてキャリア志向について付け加えるならば，社会貢献志向が強いHRMについても検証しておく必要がある。三輪（2011）において，社会貢献志向が強い人は，組織間キャリアにおいて高い成果を出していることが明らかにされているからである。そのため，知識労働者をみるうえでは，社会貢献志向は管理職志向と同様に非常に重要なものだと考えられ

る。社会貢献志向が強い人が多いHRMの企業は，外部から優秀な知識労働者を獲得できる企業だと考えることが可能なのである。そのことも考慮したうえで，ここでの仮説を次のように設定した。

> 仮説3：プロセス重視の成果主義型のHRMにおいて，知識労働者の成長感や有能感，管理職志向が強い。
> 仮説4：市場志向型や強い成果・能力主義型のHRMにおいて，専門職志向と社会貢献志向が強い。
> 仮説5：市場志向型や強い成果・能力主義型のHRMにおいて，知識労働者の成長感や有能感，管理職志向が強い。

次に分析枠組み2における因果関係の分析の基本仮説を設定する。これについても分析枠組み1と同様に二つの考え方による仮説設定が必要なのだが，この分析では類型別の差をみるのではなく，個々のHRMの特性が知識労働者にどのような影響を与えるかを検証することになる。HRMの七つの次元（特性）を組織や協働重視に関わるものと，個人や競争重視に関わるものに分けたうえで，それらを独立変数に据えた仮説を設定していくことになる。

まず人材育成，内部人材の登用，能力主義，プロセス・チーム評価の各次元は，組織や協働重視のHRMの特性だということができるだろう。反対に，個人成果重視，提案・創造重視，外部労働市場の活用の各次元は，個人や競争重視のHRMの特性ということができるだろう。そのいずれの特性が，知識労働者の定着や相互作用，あるいはキャリア発達を促しているのかを分析することになる。またその際には，HRMの背景にある要因として取りあげた仕事の特性や，組織の特性も独立変数に含めて分析する必要があるだろう。それらがHRMとは別に，知識労働者の意識や行動等に影響を与える可能性が十分にあるからである。例えば仕事の先進・独自性などは，それ自体魅力的なものなので，企業への定着を促すことが容易に想像できる。以上のことから，ここでの仮説を次のように設定したい。

> 仮説6：知識の企業特殊性や，人材育成，内部人材の登用，能力主義，プロセス・チーム評価が強いほど，知識労働者の企業への定着や相互作用が強くなる。

仮説7：仕事の先進・独自性や，個人成果重視，提案・創造重視，外部労働市場の活用が強いほど知識労働者の企業への定着や相互作用が強くなる。

仮説8：知識の企業特殊性や，人材育成，内部人材の登用，能力主義，プロセス・チーム評価が強いほど，知識労働者の成長感や有能感，管理職志向が強くなる。

仮説9：仕事の先進・独自性や，個人成果重視，提案・創造重視，外部労働市場の活用が強いほど，知識労働者の専門職志向，社会貢献志向が強くなる。

仮説10：仕事の先進・独自性や，個人成果重視，提案・創造重視，外部労働市場の活用が強いほど，知識労働者の成長感や有能感，管理職志向が強くなる。

次節からの分析によって，これらの仮説を検証していく。

第3節　企業への定着と相互作用

　最初に，企業への定着と相互作用についての分析結果をみていきたい。まずは分析枠組み1による類型別の平均点の比較である。前章同様に，類型別と企業区分別の分析を並行して行う。再度説明することになるが，アンケート調査では同じ企業に勤務する人が違う類型に分けられることがあった。もちろん同一企業でも階層やコース別の管理が行われることがあるため，こうした結果が出ることは必ずしも間違いだとはいえない。ただアンケート調査でわかるのは，あくまで個人が回答したHRMの特性であるので，認識の個人差がこうした違いを生んだ可能性は否定できない。そこで分析にあたっては，クラスター分析の結果をそのまま使った類型と，企業ごとに最も多くの人が該当した類型に揃えた企業区分の双方による比較を行うことにする。前者を類型別の分析，後者を企業区分別の分析と呼ぶことにするが，その結果を見比べることによって，より正確な議論ができるものと思われる。

　表8-5，表8-6は，企業への定着と相互作用に関する分析結果である。

表8-5　HRMの類型別の企業への定着と相互作用（分散分析）

	1. 強い成果・能力主義　1段目:平均値　2段目:標準偏差	2. プロセス重視の成果主義　1段目:平均値　2段目:標準偏差　3段目:1との差	3. 市場志向　1段目:平均値　2段目:標準偏差　3段目:1との差　4段目:2との差	4. 非競争　1段目:平均値　2段目:標準偏差　3段目:1との差　4段目:2との差	F値
企業への定着	4.040　0.859	3.651　0.746　0.389　***	3.382　0.936　0.658　***　0.269　*	3.056　0.762　0.984　***　0.595　***	26.023　***
社外効力感	3.821　0.796	3.285　0.888　0.536　***	3.593　0.937　0.228　−0.308　*	3.358　0.804　0.463　**　−0.073	9.858　***
部門内の交流	3.975　0.658	3.698　0.700　0.277　*	3.530　0.873　0.446　***　0.168	3.368　0.816　0.607　***　0.330　*	11.562　***
部門間の交流	3.632　0.914	3.287　0.881　0.345　*	3.049　1.080　0.582　***　0.238	2.905　0.864　0.726　***　0.382　**	11.41　***

*$p<0.05$, **$p<0.01$, ***$p<0.001$

　表8-5をみると，すべての項目で強い成果・能力主義の平均点が最も高いことが分かる。しかも，他の類型と統計的に有意な差がある。このことから，強い成果・能力主義がこうした意識や行動を強くすることは明らかだといえるだろう。そして企業への定着と相互作用については，それに次いで高いのがプロセス重視の成果主義型である。ただし，市場志向型との差は有意ではないので，双方の差は確かなものだとはいえない。また反対に，社外効力感については市場志向型の方がプロセス重視の成果主義型よりも平均点が高く，しかも双方に有意な差がある。これらのことから，社外効力感が強い人が多いのは，組織重視のHRMではなく，個人重視のHRMであることがわかる。そして最後に非競争型はすべての項目が最も低い結果となった。そのことから，知識労働者のHRMは競争的であ

表8-6 HRMの企業区分別の企業への定着と相互作用（分散分析）

	1. 強い成果・能力主義 1段目:平均値 2段目:標準偏差	2. プロセス重視の成果主義 1段目:平均値 2段目:標準偏差 3段目:1との差	3. 市場志向 1段目:平均値 2段目:標準偏差 3段目:1との差 4段目:2との差	4. 非競争 1段目:平均値 2段目:標準偏差 3段目:1との差 4段目:2との差	F値
企業への定着	4.075 0.929	3.601 0.767 0.474 ***	3.191 0.963 0.884 *** 0.410 ***	3.403 0.724 0.672 *** 0.198	16.527 ***
社外効力感	4.029 0.738	3.251 0.869 0.778 ***	3.625 0.890 0.404 * −0.374 **	3.514 0.766 0.515 ** −0.263	17.757 ***
部門内の交流	4.048 0.748	3.583 0.718 0.465 ***	3.654 0.881 0.395 ** −0.071	3.569 0.734 0.479 ** 0.014	7.288 ***
部門間の交流	3.630 1.049	3.207 0.895 0.423 **	3.149 1.016 0.482 ** 0.058	3.042 0.871 0.589 ** 0.166	5.125 **

*$p<0.05$, **$p<0.01$, ***$p<0.001$

る方が企業への定着や相互作用が強くなることがわかる。

　表8-6と見比べても結果は同様である。ただ企業への定着については，2番目に高いプロセス重視の成果主義型と，3番目の市場志向型の間に有意な差がみられている。これらのことから仮説1と2を検証するならば，仮説1のプロセス重視の成果主義型の仮説にも一定の妥当性はあるものの，仮説2における強い成果・能力主義型の仮説の方が，より強く支持されたものといえる。これは従来いわれていた日本企業にまつわる通説とは異なり，知識労働者ならではの結果だといえるかもしれない。

　次に，分析枠組み2による重回帰分析の結果をみていく。ここでは，IT技術者とコンサルタント等の結果をそれぞれみていく。前章において，両者の間には

第8章 知識労働者の意識や行動，成長に関するアンケート調査の分析結果 ◆227

表8-7 IT技術者の企業への定着と相互作用の分析結果

独立変数	企業への定着 β	社外効力感 β	部門内の交流 β	部門間の交流 β	VIF
年齢	.067	.063	.039	.036	1.376
性別（男＝０，女＝１）	.041	−.035	.038	.072	1.079
学歴（大卒まで＝０，修士以上＝１）	−.039	−.103 †	−.085	−.051	1.155
企業規模（300人以上＝1,それ以外＝０）	−.171 **	.101	.089	−.026	1.416
役職（課長相当以上＝1，それ以外＝０）	.097 †	.142 *	−.036	.096	1.354
知識の企業内特殊性	−.022	−.062	.159 *	.116	1.771
先進・独自性	−.016	.048	−.035	.071	1.466
顧客との結びつき	−.082	.136 *	.068	.040	1.303
企業ブランド	.077	.052	.052	.070	1.638
競争の厳しさ	−.005	−.079	.007	−.124 *	1.178
人材育成	.268 ***	−.074	−.027	.096	1.971
個人成果重視	−.126 *	−.019	−.032	−.038	1.441
提案・創造重視	.189 **	−.103	.027	.096	2.203
外部労働市場活用	.075	−.036	−.007	−.001	1.393
内部人材登用	.139 *	−.188 **	.043	−.071	1.410
能力主義	.168 **	−.056	.135 †	.119	1.691
プロセス・チーム評価	.020	.041	.106	.012	2.137
管理職志向	.220 ***	.255 ***	.145 *	.133 †	1.597
専門職志向	.061	.249 ***	−.016	.060	1.640
社会貢献志向	.010	.047	.165 **	.056	1.305
自律志向	−.105	.100 †	.133 *	.027	1.330
調整済みR²	.364 ***	.260 ***	.183 ***	.137 ***	

†p<0.10, *p<0.05, **p<0.01, ***p<0.001

明らかな差があり，IT技術者のHRMの方が組織重視であることが確認されている。それゆえここでは，IT技術者とコンサルタント等とを区別したうえで別々に分析を行うことにする。

表8-7，表8-8はその結果である。独立変数にはHRMの他にコントロール変数として，個人属性等が含まれている[8]。さらに企業への定着や相互作用

表8-8　コンサルタント等の企業への定着と相互作用の分析結果

独立変数	企業への定着 β	社外効力感 β	部門内の交流 β	部門間の交流 β	VIF
年齢	.171 *	.059	−.065	.192 **	1.523
性別（男＝0，女＝1）	−.053	−.133 *	.097 †	.066	1.177
学歴（大卒まで＝0，修士以上＝1）	−.075	.137 *	−.013	.022	1.184
企業規模（300人以上＝1，それ以外＝0）	−.035	−.077	.059	−.016	1.705
役職（課長相当以上＝1，それ以外＝0）	.045	.059	.131 *	−.013	1.155
知識の企業内特殊性	.067	.139 †	.105	.054	1.817
先進・独自性	−.082	−.005	.155 *	.099	1.432
顧客との結びつき	.082	.070	−.042	−.059	1.444
企業ブランド	.138 †	.087	.302 ***	.112	1.874
競争の厳しさ	−.091	−.057	−.024	.119 *	1.235
人材育成	.056	.024	.049	.037	2.420
個人成果重視	.152 *	.151 *	−.005	.072	1.676
提案・創造重視	.029	−.122 †	−.003	.084	1.543
外部労働市場活用	.154 *	.145	.024	−.042	1.670
内部人材登用	.049	−.031	.113 *	.040	1.248
能力主義	.102	−.102	−.012	.083	1.563
プロセス・チーム評価	−.090	.067	.161 *	.123 †	1.599
管理職志向	.176 **	.008	.144 *	.263 ***	1.342
専門職志向	.072	.204 **	.019	.083	1.641
社会貢献志向	.125 *	.039	.090	−.136 *	1.393
自律志向	−.061	.198 **	.017	.193 **	1.755
調整済みR²	.313 ***	.338 ***	.377 ***	.303 ***	

† $p<0.10$, * $p<0.05$, ** $p<0.01$, *** $p<0.001$

（コミュニケーション）については，個人のキャリア志向が影響を与えることが三輪（2011）などで明らかにされているため，キャリア志向も独立変数として分析に入れられている[9]。

　まず表8－7のIT技術者についてみてみると，人材育成，提案・創造重視，内部人材登用，能力主義などが企業への定着を強化していることがわかる。これ

をみると，組織重視のHRMがIT技術者の企業への定着を促すことがわかる。また個人成果の重視が定着に負の影響を与え，提案・創造重視が正の影響を与えていることをみると，IT技術者の成果主義は個人の業績や数値目標によるものよりも，質的な成果を問うものの方が望ましいことが推察できる。反対に社外効力感については，内部人材登用が負の影響を与えている。組織内部での昇進・昇格が重視されるような環境では，IT技術者が社外で活躍する自信は弱くなるのかもしれない。一方，相互作用についてはHRMの影響はほぼみられない。わずかに能力主義が部門内交流を促す傾向がみられる程度である。むしろ知識の企業特殊性が部門内交流を強くし，競争の厳しさが部門間交流を弱くするなど，仕事や企業の特性の効果の方が確認された。同時に，キャリア志向の効果が数多く確認できる。管理職志向は企業への定着と社外効力感をともに強くしているし，相互作用も促している。また専門職志向が社外効力感を，社会貢献志向が部門間交流を促すなど，そのキャリア志向の内容に沿った結果が現れている。さらに自律志向も部門間交流を促していることがわかる。

　それに対して，表8-8のコンサルタント等に目を転じると，かなり異なる結果がみてとれる。企業への定着を強化しているのは個人成果重視と外部労働市場の活用である。これらは個人や競争重視のHRMの特性と考えられるため，IT技術者とは対照的な結果だということができるだろう。それら二つは社外効力感を強化することもみてとれるし，反対に提案・創造重視は社外効力感を弱くするような傾向がみられる。おそらくこれは，コンサルタントの成果が個人に帰するところが多いものであり，かつ個人の提案や創意工夫と数値の業績がリンクしやすいためであろう。それらを数値業績によって評価するようなHRMの方がコンサルタント等の自立心を高めるのだと考えられる。それがこうした結果に現れているのだと思われる。なお相互作用については，こちらもHRMの効果があまりみられないのであるが，プロセス・チーム評価が部門内交流を強くしていることがわかる。この点は組織重視のHRMの利点が確認できたといえる。その他の変数をみると，仕事の先進性・独自性と企業ブランドが部門内交流を強くしていることがわかる。インタビュー調査では高度な仕事をしている知識労働者が他者との交流に積極的である傾向がみられたが，それがアンケート調査でも確認されたといえるだろう。キャリア志向についていえば，管理職志向が企業への定着と相互作用を強くしていることがわかる。それに対し，専門職志向と自律志向は社外効力感を強めている。自律志向は部門間交流も促しているようである。社会貢献志

向は企業への定着に正の，そして部門間交流に負の影響を与えている[10]。

　これらの結果から，仮説6と7の妥当性を検証すると，IT技術者とコンサルタント等では大分異なることがいえる。IT技術者については仮説6の方が強く支持されたといえる。それに対してコンサルタント等には仮説7が強く支持されたといえる。IT技術者に対する組織重視のHRMと，コンサルタント等に対する個人重視で競争的なHRMというコントラストが明らかになったといえるだろう。

第4節　キャリア発達

　ここからは，キャリア発達に関する分析結果をみていきたい。知識労働者が成長感や有能感を持てているか，さらにはどのようなキャリア志向を持っているのかを分析していくことになる。まず分析枠組み1に則り，HRMの類型別の比較を行う。表8－9と表8－10は，知識労働者の成長感と有能感に関する分散分析の結果である。

　表8－9は類型別，表8－10は企業区分別であるが，双方の表において，強い成果・能力主義型が最も平均点が高く，次いでプロセス重視の成果主義型と市場志向型であり，そして非競争型が最も低いことがわかる。さらに，強い成果・能力主義型と他の類型・区分との間には統計的に有意な差がみられるが，プロセス重視の成果主義と，市場志向型ならびに非競争型との間には統計的に有意な差はほとんどみられない。知識労働者の成長感と有能感においては，強い成果・能力主義型が突出した結果がみられたといってよいだろう。なお，表8－9において，市場志向型の標準偏差が他の類型より大きいことがわかる。市場志向型では成長感や有能感に個人差があることが推察されるのであるが，もしそうであるならば，企業が育成することよりも個人が競い合うことが重視される環境では，こうした個人差が出やすいといえるのかもしれない。

　次にキャリア志向に関する分析結果をみていく。管理職志向，専門職志向，社会貢献志向，自律志向という4つの志向の強さを比較していく。表8－11と表8－12は，その分散分析の結果である。

表8-9　HRMの類型別の成長感と有能感

	1. 強い成果・能力主義　1段目:平均値　2段目:標準偏差	2. プロセス重視の成果主義　1段目:平均値　2段目:標準偏差　3段目:1との差	3. 市場志向　1段目:平均値　2段目:標準偏差　3段目:1との差　4段目:2との差	4. 非競争　1段目:平均値　2段目:標準偏差　3段目:1との差　4段目:2との差	F値
成長感	3.944 0.671	3.657 0.657 0.287 **	3.623 0.762 0.321 ** 0.034	3.454 0.630 0.489 *** 0.203 †	8.609 ***
有能感	3.995 0.637	3.516 0.753 0.479 ***	3.556 0.906 0.439 *** −0.040	3.413 0.749 0.582 *** 0.103	11.396 ***

† p<0.10, *p<0.05, **p<0.01, ***p<0.001

表8-10　HRMの企業区分別の成長感と有能感

	1. 強い成果・能力主義　1段目:平均値　2段目:標準偏差	2. プロセス重視の成果主義　1段目:平均値　2段目:標準偏差　3段目:1との差	3. 市場志向　1段目:平均値　2段目:標準偏差　3段目:1との差　4段目:2との差	4. 非競争　1段目:平均値　2段目:標準偏差　3段目:1との差　4段目:2との差	F値
成長感	4.024 0.745	3.594 0.648 0.431 ***	3.699 0.654 0.325 * −0.106	3.535 0.785 0.489 ** 0.059	8.289 ***
有能感	4.085 0.748	3.496 0.761 0.589 ***	3.544 0.774 0.541 *** −0.048	3.589 0.780 0.496 ** −0.093	11.290 ***

† p<0.10, *p<0.05, **p<0.01, ***p<0.001

表8-11　HRMの類型別のキャリア志向

	1. 強い成果・能力主義　1段目:平均値　2段目:標準偏差	2. プロセス重視の成果主義　1段目:平均値　2段目:標準偏差　3段目:1との差	3. 市場志向　1段目:平均値　2段目:標準偏差　3段目:1との差　4段目:2との差	4. 非競争　1段目:平均値　2段目:標準偏差　3段目:1との差　4段目:2との差	F値
管理職志向	3.484　0.880	3.436　0.733　0.048	3.007　0.928　0.477 ***　0.429 ***	2.983　0.866　0.501 ***　0.453 ***	12.305 ***
専門職志向	3.889　0.618	3.724　0.653　0.164	3.846　0.802　0.043　−0.121	3.627　0.807　0.262 †　0.097	2.833 *
社会貢献志向	4.340　0.621	3.923　0.661　0.417 ***	4.053　0.755　0.288 *　−0.129	3.772　0.717　0.568 ***　0.152	12.574 ***
自律志向	4.089　0.733	3.592　0.832　0.498 ***	3.684　0.951　0.405 **　−0.092	3.458　0.907　0.632 ***　0.134	10.289 ***

† $p<0.10$, *$p<0.05$, **$p<0.01$, ***$p<0.001$

　表8-11の結果についてみていこう。管理職志向については,強い成果・能力主義型とプロセス重視の成果主義型の点数が高く,他の二つの類型との間には統計的に有意な差がある。管理職志向の強い人が多いHRMは,強い成果・能力主義型とプロセス重視の成果主義型であることがわかる。次に専門職志向については,やや差はあるものの明確なものではない。あえていえば非競争型の点数が低いということになる。そして社会貢献志向と自律志向であるが,最も点数が高いのが強い成果・能力主義型,そして順に市場志向型,プロセス重視の成果主義型,非競争型という結果になった。強い成果・能力主義型と他の類型には統計的に有意な差がみられるが,市場志向型とプロセス重視の成果主義型との間にはそれがみられない。それゆえ,強い成果・能力主義型において顕著に高いというように

表8−12　HRMの企業区分別のキャリア志向

	1．強い成果・能力主義　1段目:平均値　2段目:標準偏差	2．プロセス重視の成果主義　1段目:平均値　2段目:標準偏差　3段目:1との差	3．市場志向　1段目:平均値　2段目:標準偏差　3段目:1との差　4段目:2との差	4．非競争　1段目:平均値　2段目:標準偏差　3段目:1との差　4段目:2との差	F値
管理職志向	3.548　0.852	3.292　0.842　0.256	3.130　0.875　0.418 **　0.162	3.175　0.771　0.373 †　0.117	3.655 *
専門職志向	3.824　0.683	3.683　0.682　0.141	4.014　0.718　−0.190　−0.331 ***	3.600　0.781　0.224　0.083	6.728 ***
社会貢献志向	4.476　0.546	3.870　0.665　0.606 ***	4.023　0.749　0.453 ***　−0.153	4.035　0.760　0.441 **　−0.165	15.104 ***
自律志向	4.261　0.751	3.532　0.813　0.729 ***	3.718　0.951　0.542 ***　−0.187	3.635　0.909　0.626 **　−0.104	14.094 ***

† p<0.10, *p<0.05, **p<0.01, ***p<0.001

理解できる。

　表8−12においても同様の結果がみてとれる。やや違うのは，市場志向型のHRMにおいて，専門職志向の得点が顕著に高くなっており，プロセス重視の成果主義型との間に有意な差がみられることである。以上のことから仮説3，4，5を検討するならば，仮説5の強い成果・能力主義に関するものが最も強く支持されているといえそうである。ここでも従来の日本企業にまつわる通説とは，異なる結果が得られたといえる。

　さてキャリア志向の分析において一つの焦点となっていたのは，管理職志向と社会貢献志向の強さであった。三輪（2001, 2011）において，仕事の成果が高い知識労働者は，それらの志向が強いことが明らかにされていたからである。表8

－11，8－12において，それらのキャリア志向が強いのは強い成果・能力主義型のHRMであることがわかったといえる。また管理職志向についてはプロセス重視の成果主義型においても強く，社会貢献志向については市場志向型でもやや強いような傾向がみられた。そこから考えるならば，成果の高い知識労働者が多くいる可能性が高いHRMは強い成果・能力主義型であり，プロセス重視の成果主義型や市場志向型が，それに次ぐ可能性があることがうかがい知れる。このことは，知識労働者が活躍できるHRMを探求するうえでは重要な事実である。

そのことをさらに深く掘り下げるために，ここで追加的な分析を行ってみたい。三輪（2001，2011）で最も仕事の成果が高かったのは，管理職志向と専門職志向がともに強い知識労働者や，社会貢献志向と専門職志向がともに強い知識労働者であった[11]。そうした知識労働者が多いのはどのようなHRMであるのかを分析してみたい。

順を追って分析結果を示していく。まず，キャリア志向のクラスター分析を行ってみた。**図8－3**はその結果の概要であるが，そこから大きく分けて四つの類型がみられると判断した。**表8－13**は，その類型ごとに四つのキャリア志向の平均点を分散分析で比較したものである。それぞれの特性を整理していこう[12]。

1の類型はすべてのキャリア志向の得点が高いことが特徴だが，他の類型に比べると管理職志向が突出して高いのが目立っている。それに対し2の類型は，専門職志向，社会貢献志向，自律志向では1の類型と統計的に有意な差はないものの，管理職志向だけが目立って低い結果となっている。なお専門職志向や社会貢献志向については，3や4の類型に比べると有意に高くなっている。一方，3の類型はすべてのキャリア志向の平均点が3.5付近にまとまっており，バランスがとれた状態になっている。そして4の類型は，すべてのキャリア志向の得点が最も低く，志向が弱くなっている。これらのことから判断すれば，1はここで注目しようとしている管理職志向と専門職志向がともに強い類型で，名づけるならば管理・専門志向型となるだろう。そして2は社会貢献志向と専門職志向がともに強い類型で，社会貢献・専門志向型と呼ぶことができる。前者は三輪（2011）において，特に組織内キャリアにおいて成果の高い知識労働者のキャリア志向とされていたものだといえる。それに対して後者は，転職や独立を伴う組織間キャリアにおいて成果の高い知識労働者のキャリア志向とされていたものである。つまり，これらの類型の人が多いHRMでは，多くの知識労働者が活躍しているという可能性が高くなる。それに対し，3の類型はキャリア志向がはっきりしないと

図8-3 キャリア志向のクラスター分析結果（Ward法）の概要

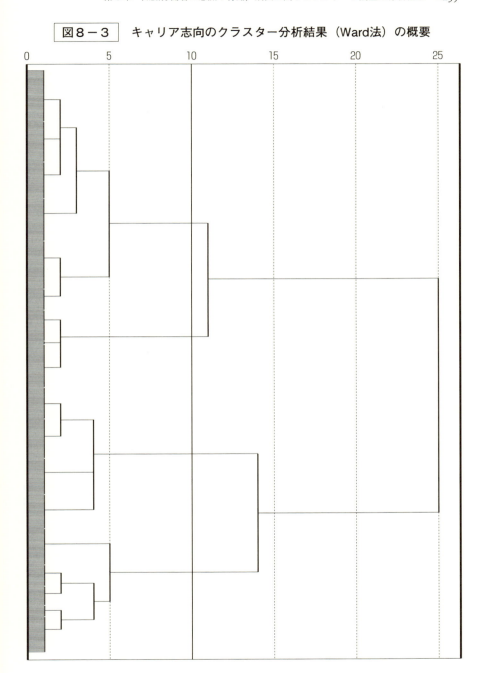

いえるであろう。特に弱い志向もないのだが，顕著に強いものもない。名付けるならばバランス型ということができるが，キャリア志向が知識労働者の様々な学習を促すものであることを想起すると，こうした類型は大きな強みを持たない人の類型だとも考えられる。もちろん，全ての志向が弱い4の類型にはその問題が大きいであろう。この類型は志向弱型と名付けられるだろう。

表8-13 キャリア志向の四つの類型（分散分析）

	1. 管理専門 1段目:平均値 2段目:標準偏差	2. 専門社会 1段目:平均値 2段目:標準偏差 3段目:1との差	3. バランス 1段目:平均値 2段目:標準偏差 3段目:1との差 4段目:2との差	4. 志向弱 1段目:平均値 2段目:標準偏差 3段目:1との差 4段目:2との差	F値
管理職志向	4.082 0.632	2.554 0.627 1.529 ***	3.479 0.485 0.604 *** -0.925 ***	2.376 0.654 1.706 *** 0.177	202.292 ***
専門職志向	4.259 0.652	4.124 0.648 0.135	3.526 0.457 0.733 *** 0.598 ***	2.987 0.540 1.272 *** 1.137 ***	103.359 ***
社会貢献志向	4.609 0.506	4.021 0.769 0.135	3.890 0.495 0.733 *** 0.598 ***	3.162 0.413 1.272 *** 1.137 ***	103.649 ***
自律志向	4.216 0.697	4.359 0.650 -0.143	3.319 0.588 0.897 *** 1.041 ***	2.757 0.672 1.459 *** 1.602 ***	140.552 **
内訳	125名 内IT技術者56名 内大企業60名	110名 内IT技術者29名 内大企業51名	215名 内IT技術者139名 内大企業72名	68名 内IT技術者51名 内大企業51名	

*p<0.05, **p<0.01, ***p<0.001
注）欠損=2

次に**表8-14**は，四つのキャリア志向の類型ごとに，知識労働者の成長感や有能感を比較したものである。双方ともに管理・専門志向型が最も高く，それに社会貢献・専門志向型が続く結果となっている。これをみると，それら二つの類型が他と比べてキャリアに自信を持っていることがうかがい知れる。

表8-14 キャリア志向の類型別の成長感と有能感

	1. 管理社会 1段目:平均値 2段目:標準偏差	2. 専門社会 1段目:平均値 2段目:標準偏差 3段目:1との差	3. バランス 1段目:平均値 2段目:標準偏差 3段目:1との差 4段目:2との差	4. 志向弱 1段目:平均値 2段目:標準偏差 3段目:1との差 4段目:2との差	F値
成長感	4.040 0.639	3.795 0.725 0.244 *	3.580 0.560 0.460 *** 0.216 *	3.050 0.609 0.990 *** 0.746 ***	40.076 ***
有能感	4.008 0.696	3.720 0.848 0.288 *	3.476 0.667 0.532 *** 0.244 *	2.982 0.717 1.026 *** 0.739 ***	33.018 ***

*p<0.05, **p<0.01, ***p<0.001

また**表8-15**は，四つのキャリア志向の類型ごとに，知識労働者の企業への定着や相互作用を比較したものである。これも表8-14と似たような結果となっているが，企業への定着や相互作用の得点はバランス型の得点も高めとなっている。ただし社外効力感については，バランス型は社会貢献・専門志向型に比べると有意に低い。これをみると管理・専門志向型や社会貢献・専門志向型は企業に貢献する意識や行動が強く，社外でも通用する意識を強く持っており，バランス型は企業への貢献に関する意識は強いが，社外で通用する意識は弱いものと考えられる。これらの分析から四つの類型の特性がかなり明らかになったといえるだろう。

表8-15　キャリア志向の類型別の企業への定着と相互作用

	1. 管理社会 1段目:平均値 2段目:標準偏差	2. 専門社会 1段目:平均値 2段目:標準偏差 3段目:1との差	3. バランス 1段目:平均値 2段目:標準偏差 3段目:1との差 4段目:2との差	4. 志向弱 1段目:平均値 2段目:標準偏差 3段目:1との差 4段目:2との差	F値
組織への定着	3.947 0.846	3.427 1.001 0.519 ***	3.560 0.742 0.386 *** -0.133	3.088 0.728 0.858 *** 0.339 *	17.444 ***
社外効力感	3.888 0.821	3.721 0.913 0.167	3.285 0.762 0.603 *** 0.436 ***	2.755 0.765 1.133 *** 0.966 ***	35.881 ***
部門内コミュニケーション	4.013 0.769	3.615 0.928 0.398 ***	3.622 0.608 0.392 *** -0.007	3.191 0.682 0.822 *** 0.424 **	19.198 ***
部門間コミュニケーション	3.677 0.991	3.220 1.060 0.458 **	3.172 0.791 0.505 *** 0.045	2.686 0.779 0.991 *** 0.533 **	18.732 ***

*p<0.05, **p<0.01, ***p<0.001

　さて，表8-16と表8-17は，HRMの類型とキャリア志向の類型によってクロス集計をした結果である。表8-16はHRMの類型別，表8-17は企業区分別である。双方で同じような結果が現れている。強い成果・能力主義型は，管理・専門志向型の比率が高い。そして志向弱型が非常に少ないのが特徴である。次に市場志向型は社会貢献・専門志向型の比率が高い。そしてやはり志向弱型は少なめである。それに対し，プロセス重視の成果主義型はバランス型が半数程度に上ることが最大と特徴だといえる。管理・専門志向型も市場志向型と同じ程度にはいるのだが，社会貢献・専門志向型の比率は大分低くなっている。最後に，非競争型であるが，こちらは他の類型に比べて志向弱型が多いのが特徴である。そして特に管理・専門志向型の比率が低くなっている。これらのことから，組織内

キャリアで活躍する人が最も多いのが強い成果・能力主義型であり，市場志向型では組織間キャリアで活躍する人が多いことが理解できる。

表8－16　HRMとキャリア志向のクロス集計結果（HRMの類型別）

		管理専門	専門社会	バランス	志向弱	合計
強い成果・能力主義	人数	36	23	32	4	95
	比率	37.9%	24.2%	33.7%	4.2%	100.0%
プロセス重視の成果主義	人数	54	29	127	23	233
	比率	23.2%	12.4%	54.5%	9.9%	100.0%
市場志向	人数	21	34	27	13	95
	比率	22.1%	35.8%	28.4%	13.7%	100.0%
非競争	人数	14	24	29	28	95
	比率	14.7%	25.3%	30.5%	29.5%	100.0%
合計	人数	125	110	215	68	518
	比率	24.1%	21.2%	41.5%	13.1%	100.0%

Pearsonのカイ二乗=74.819***　　***$p<0.001$
自由度=9

表8－17　HRMとキャリア志向のクロス集計結果（HRMの企業区分別）

		管理専門	専門社会	バランス	志向弱	合計
強い成果・能力主義	人数	28	18	22	1	69
	比率	40.6%	26.1%	31.9%	1.4%	100.0%
プロセス重視の成果主義	人数	63	42	146	48	299
	比率	21.1%	14.0%	48.8%	16.1%	100.0%
市場志向	人数	27	40	28	7	102
	比率	26.5%	39.2%	27.5%	6.9%	100.0%
非競争	人数	7	10	19	12	48
	比率	14.6%	20.8%	39.6%	25.0%	100.0%
合計	人数	125	110	215	68	518
	比率	24.1%	21.2%	41.5%	13.1%	100.0%

Pearsonのカイ二乗=62.137***　　***$p<0.001$
自由度=9

最後に分析枠組み2の重回帰分析の結果についてみていきたい。成長感や有能感については，残念ながら有意義な結果がほとんどみられなかった（分析結果の表は省略している）。個別のHRM施策がそれらに及ぼす影響が小さかったのだと思われる。わずかに影響がみられたのは，IT技術者において提案・創造の重視が有能感に正の影響を及ぼすことと（5％水準で有意），コンサルタント等において外部労働市場の活用（1％水準で有意）と能力主義（5％水準で有意）が成長感に正の影響を及ぼすことのみであった。その一方でコンサルタントにおいて，能力主義が有能感に正の影響を及ぼすのに（5％水準で有意），人材育成が負の影響を及ぼすという（5％水準で有意），理解しにくい結果も得られている。こうした結果は，知識労働者のキャリア発達は個別のHRMの施策では説明しにくいものであり，HRM全体としての効果をみることや，日々の仕事の内容等を併せてみる必要があることを示しているものだと思われる[13]。なお，その他の独立変数として企業や仕事の特性を設定していたのだが，IT技術者では仕事の先進・独自性が成長感に正の影響を与えており（5％水準），コンサルタントでは知識の企業特殊性が成長感（0.1％水準）と有能感に（1％水準），仕事の先進・独自性が有能感に（1％水準）正の影響を与えていることがわかった。これらの要因は，知識労働者のキャリア発達と一定の関連性があるようである。

　つぎにキャリア志向についてだが，結果を**表8-18**と**表8-19**に示している。IT技術者についてはこちらもあまり多くの結果が得られていない。プロセス・チーム評価が管理職志向を強くすることと，人材育成が専門職志向を弱くすることぐらいである。一方コンサルタント等の方はやや多くの結果がみられている。人材育成が管理職志向を強くしているほか，外部労働市場活用が社会貢献志向と自律志向を強くしている。また能力主義と個人成果重視が自律志向を強くしていることもわかる。組織重視の施策と個人や競争重視の施策のそれぞれの効果がうかがい知れる結果となった。ただし，ここでの分析には一定の限界があることが明らかになったといえる。Schein（1978）でも述べられていたように，キャリア志向とは一定の期間の経験の積み重ねの中から明らかになってくる自己に対する認識である。それゆえ，現在のHRM，それも個別の施策からだけで説明できるようなものではないのであろう。重回帰分析で得られたものが多くないのには，そうした理由があるのだと思われる。分析枠組み1でみたような，どのようなHRMにどのようなキャリア志向の持ち主が多いかということについては，比較的議論がしやすいであろうが，どのHRMの施策や特性が，どのキャリア志向を

規定するのかといった議論は難しいのだと思われる。そのようなことから，仮説8，9，10については，どれも強く支持されるには至らなかったものと推察される。

表8-18 HRM特性とキャリア志向の重回帰分析結果（IT技術者）

独立変数	管理職志向 β	専門職志向 β	社会貢献志向 β	自律志向 β	VIF
年齢	−.073	−.097	−.007	−.048	1.361
性別（男=0，女=1）	−.122 *	−.006	−.017	−.045	1.054
学歴（大卒まで=0，修士以上=1）	.006	.144 *	.110 †	−.050	1.107
企業規模（300人以上=1，それ以外=0）	.102	.098	.092	.117 †	1.387
役職（課長相当以上=1，それ以外=0）	.129 *	−.062	−.036	.081	1.296
知識の企業内特殊性	−.141 *	.126 †	−.019	.019	1.694
先進・独自性	.214 **	.111	−.045	.215 **	1.344
顧客との結びつき	.112 †	.024	−.004	−.002	1.284
企業ブランド	.053	.097	.162 *	.059	1.606
競争の厳しさ	.045	.046	−.002	.030	1.173
人材育成	.042	−.179 *	−.029	−.076	1.914
個人成果重視	.025	.039	.059	.088	1.430
提案・創造重視	−.054	.003	.138	−.033	2.168
外部労働市場活用	.059	.016	.013	.108	1.374
内部人材登用	.108 †	−.012	−.073	.094	1.366
能力主義	.104	.072	.037	.123	1.663
プロセス・チーム評価	.155 *	.106	.062	−.114	2.072
調整済みR2乗	.195 ***	.083 **	.053 *	.076 **	

† p<0.10，* p<0.05，** p<0.01，*** p<0.001

表8-19 HRM特性とキャリア志向の重回帰分析結果（コンサルタント等）

独立変数	管理職志向 β	専門職志向 β	社会貢献志向 β	自律志向 β	VIF
年齢	−.191 **	−.050	.055	−.129 †	1.430
性別（男=0，女=1）	−.090	−.025	.075	−.072	1.144
学歴（大卒まで=0，修士以上=1）	.069	.153 *	.059	−.089	1.126
企業規模（300人以上=1，それ以外=0）	.009	−.112	.026	.026	1.680
役職（課長相当以上=1，それ以外=0）	.177 **	.119 †	.012	.034	1.106
知識の企業内特殊性	.191 *	.105	.163 *	.254 **	1.664
先進・独自性	−.129 †	.206 **	−.025	.080	1.329
顧客との結びつき	.073	−.064	.058	.061	1.392
企業ブランド	−.065	−.106	.046	−.056	1.850
競争の厳しさ	.203 **	.110 †	.034	−.041	1.170
人材育成	.190 *	−.129	.105	−.086	2.308
個人成果重視	−.092	.087	.135 †	.196 **	1.593
提案・創造重視	.062	.034	.030	−.097	1.524
外部労働市場活用	.013	.103	.168 *	.154 *	1.606
内部人材登用	.017	.057	−.087	.044	1.225
能力主義	.106	.111	.122 †	.196 **	1.512
プロセス・チーム評価	.042	.024	−.150	−.122 †	1.541
調整済みR2乗	.147 ***	.113 ***	.160 ***	.201 ***	

† p<0.10, *p<0.05, **p<0.01, ***p<0.001

第5節　HRMによる分析のまとめ

　本章の最後に，知識労働者の意識や行動，成長に関する分析結果をまとめておきたい。まず四つのHRM類型の違いが明らかになったといえる。

　強い成果・能力主義型は，企業への定着についても，社外効力感においても最も得点が高かった。社外でも通用する能力を持つ知識労働者が組織にとどまるというのが，知識集約型企業にとっての理想であるといえようが，それに最も近い状態であるのは，強い成果・能力主義型といえそうだ。同時に強い成果・能力主

義型は相互作用についても最も得点が高かった。それだけでなく，成長感や有能感も最も高いことがわかっている。キャリア発達の面でも良い結果がみられたわけである。それはキャリア志向の分析においても顕著であり，管理職志向や社会貢献志向の平均点が高いだけでなく，管理職志向と専門職志向の双方が強い管理・専門志向型の人の比率が非常に高いことも明らかになった。成果の高い，優秀な人の多い類型だといえそうである。

　次にプロセス重視の成果主義型は，企業への定着や相互作用については強い成果・能力主義型に次ぐのであるが，社外効力感などは市場志向型より低いことがわかった。ここで働く知識労働者には組織間キャリアへの志向は弱そうである。そのキャリアについて，成長感や有能感は中程度であったが，キャリア志向をみるとすべてのキャリア志向がそれほど強くないバランス型の人が非常に多い。そのことから，特に優秀な人や明確な意志を持った人はそれほど多くないことがわかる。そして社会貢献・専門志向型が少ないことをみると，組織間キャリアを目指すような人は少なそうである。

　つづいて市場志向型であるが，企業への定着や相互作用についてはプロセス重視の成果主義型とほとんど変わらない。それゆえ企業への貢献意欲や愛着が，著しく劣っているわけではなさそうである。ただ社外効力感が高いことや，キャリア志向に社会貢献志向が強いことをみると，やはり組織間キャリアを意識している人は多そうである。

　最後に非競争型であるが，こちらはあらゆる項目において最も低い得点となった。このHRMの下では，短期雇用になりやすく，またキャリア発達も進みにくいと考えられる。仕事を生活の中心とは考えていない人や，次の勤務先への移動を想定しながら働く若い人が多いということも考えられる。ただし，大企業比率が低いことを考えると，成長途上の企業に勤務する人も多く含まれると考えられる。今後，HRMや知識労働者の意識に変化が現れることは十分に考えられる。

　さて重回帰分析の結果をみると，IT技術者とコンサルタント等との違いも明らかになったといえるだろう。IT技術者では，人材育成や内部人材登用，提案・創造の重視が企業への定着を促していた。組織重視のHRMや質的成果の評価が，IT技術者が企業にとどまる要因になっていたと考えられるのである。それに対し，コンサルタント等では個人成果の重視や外部労働市場の活用が企業への定着を促し，社外効力感も高めていた。こちらは個人重視で競争的なHRMの効果が確認されたといえる。彼（彼女）らはこうした開かれた競争があることを望んで

いるのだと思われる。双方をみるとその違いがはっきりしている。もちろん，強い成果・能力主義型においてすべての項目の得点が高いことをみると，知識労働者のHRMには組織重視のものも，個人重視のものも重要であることがわかる。しかし，IT技術者とコンサルタント等を比較しながらみると，どちらをベースにするかはそれぞれ異なるようである。組織重視のHRMに競争的な要素を取り入れていくのがIT技術者であり，個人や競争重視のHRMに組織や協働の要素を取り入れていくのがコンサルタント等だといえそうだ。これが明らかになったことの実践的インプリケーションは大きいものだと考えられる。

● 注

1 第2章ではAlvesson（2004）の同一化のロイヤリティと道具的ロイヤリティについてみたわけであるが，知識労働者の企業への定着を見る場合，同一化のロイヤリティや情緒的コミットメントだけでなく，積極的な意味での道具的ロイヤリティも含めて考えるべきだと思われる。
2 バウンダリーレス・キャリアやプロティアン・キャリアの研究では転職できる能力が重視されている。実際に転職するかどうかは別にして，その能力があることは知識労働者にとって望ましく，企業にとってはそのような優秀な人が自社にとどまることが望ましいはずである。
3 企業内の相互作用については，伊丹（2005）における「場」の研究や，チーム生産方式，あるいは改善活動に関する調査や研究などで日本企業の長所としてよくとりあげられている。
4 例えば太田（1993）や太田（1997）では，技術者やデザイナーなどは企業や組織よりも仕事そのものにコミットしており，組織人にとっては魅力的な昇進が，あまり動機づけにならないことが論じられている。
5 少なくとも競争的ではないことは明らかであるし，年功的とはみなされるものの，人材育成やプロセス・チームの評価の点数は他の類型よりも低い。それゆえ，組織や協働を重視しているとも考えにくいといえる。
6 小池（1991）などを参照されたい。
7 日本に比べてアメリカのHRMは相対的に個人主義であるが，アメリカのホワイトカラーではファスト・トラッカーと呼ばれる一部のエリート層と，その他の人たちとの間にキャリア開発の大きな違いがある。また作業労働者（ブルーカラー）は昇進も少なく，多能工化もあまりなされない（小池，1993b）。
8 個人属性についてはダミー変数を設定しているが，その設定方法は前章と同様である。
9 三輪（2011）では，管理職志向が企業内外での人的交流を促し，社会貢献志向が企業内や顧客との人的交流を促すことが明らかにされている。

10 社会貢献志向が企業内（部門間）の交流に負の影響を与えるということは，三輪（2011）とは異なる結果である。
11 それらの複合的なキャリア志向の持ち主は，主体的な学習と対人的な学習をともに高いレベルで行っていることもわかっている。
12 ここでの類型の順番は得点の比較がしやすいように，平均点が高めのものから順に並べられている。
13 日々の仕事の経験とキャリア発達との関連性を示す研究も増加している。松尾（2006），三輪（2013b）などを参照されたい。

終　章

HRMの新しいステージ

第1節　本書が明らかにしたもの

1　本書の結論

本書の最後に，本書の結論と理論的，実践的インプリケーションをまとめたうえで，今後の研究課題をあげていきたい。

本書の研究課題は次のようなものであった。

【研究課題1】
　知識労働者のHRMの実態について，特にどのような多様性があるのかという観点から明らかにする。

【研究課題2】
　HRMの違いによって，知識労働者の意識や行動，成長がどのように異なるのか，彼（彼女）らの企業への定着，相互作用（コミュニケーション），キャリア発達に着目して比較を行う。

【研究課題1】についての結論は次のようにいうことができる。知識労働者のHRMの多様性を類型として示すならば，強い成果・能力主義型，プロセス重視の成果主義型，市場志向型，非競争型がある。先行研究では市場志向のHRMと組織志向のHRM，あるいはヒューマン・キャピタル・アドバンテージを追求するHRMとヒューマン・プロセス・アドバンテージを追求するHRMなどが議論されていた。本書で明らかになった市場志向型は，外部労働市場を活用して個人の成果を評価するものなので，先行研究でも議論されていたHRMだということができる。プロセス重視の成果主義型は，従来日本企業で行われていた組織志向のHRMが時代に応じて変化したもので，組織志向のHRMに，部分的に市場志向，あるいは成果主義的なHRMを取り入れたものだといえる。そして強い成果・能

力主義型は，個人重視で競争的でありつつも人材育成なども充実したHRMであり，本書における独自の調査と分析の中から見出されたものだといえる。最後に非競争型は基本的にはテクノロジストに多いHRMといえるのだが，評価制度や報酬制度があまり競争的ではなく，人材育成もそれほど充実していないHRMである。なおインタビュー調査では，同一企業の中で異なるタイプの知識労働者に，それぞれ別のHRMを適用している例もみられた。それらの組み合わせも併せて考えれば，HRMの多様性はかなり広がることになる。

そうしたHRMの多様性の背景にある要因としては，仕事の先進・独自性（あるいは難易度），知識の企業特殊性，顧客との結びつき，企業ブランド，競争の厳しさなどがあることがわかった。仕事の先進・独自性が強い場合は，HRMの内容が充実し，かつ競争的で個人の成果を重視するものになりやすいことがわかっている。高度で創造性の高い仕事をするうえでは，そのようなHRMが必要になるのであろう。それに対し，知識の企業特殊性が強い場合は，HRMは組織重視になり，内部での人材育成や登用，プロセスやチームの評価を重視するものになりやすいことがわかっている。そして顧客との結びつきの強さは，競争的HRMにも，組織重視の協働的なHRMにもつながることがわかっている。

一方，企業ブランドの高さは，HRMの諸制度，特に競争的な評価や報酬，さらには外部からの人材獲得や育成関連の施策が充実することを促すようである。高いブランドを持つ企業は歴史がある企業や大企業，あるいは優れた競争力を持つ企業であることが多い。そうした企業では人事部門や人事スタッフも充実しており，積極的なHRMの諸施策の開発が進み，導入されているようである。最後に競争の厳しさは市場志向のHRM，特に外部労働市場の活用を促すようである。SHRMなどの研究領域において，人材を外部から調達することによって企業内に保有している知識を再編することが論じられているが，厳しい競争の下ではそうしたことを迅速に行う必要があるため，このような傾向が強くなるのだと思われる。

最後に【研究課題1】に関わる本書の独自の発見をまとめるならば，①知識労働者のHRMには先行研究で議論されていた以上の多様性がみられること，②個人や競争を重視したHRMと，組織や協働を重視したHRMのバランスを取ろうとする企業があり，かつそのバランスの取り方も一様でないこと，③日本企業に独自のHRM（プロセス重視の成果主義型）は，知識集約型企業にも数多くみられること，④テクノロジストに向けたHRM（非競争型）があること，⑤ブランド

の高い企業で高度な仕事をしている知識労働者に対する強い成果・能力主義型のHRMがあること，があげられるだろう。

次に【研究課題２】についてである。各々の類型についてみていきたい。まず強い成果・能力主義型については，知識労働者の企業への定着意志が強く，同時に社外効力感も強い。そこで働く知識労働者は社外で通用する自信を持ちながらも，自社にとどまろうとしているといえる。企業にとっては非常に望ましい状態だといえるだろう。さらに知識労働者同士の相互作用も活発で，協力し合っているといえる。またこのHRMの下で働く知識労働者は成長感と有能感を強く持っており，自らのキャリアに自信を持っているといえる。キャリア志向の特徴としては，管理職志向と専門職志向の両方が強い人が多いということがあげられる。そうした志向の持ち主は仕事の成果が高いことがわかっているため（三輪，2011），この点も企業にとって望ましいものだといえるだろう。

プロセス重視の成果主義型では，知識労働者の企業への定着意志はそれなりに強いのだが，社外効力感は弱くなっている。企業にとどまって働く意思が強いことは企業にとって望ましいことであるが，その背景には社外で働くことへの自信のなさがあるとも推察される。知識労働者の相互作用についても，それなりに強いことがわかっている。しかし企業への定着意志についても相互作用についても，強い成果・能力主義型よりも明らかに弱く，次にあげる市場志向型に比べても強いとは断定できない。プロセス重視の成果主義型は組織志向のHRM，あるいは日本的なHRMの要素を多分に含んでいるため，定着や相互作用が最も強く現れるとも考えられたのが，結果はそうではなかった[1]。この点は知識労働者のHRMを考えるうえで重要なポイントになるだろう。キャリア発達についても，すべてのキャリア志向が中程度のバランス型の人が多いことがわかっている。これは特筆するような能力や個性を持った知識労働者が少ないことにつながるものであり，そこから考えるならば，やはり個人の力を活かすより，集団の力を活かすようなHRMといえるだろう。

次に市場志向型では，知識労働者の企業への定着意志はプロセス重視の成果主義型に比べるとやや弱いのであるが，相互作用はほぼ変わらないくらいの強さであった。市場志向のHRMは個人主義になりすぎて知識労働者同士の協力は行われにくいという懸念が多くの先行研究にもみられたが，そのような結果は見出せなかった[2]。またこのHRMで働く知識労働者は社外効力感が強く，キャリア志向も組織間キャリアに適したものを持つ人が多い。三輪（2011）では組織間キャ

リアで活躍する人は専門職志向と社会貢献志向の両方が強い人が多いことが示されていたが，市場志向型のHRMではそうした人の比率が高く現れたのである。それらのことからみても，このHRMで働く人は外部労働市場や組織間キャリアを意識した働き方になると想定できるだろう。

そして非競争型では，知識労働者の企業への定着意志が弱く，同時に社外効力感も弱いことがわかっている。これは企業にとって望ましい状態ではないことはいうまでもない。また知識労働者自身にとっても，転職する意志がそれなりにありつつも，その自信は弱いわけであるから，望ましい状態とはいえないであろう。相互作用も活発ではなく，明確なキャリア志向を持たない人の比率も多いので，優れたチーム，あるいは個人が活躍しているような状態とはいえないであろう。ただ，このHRMの企業は仕事があまり先進的なものではないことが多いので，非競争的なHRMの下で，それほど向上心や上昇志向が強くない知識労働者が，一定期間働くことで企業活動が成り立っているとも考えられる。あるいは将来の目標として別の仕事を想定している人が，それに向けての基礎を学習する場として勤務する可能性もあるだろう。

最後に【研究課題２】に関わる本書の独自の発見をまとめるならば，①組織重視の協働的なHRMだけが知識労働者の定着や相互作用，あるいはキャリア発達を促すのではなく，むしろある程度競争的なHRMや難易度の高い仕事がそれらを強く促していること，②競争的なHRMに人材育成の要素が加われば（強い成果・能力主義型），それらの意識や行動が最も高くなると期待できること，③日本的なHRM（プロセス重視の成果主義型）には際立った利点は少ないが，組織活動を重視する知識労働者に適していること，④市場志向型と非競争型の比較から，転職等を伴う組織間キャリアには意欲的なものと必ずしもそうでないものがあると考えられること，があげられる。

2 IT技術者とコンサルタント等との違い

本書の分析を通じて，IT技術者とコンサルタント等との違いも明らかになってきた。ここではそれについてまとめておきたい。

まずIT技術者には組織重視のHRMが多くみられ，それが適していると考えられる。それに対してコンサルタント等には，個人重視で競争的なHRMが多くみられ，それが適していると考えられるのである。四類型のHRMでいうと，プロセス重視の成果主義型と非競争型ではIT技術者の比率が高かった。それに対し，

強い成果・能力主義型や市場志向型においては，コンサルタント等の比率が多かったのである。さらに第8章における重回帰分析の結果にも違いがみられた。IT技術者では，人材育成や内部人材登用，提案・創造の重視が彼（彼女）らの企業への定着を促していた。組織重視のHRMや質的成果の評価が，IT技術者が企業にとどまる要因になっていたと考えられるのである。それに対し，コンサルタント等では個人成果の重視や外部労働市場の活用が彼（彼女）らの企業への定着を促し，社外効力感も高めていた。こちらは個人や競争を重視するHRMの効果が確認されたといえる。コンサルタント等にとっては，開かれた競争があり，個人の成果が明確に評価されることが望ましいのだと思われる。

こうしたことは，三輪（2011）の結果を参照しながら考えると納得しやすい。そこでは以下のような研究結果が明らかにされていた。

① コンサルタントの方がIT技術者よりも，転職などの組織間移動を多く経験している。前者の70％程度がそれを経験しているのに対し，後者では30％を超える程度の人しか経験していない。
② IT技術者の仕事の成果を高めるキャリア志向は専門職志向ではなく，経営や管理に関する志向である[3]。
③ それに対してコンサルタントでは，管理職志向以外にも，専門性や自律性に関する志向が仕事の成果を高めている。

つまりIT技術者の方が企業や組織への関わりが深く，またそれが仕事の成果につながるのである。反対にコンサルタントは，専門性，自律性がより重要になる。それをみると，本書におけるHRMの分析結果は，当然の結果だということができるだろう。もちろん，双方にとって組織重視のHRMも市場重視のHRMも重要なものであろう。しかし，どちらをベースにするかはIT技術者とコンサルタント等では異なるようである。組織重視のHRMに競争的な要素を取り入れていくのがIT技術者であり，競争的なHRMに組織重視の要素を取り入れていくのがコンサルタント等なのだと考えられる。

3　四類型の意義と課題

本書では，知識労働者のHRMを類型化して，そこでの知識労働者の意識や行動，成長を比較してきた。平均点の比較などの分析をしてきたわけであるが，決してその意図はHRMの優劣を判断することではない。序章で述べたように，そもそも知識労働自体が多様なのであり，それに応じてHRMも多様化しているの

だと思われる。ここで改めてその観点から四類型を振り返り，それぞれのHRMの意義と課題を考えてみたい。

(1) 強い成果・能力主義型

この類型の企業は，企業としてのブランドが高く，仕事の先進・独自性も高いことがわかっている。つまり，高度な仕事において優れた実績があり，それによって企業としての名声が築かれているといえる。多くの知識労働者にとって，魅力のある企業であることは間違いないだろう。そのため，優秀な人材を採用しやすいと考えられる。ヒューマン・キャピタル・アドバンテージを追求することが可能になるのである。実際にこのHRMの企業は，個人の成果を重視し，外部労働市場を活用している。そして企業内でも人材育成に取り組んでいる。元々優秀な人がさらに鍛えられた結果，その人はますます労働市場で競争力を持ち，転職や独立もしやすくなるものと思われる。

しかしながら，この類型のHRMは知識労働者の定着意志が強い。また成果につながるようなキャリア志向を持つ人も多く育っているので，企業としては望ましい人的資源が蓄積されるHRMだといえる。先行研究でいうならば，市場志向と組織志向，そしてヒューマン・キャピタル・アドバンテージとヒューマン・プロセス・アドバンテージを同時に実現したモデルだといえるかもしれない。特に優秀で挑戦意欲の強い知識労働者が，存分に力を発揮できる場として，このようなHRMは大きな意義があるといえる[4]。もし課題をあげるとしたら，大企業や名門企業にありがちな官僚主義の発生を防ぐことが必要になる。事業の成功に甘んじてしまい，考え方が古くなったり，仕事や戦略の革新性が失われたら，優秀な人材が集まらなくなり，こうしたHRMも成立しなくなる恐れがある。いくら名声のある大企業でも，活力を失うことは意外なほど簡単である。強い成果・能力主義型のHRMを実現する企業には，知識労働者を惹きつける仕事内容や企業特性があるものと思われる。その維持こそが最大の課題になるのではないだろうか。

(2) プロセス重視の成果主義型

この類型にはたくさんの企業があてはまっている。日本企業によくみられるHRM，あるいは日本企業が導入しやすいHRMといえるのかもしれない。また強い成果・能力主義のHRMでは，それに適応できる人とできない人が分かれてくるように思われるが，プロセス重視の成果主義型は比較的多くの人が適応しやすいHRMであると考えられる。このHRMの企業は，企業ブランドや先進・独自性

が高いとは限らないが，知識の企業特殊性は高くなっており，そういうところも日本企業らしいといえるかもしれない。そこで働く知識労働者はやや組織人的であり，組織間キャリアはあまり意識されていないようである。比較的長く働き続けることを望む人が多く，社内で色々な人と協力することにも積極的である。しかしながら，明確なキャリア志向を持つ人が少なめであり，成果の高い知識労働者に特有のキャリア志向の持ち主も多くない。それをみると，やはり個人よりもチームを重視した働き方が中心になると考えられる。特筆するような能力はないが，真面目で努力家であるといった人には働きやすいであろうし，少人数の優秀な人が牽引するのではなく，堅実な人材が多数必要な企業には適したHRMだということができるだろう。

　このHRMの課題は二つ考えられる。一つは個人と組織，競争と協働のバランスのとり方である。うまくバランスがとれれば双方の良さを活かせるし，そうでなければ中途半端で利点の少ないものになる恐れがある。おそらくは，この類型の企業の中にはHRMの詳細部分において企業ごとに違いがあり，従業員の意識や行動も異なっているものと思われる。そしてもう一つは知識労働者が自律性を失い，組織人化してしまうことを防ぐことであろう。もちろん組織活動を重視するのだから，ある程度組織人的になる必要はある。ただそれが過剰になれば，自らの考えで仕事を革新したり，前例のないことに挑戦しようという姿勢が弱くなってしまう。そうなれば，知識労働者の本質に関わるところが失われることになる[5]。キャリア志向にバランス型が多いという事実は，働く目的意識がはっきりしない人が多いことを指し示しているともいえる。そのことによって知識労働者らしさがなくなってしまわないよう，HRMや日常の仕事に挑戦的な要素や，自発的な行動を促す仕掛けを取り込んでいく必要があると思われる。

(3) **市場志向型**

　この類型の企業は，企業ブランドが高く，厳しい競争の中にいる。その一方で知識の企業特殊性などはそれほど高くない。開かれた市場の中で，汎用的な知識を使い，激しい競争を繰り広げている企業だといえる。そこでは外部労働市場や個人成果を重視したHRMが行われ，組織間キャリアを強く意識した人が働いている。Thite（2004）やJacoby（2005）が論じていた知識社会のHRMに最も近いといえるし，そこにおける働き方も，Arthur and Rousseau（1996）が提示したバウンダリーレス・キャリアに近いといえるかもしれない。

　このようなHRMは，知識労働者同士が協働しにくくなるという懸念が示され

ることが多いが，本書の分析における相互作用の結果をみると，必ずしもそのようなことになるわけではないようだ。またこのようなHRMは，独自の目標を持った知識労働者や起業家を育てる場合があり，いわば人材輩出の基盤となりえる。大きな野心を持った人や，独立を志す人の修行の場となりえるだろう。そのような点で大きな意義を持つHRMといえるものと思われる。

しかしながらこのHRMの課題は，やはりその人材の流動性に関わるものであろう。優秀な知識労働者が離職してしまうと，その人が持つ知識が失われることになる。知識集約型企業にとってそれは大きな痛手である。それを防ぐためには，個人の持つ知識を組織のものにしていく努力が必要になる。知識のテキスト化や共有化の取り組みが重要になるだろう[6]。また同時に，優秀な人が離職した際に，その人と同等の人が採用できるだけの労働条件や採用の方策を整備しておく必要がある。市場志向型のHRMでは多少の離職者がいるのは仕方がない。問題は外部労働市場から代わりの優れた人を採用できるかということになる。

(4) 非競争型

この類型の企業は比較的小規模な企業が多く，先進・独自性や知識の企業特殊性も高くない。その中であまり競争的ではないHRMが行われており，そこで働く人のキャリア志向も弱い。このようにみると，あまり有効なHRMではないようにも考えられる。しかしながら，知識労働が多様であることを考慮すると，このような企業，あるいはHRMは必要であり，意義のあるものであることがわかる。第1章，第2章でみた通り，知識労働とは高度で独創的なものばかりではない。むしろその裾野には，比較的定型的なものも含んだ地道な知識労働がたくさんある。Drucker（1999, 2002）があげているテクノロジストなどは，そうした仕事に従事しているのである。おそらくは今後の社会においても，そのような知識労働は増加し続けるであろう。そこでは，あまり高度な事前教育を受けていない人が，入社後に企業から基礎的な訓練を受け，それに従って何らかの知識労働に従事することが多いものと思われる。Cusumano（1991）が示したような知識労働である。そのような人たちは，強い成果・能力主義型や市場志向型で働く人たちほど強い上昇志向や自尊心は持っておらず，むしろ一定期間安心して（あるいは短期契約で）働くことを望むことが多いだろう。そうした人たちの働く場としてこのHRMは必要であり，有効であると思われる。企業側からみても，比較的定型的な知識・情報サービスを低コストで提供するような場合には，こうしたHRMはどうしても必要になってくる。

この類型の課題は，一つには入社後の導入教育を充実させて新しく採用した人を円滑に知識労働者に育てることであろう。元々高度な知識を持つ人の採用は難しくなるので，導入教育は非常に重要になる。もちろんそれは，知識労働者自身にとっても重要である。そこで働く知識労働者が例え数年で転職したとしても，キャリアを継続できるだけの基礎を築く努力がなされるべきであろう。インタビュー調査ではV社が親会社との協力の下で人材育成を進めていたが，1社での教育が難しければ，企業間の提携によってそれを実現するという方法もある。そうした努力がそこで働く知識労働者の将来につながるし，企業側の採用活動の競争力にもつながると思われる。もう一つは仕事の標準化やマニュアル化を進めることである。この類型では企業への定着意志は強くないため，離職者に備えなければならない。新しい人材が円滑に仕事に着手できるための仕組みが必要である[7]。

その一方で，可能な限り創造的な仕事や独自性の高い仕事を増やしていく努力も必要になるだろう。付加価値の高くない仕事にのみ長く従事していると，知識労働者の労働条件の低下が進む可能性が高くなる。そこに大きな問題があることはいうまでもない。

そして最後の一つとして，少数の中核人材を大事に育てる施策が必要である。いかにそれほど高度な仕事ではないといっても，少数の中核人材は必要であり，彼（彼女）らの企業への定着は不可欠なものになる。そのための取り組みは公式の人事制度の枠に入らないものも多いだろうが，そうした努力を怠れば，これらの企業は存続しないだろう。

第2節　強い成果・能力主義型の企業

1　強い成果・能力主義型の企業の共通点

ここで，強い成果・能力主義型の企業について，もう少し詳しくみてみたい。先述の通り，本書はHRMの類型の優劣を論じるつもりはない。ただし，強い成果・能力主義型において，知識労働者の意識や行動，成長が非常によい状態にあるのは事実である。そしてHRMの特性をみると，この類型は先行研究で議論されていた組織志向と市場志向，あるいはヒューマン・キャピタル・アドバンテージとヒューマン・プロセス・アドバンテージを統合するようなものだと理解できる。それゆえ，強い成果・能力主義型のHRMは知識労働者を有効活用するHRMの一つのモデルだとも考えられる。そうしたHRMがどのようなものであり，そ

れを実践する企業とはどのようなものなのか，インタビュー調査の章で触れることのできなかった点を含めて，さらに踏み込んだ議論をしてみたい。

　強い成果・能力主義型の企業の実例としては，インタビュー調査で取りあげた人材サービスのH社と生命保険のM社がある。その両社はアンケート調査にも回答してくれており，H社ではIT技術者の，そしてM社ではライフプランナーの協力が得られている。ここでは，両社に共通する四つの大きな特徴をみていきたい。一つには採用に多くの時間と労力をかけること，二つには挑戦の機会，承認の機会が非常に多いこと，三つにはHRMにおける統制が少ないこと，さらに四つには企業としての理念や働き方の理念が従業員に浸透していることである。

2　採用に時間と労力をかける

　H社とM社について，ここからは実名を記すことにする。H社は人材関連サービスの大手企業である株式会社インテリジェンス（以下インテリジェンス）である。アンケートに答えてくれたIT技術者は，グループの株式会社インテリジェンス ビジネスソリューションズに所属しているが，両社のHRMは基本的なところはほぼ共通している[8]。そしてM社はソニー生命保険株式会社（以下ソニー生命）である。

　インテリジェンス，ソニー生命ともに新しい人材の採用には多大な労力をかけている。インタビュー調査でみた通り，両社ではかなり成果重視のHRMが行われており，大きな個人差がつきやすくなっている。そこから考えれば，人材の企業への定着率が低く，相互作用も少なくなってもおかしくはない。ところがアンケート調査ではそれらが他の類型に比べて，明らかに高い結果が得られている。その背景には，時間と労力をかけた丁寧な採用のプロセスがあるのであり，採用された人材は，両社に合った人材であることを見極められたうえで入社してくるのである。

　インテリジェンスの事例からみていこう。同社の採用は新卒，中途採用ともに活発なのだが，ここでは新卒採用における様々な工夫をみていきたい。その一つがリクルーティングディレクターの活用である。これはトップ営業マネジャーをリクルーティングディレクターに登用し，インテリジェンスに興味がある学生に情報発信を行い，支援をしてもらうという試みである。

　リクルーティングディレクターとは，以前からあるリクルーターとは異なる役目である。一般的にみられるリクルーターはOB訪問の対応をして，その学生と

面談をしたうえで，人事部門につなぐという役目であったが，リクルーティングディレクターの仕事はもっと幅広いものである。まずリクルーティングディレクターは，日頃から多くの学生，あるいは内定者に対して情報発信を行い，自社の実態や魅力を伝えている。その手段は様々であるが，SNSなどを利用して，日々の会社の活動を紹介したり，内定者とのコミュニケーションを行うこともある。さらには，全国各地の大学を訪問し，学生や教職員に直に語りかけるような活動もしている。もちろんそれは自分の出身大学に限定したものではなく，全国各地にある魅力ある大学，また採用実績がなかった大学などにもアプローチしている。さらには，そうした募集・選考のプロセスだけでなく，入社前の内定者の研修にも深く関与している。これは東日本と西日本に分けて行われる定例研修に参加するだけでなく，海外（2014年度採用は上海）で行われる内定者の研修にも同行し，彼（彼女）らを指導している。このように募集から選考，そして入社に至るすべてのプロセスにおいて，重要な役割を果たしているのである。

　リクルーティングディレクターの意義は，何よりもそれがトップ営業マネジャーによって担われることにある。インテリジェンスのトップ営業マネジャーは，同社のビジネスを起案し，育ててきた人である。いわば同社が求める「尖った人材」の典型例であるわけで，その人が学生に情報発信し，選考し，教育することで，新しい尖った人材が入社してきやすくなる。トップ営業マネジャーの言葉に興味を持つ人は，自分もそのようになりたいと思う人だろうし，またトップ営業マネジャーに選ばれ，教育される過程で，学生が持つ能力や姿勢が顕著に現れるようになるだろう。その点で，人事部門だけに頼らない採用のメリットは大きい。

　またその他にも，インターンシップの拡充，そして採用サイトの充実などに取り組んできている。そうした様々な取り組みの結果，インテリジェンスは非常に個性的な，尖った学生の採用に成功している。例えば近年の例で言うと，高校時代にプロサッカーチームに呼ばれるも怪我で離脱した後，NPO法人を立ち上げるなどの活動に従事した人，中国語，英語，日本語，スペイン語が話せる人，映画監督になるために休学して映画会社を立ち上げたことがある人，学生ベンチャーの事業部長をしていて「圧倒的成長」を人生の目標としている人，などがあげられる。

　なおインテリジェンスではこうした成果に満足することなく，自社に適した人材を採用する力をさらに増強しようとしている。このように，多くの時間と労力

をかけることで，インテリジェンスをよく理解したうえで入社してくる人が多くなる。中には既に何人かの先輩従業員をよく知っており，「○○さんのようになりたい」，「□□さんのチームに入りたい」という具体的な希望を持っている人もいるという。だからこそ厳しい評価や昇進の制度の下でも，企業にとどまり，お互いに協力するようになるのである。

　一方，ソニー生命は大半が中途採用なのだが，そこでも丁寧な採用活動が行われている。ソニー生命の採用対象となるのは，他社で優秀な成績をあげている営業マンが中心で，その多くは20歳代後半から40歳代前半までの既婚男性である。したがって採用の形式はヘッドハンティングと呼ばれるようなものであり，優秀な人に狙いを定め，その人を選考しながら入社を説得していくことになる。同社ではその活動がCareer Information Program（以下CIP）と呼ばれている。そのCIPにおいて，候補者との濃密なコミュニケーションが行われるのだが，少なくともCIPには三つの段階がある。第一段階では，ソニー生命の経営理念，戦略，仕事の内容の説明がなされる。その際，ソニー生命ではその意味や意義が，（実際に採用された人の言葉によると）驚くほど入念に，懸命に語られる。企業としての特性やそこでの働き方を，徹底的に伝える努力がなされるのである。次の第二段階においては，「生命保険とは何か」といった事業の根幹にあたるようなことが説明される。こうしたことを理解し，共感できる人でないと，ソニー生命で働き続けることはできないからである。そして第三段階において，転職後のことに対する候補者からの質問や相談への対応がなされる。ここでのプロセスが疎かにされてしまうと，候補者の意志が強くならない。第二段階までと同様，濃密なやり取りが行われる。ここまで時間と労力をかけて，なおかつソニー生命では候補者の1～2割程度の人しか採用しない。他社で優秀であっても，ソニー生命の理念に共感しない人や，生命保険の価値を理解しない人は同社で働けないからである。こうした努力の結果，ソニー生命では完全な業績連動の報酬制度をとりながらも，多くの人が企業に定着しているのである。

3　挑戦と承認の機会

　両社に共通する二つ目の点として，自由に挑戦することが奨励され，その成果が積極的に承認されることがある。インテリジェンスの事例からみていこう。

　まずIKATAI（イカタイ）と名づけられた表彰制度である。簡単にいえば従業員が選ぶベストプラクティス・コンテストである。従業員がその1年間に思いを

終　章　HRMの新しいステージ　◆259

込めて取り組んだ仕事の成果を自分でエントリーし，それを審査するイベントである。1次の書類選考の後，2次の事業部投票（プレゼンテーションの動画をみて投票）を経て，各事業部の代表者が決められる。最後にその人たちが全従業員の前でプレゼンテーションを行い，その投票結果によって最も優れた仕事を決めるのである。

　このイベントの目的は，一つには従業員が普段接することのない事業部の人の仕事や取り組みを知ることで，情報交流を促すことである。さらにもう一つは，営業などの定量的な業績の出る仕事だけでなく，定性的な業績を追求する仕事においても，それが承認・称賛される場を作ることである。インテリジェンスでは，IKATAIを社内で最も権威ある賞として位置づけ，全社を巻き込んで実施している。選考会が近づくと社内にポスターを貼りだし，関心を高めようとしている。その結果，「IKATAIを取る」ということは社内の大きなステータスになっており，個人やチームの年間目標にあげられることも少なくないのだという[9]。

　次に新規事業立案プログラムであるチャレンジファンドについてみていきたい。これは自分のアイディアで新しい事業に取り組みたいという従業員を支援する制度で，まさに挑戦意欲の強い人に活躍の場を与える制度だといえる。新規事業を起案した人が書類選考，役員プレゼンテーションを経て，認められた場合にはその人を事業責任者として事業化が行われる。その際，同社では思いつきでの応募に陥ってしまわないように，独自の工夫も行われている。従業員が応募する前にアイディア創出法を学ぶ「アイディアワークショップ」を開催し，起案内容のレベルを向上させている。さらには，書類選考通過後にはプランを詳細化する「事業化ワークショップ」を開催して起案者を支援している。そのワークショップには，いずれも外部のコンサルタントを招聘して本格的な内容のものを行っている。そうすることによって，事業計画の内容が充実するだけでなく，チャレンジファンドに応募することによって学びの機会が得られ，応募者にとってメリットの大きなものになっているという[10]。

　チャレンジファンドにはこれまで200名近い従業員が参加しているのであるが，いくつかが事業化され，現在社内カンパニーとして活動している。中でも，入社7年目の従業員がカンパニー社長となった i-common company は，働きたい高齢者の活用を推進する事業なので，社会からの注目も高くメディアで取りあげられることも多かった。このように実際の成功例も現れてきている。このプログラムに応募して選ばれれば，起案者は事業責任者となるのだが，それに年齢や勤続

年数も制限はない。どんなに若くても責任者に登用されるので，その点でのインセンティブも強い。実際に新入従業員が応募して最終選考段階まで進んだこともあり，インテリジェンスでは今後も，若い人材の挑戦に期待している。

さて同様のことはソニー生命でも行われている。その中には制度として成立しているものもあれば，ソニー生命にとって当然の慣行として自然に行われているものもある。優秀なライフプランナーは，自分の顧客の満足を向上させるためのプランを日常的に考え，実行に移している。顧客を支援するような活動をすることによって信頼を獲得し，それがライフプランの提案へとつながっていくのである。例えば医師を顧客に持つライフプランナーが，人手不足になりやすい看護師や薬剤師の求人活動を支援する企業と連携して，採用のためのサービスを案内する。そのことが既存の顧客である医師からの信頼を高めるだけでなく，新たな顧客を紹介してくれることにもつながるのである。このように，ソニー生命では様々な挑戦が自由にできる慣行がある。また，経営層の前で本社経営や保険製品に関する提案をしたり，改善を求める機会もある。もちろん誰もが簡単にそれを許されるわけではないが，高い実績のあるライフプランナーであれば，そうした機会や発言権を持つことができるのである。

またソニー生命では業績の承認も積極的に行われる。新しく獲得した保険契約件数や換算手数料，継続率などの業績で，特に高い業績をあげたライフプランナーを表彰する社長杯という制度は，その代表的なものである。それに選ばれた入賞者は，毎年海外で行われるグランドコンベンションに招待されて盛大な祝福を受ける。上位入賞者は家族も招待されることになっている。また個人だけでなくチームとしての業績が優れた場合にも同様の制度があり，リゾート地の高級ホテルで表彰のイベントが行われる。それだけでなく，日常的にも高業績者の承認は社内外に向けて行われており，ソニー生命のオフィスの玄関には，Million Dollar Round Table（MDRT）という，生命保険の営業業績が突出した人たちの円卓会議に選ばれた人の名前が飾られている。それらの人たちが社内のライフプランナーの目標となっているのである。

4　統制の少ないHRM

両社に共通する三つ目の点として，HRMの運用に人事部の介入，あるいは統制が少ないことがあげられる。日本企業で一般的にみられるHRMでは，その運用に際して人事部等が介入し，全体を統制することが多かった。その代表的なも

のとしては，人事考課結果（評価ランク）の分布制限と，昇進・昇格の速度制限があげられる。

　多くの日本企業では，人事考課の結果を何段階かの評価ランクに置き換えて，それに応じて昇給額や賞与の金額を決めていく。ところがその評価ランクは，段階ごとに何パーセント程度という人数比率の割り当てが決まっており，それを大きく外れないような形で，全社的に評価ランクの調整がなされる。わかりやすい例でいえば，高評価のランクの人が多い部門では評価が下方修正され，低評価ランクの多い部門では評価が上方修正されることになる。そのことによって部門間の公平の維持（評価の甘辛調整）や人件費のコントロールなどが目指されるのであるが，その反面，評価結果が歪められたり，高評価の人も低評価の人も制限されるという不自然な運用がなされることになる。また昇進・昇格においても，上位等級に昇格する標準年数や最短年数が定められており，一定の期間を経ないと昇格できないといったことや，反対に何年か経てば必ず昇格するといった運用が行われてきた。そのような状況では，いかに優秀な人でもそれほど早く昇進・昇格できないし，成果が低い人でも時間がたてば昇格するといったことが起こりやすい。

　第4章の成果主義に関する議論でも取りあげたのだが，こうした人事部の介入，あるいは統制が，成果主義を形骸化させている恐れがある。成果をあげた人に大きく報いるのが成果主義と謳いながらも，評価や昇進を制限するのであれば，それは従業員に企業への献身を強いるだけの窮屈なものになってしまう。太田（2008）ではそうしたことに対する批判がなされていたが，長期雇用で内部登用を前提としたHRMでこのような統制が行われた場合，従業員にかなりの重圧がかかることは十分に考えられる。

　強い成果・能力主義型の2社では，こうした統制が非常に弱いことが特徴になっている。第5章でみたように，インテリジェンスの昇進・昇格には速度制限は存在していない。入社後4年でマネジャーに登用されることもあるし，20歳代で部長になった例もある。インテリジェンスは厳しい成果主義の会社ではあるが，仕事の成果があがれば，それは積極的に評価され，若くても高い職位につけるのである。

　ソニー生命の場合はさらにその傾向が顕著であり，毎年の報酬は客観的な業績に完全にリンクしている。そこに人事部が介入する余地はない。格付けも能力や役割ではなく，業績の積み重ねで行われるので，そこにも人事部が介入するとこ

ろは少ない[11]。しかも，両社は中途採用が多く，その人たちにも積極的に挑戦機会を与えているので，閉じた状況での統制された競争ではなく，開かれた状況での自由な競争が成立する。それが両社の知識労働者に受け入れられ，厳しい競争の中でも企業への定着意志や，相互作用が強くなることにつながっていると考えられるのである。

5　経営理念の浸透

両社の四つ目の共通点は，経営の理念やスローガンが非常に明瞭であり，それが従業員に浸透していることである。

インテリジェンスは会社のスローガンとして，「はたらくを楽しもう」を掲げている。このスローガンは，事業を推進していくうえでの同社の意志と姿勢を表わしたメッセージである。すべての人や組織が「はたらく」について課題を感じた時に，いつでも安心して利用できるサービスを提供すること，そしてすべての人や組織が多様な価値観や個性を活かしながら，「はたらく」を通じて前向きになれる社会を実現することが，同社の存在意義であり使命とされているのである。

また「はたらくを楽しもう」は，インテリジェンスの内部で働く人々に対する会社からのメッセージでもあり，同社のHRMの基本方針と捉えることができる。同社では，自社の人材にも，仕事を楽しんでもらいたいと考えている。

では，はたらくことを楽しめる人とは，具体的にどのような人を指すのだろうか。先に少し触れたように，インテリジェンスの社内では自社に適した人材を表わす言葉として，よく「尖った人材」という言葉が使われている。「尖った」という言葉からは，鋭さや強さ，突出などが連想されることから，少なくとも自分の意志を持たない人や，従順すぎる人は同社に適した人材ではないことがわかる。インテリジェンスでいう尖った人材，あるいは「はたらくを楽しむ」人とは，他者とは違うことを考えられる人であり，仕事から学んで成長することが好きで，新しい何事かを起こせる人であるといえる。そして，そのために主体的に考えて行動する人であり，それを通して仕事に夢中になれる，仕事から喜びを得ることができる人なのである。

インテリジェンスでは，そうしたスローガンや働くうえでの価値観を社内に浸透させるために，様々な活動が行われている。先にみた全社をあげての採用活動は，こうしたスローガンを体現できる人を獲得するためであり，同時に従業員全員が自らの働く姿勢を再確認するためのものでもある。また，近年非常に増加し

たキャリア研修やリーダーシップ研修においても，これらのことが強く意識されている。さらに，インテリジェンス ビジネスソリューションズでは，「はたらくを楽しむ」社員を3年間で88%に増やす88推進活動に取り組んでいる。このような活動を通して，「はたらくを楽しむ」社会を実現するための仕事に価値が見出され，自ら「はたらくを楽しむ」人になろうとする従業員が増えていくのである。

一方，ソニー生命ではライフプランナー憲章というものが制定されており，それが同社のライフプランナーの心の拠り所となっている。一部を抜粋して紹介するならば次のようになる。

> 「愛と信頼に基づく相互扶助の精神こそ，生命保険の本質である。その本質を深く理解し，顧客に合理的な生命保険と質の高いサービスを提供することが，我々の本分である。そして生命保険の真の価値を，広く世に啓蒙・普及し，顧客の経済的保障と安定を図ることが，我々の使命である。
>
> その使命を果たすために，我々は絶えず必要な知識と技術の習得に励み，謙虚な姿勢をもって，自己の能力と人格の研鑽に，最大限の努力をする事を惜しまない。そして生命保険ビジネスのリーダーとして，世にその範を示したい。
>
> （中略））
>
> 我々は，自らの力をもって，社会に新風と革新をもたらしたいと思い，又自らの生き方を賭けて，自己実現を果たしたいと願って，このビジネスに参画したのである。その熱い思いと志を同じくする多くの仲間が，ともに夢の実現に向けて，勇気を持ってチャレンジして行く姿勢こそ，我々自身の大いなる誇りである。自覚された責任と自由な精神に富み，個性豊かなプロフェッショナル集団である我々は，いつまでも誇り高き集団であり続けたいと思う。
>
> この憲章の精神を，我々は将来にわたり不断の努力で保持することをここに誓う。」

第5章におけるインタビュー回答者によると，この憲章はすべてのライフプランナーに刷り込まれているのだという。それゆえ，それにそぐわないものであれば，いかなる業績や成果も称賛の対象にはならない。単に契約の内容を微修正す

るような業績は褒められることはなく，本当に顧客のためになることは何か，何が顧客にとって必要なのかが繰り返し問われるのだという。またこの憲章があるからこそ，競争的な成果主義の報酬制度であっても，ライフプランナーは自社に愛着を持ち，相互に協力し合うのだという。第5章でも触れたが，ソニー生命には優れたライフプランナーが後進を育てるのは当たり前という考え方が普及しており，人材育成が疎かになることはない。そうした考え方の基盤となっているのが，このライフプランナー憲章なのである。

　インテリジェンスの「はたらくを楽しむ」や，ソニー生命のライフプランナー憲章は，両社で働くことの意味や意義を表わすものであり，従業員にとっての理念的インセンティブとなるものである。両社で努力して業績や成果をあげることは，これらの理念の実現に寄与することであり，誇りの持てることだと思えるのである。このことは知識労働者が働くうえで非常に重要である。知識労働者は仕事そのものを楽しみ，その達成に動機づけられる。その仕事の意義が大きいものだと感じられるのであれば，知識労働者はより懸命に仕事に打ち込むことになるだろう。インテリジェンスとソニー生命は，そうした理念的インセンティブを提供することに成功しているのだと思われる。

6　共感と自由と承認

　最後に両社の共通点を簡単にまとめるならば，①スローガンや理念への共感によって仕事の意義が高められ，②自由に挑戦する機会があり，③優れた業績や成果が積極的に，過度に統制されることなく承認される，ということになるだろう。共感と自由と承認のある企業が目指されているのだと考えられる。Drucker (1999) では，知識労働者は金銭では動機づけられないとされているが，実際の知識労働者は高額の報酬を得ていることも珍しくない。そこに矛盾があるようにも思えるが，今回の2社の事例をみると，知識労働者には仕事内容や経営理念による内発的動機づけ，あるいは内的報酬と，企業からの評価・承認による外的報酬の両方が重要であることがわかる。確かに知識労働者を外的報酬，特に金銭のみで動機づけるのは難しいのであろう。知識労働者は金銭よりも仕事そのものや，仕事の意義に動機づけられるのだと思われる。だからこそ，経営のスローガンや理念を大事にする企業や，自由な挑戦が可能な企業において，彼（彼女）らの意識や行動が良好なものになるのだろう。ただし，だからといって外的報酬が少なくていいわけではない。きちんとした承認や，それに基づく報酬がないような状

態では，知識労働者に達成感を与えることも，彼（彼女）らの自尊心を満足させることも難しくなる。困難な仕事や高度な仕事をやり遂げたことへの承認がないのであれば，知識労働者がその企業に定着することや貢献することは期待できないであろう。優秀な知識労働者であればあるほど，その能力や業績の承認は重要になる。中村・石田（2005）が指摘するように外的報酬の情報的側面に着目するならば，それが内発的動機づけにも通じていくことがわかる。知識労働者が基本的には仕事の内容に動機づけられるとはいえ，相応の報酬なしに知識労働者に困難な仕事に挑戦させる企業というのは，身勝手な企業だともいえるだろう。知識労働者を認め，評価する証としての報酬はやはり必要である。理念的インセンティブや自由による内的報酬と，業績の承認による外的報酬のいずれもが，強い成果・能力主義型の企業の要件といえそうである。

　一見すると，企業への共感があり，自由があり，承認があるHRMが大事だという結論は，ひどく単純なものであるようにも思われる。しかしそれが簡単なことではないというのは，多くの実務家，研究者が実感するところであろう。強い成果・能力主義の企業ではその実現のために，多大な努力がなされていると考えられる。もちろん，ここでみてきたことは，わずか2社の事例にすぎない。その普遍性に疑問が残るのはいうまでもない。しかしながら今後の研究の手掛かりとして，これらを活かしていくべきではないだろうか。それによって，強い成果・能力主義のより深い理解が可能になるものと思われる。

第3節　さらなる考察に向けて
――理論的インプリケーション

1　HRMの多様性の解明

　ここからは本書の理論的なインプリケーションをあげていきたい。まず，知識労働者のHRMの多様性の内容を，詳しく解明したことがあげられるだろう。先行研究では，プロフェッショナルをモデルとしたものか組織人をモデルとしたものか，市場志向か組織志向か，ヒューマン・キャピタル・アドバンテージを追求するのかヒューマン・プロセス・アドバンテージを追求するのかといった議論がなされていた。そしてそれらの対比や，企業事例の記述などがなされていた。本書ではSHRMの先行研究や日本における成果主義に関する議論も踏まえて，知識労働者のHRMの特性として七つを抽出し，それによって類型化を行った。多様

なHRMの内容が七つの次元の比較によってかなり詳細になり,理解しやすくなったものと思われる。それに加えて,見出された四類型のHRMがどのような背景を持っているのか,そしてそれぞれのHRMでの知識労働者の意識や行動,成長がどう異なるのかを明らかにした。そのことによって各HRMの意義や課題がかなり詳細にわかってきたといえる。例えば組織重視の（プロセス重視の成果主義型の）HRMでは,知識労働者の定着意志や相互作用は強いものの,それは市場志向型と比較して明らかに強いというほどではない。また個人重視の競争的なHRMでは組織間キャリアが意識されやすくなるものの,企業内での相互作用が特に弱いというわけではない。さらには組織重視のHRMにおいて,管理職志向の強い人が多くなるとは限らない。先行研究においても,組織志向のメリットや市場志向のデメリットが色々と議論されてきたわけであるが（Thite, 2004）,そこには過大な評価や批判もあったものと思われる。そうしたことをはじめ,先行研究でいわれていたことへの検証と修正が進んだといえるのではないだろうか。

2　強い成果・能力主義型の発見

次に強い成果・能力主義型の発見があげられるだろう。この類型では,知識労働者の企業への定着意志や相互作用が強いだけでなく,キャリア発達も進んでいることがみてとれた。そうした意味で知識労働者を有効活用するHRMとみることができるし,市場志向のHRMと組織志向のHRM,ヒューマン・キャピタル・アドバンテージとヒューマン・プロセス・アドバンテージの両方を追求するHRMとしても注目に値する。

強い成果・能力主義型では厳しい競争があるといえるのだが,市場志向型と比較すると人材育成が強いことがわかっている。それをみると強い成果・能力主義型は,知識労働者を自由に競争させて勝ち残ったものだけを大事にするというのではなく,企業として従業員を支援していることがわかる。またプロセス重視の成果主義型と比較すると,それが人材の内部登用を重視しているのに対し,強い成果・能力主義型はそうではなく,むしろ外部労働市場を活用していることがわかる。それはより開かれた競争が行われていることを意味しているといえるだろう。これらのことから,プロセス重視の成果主義型と強い成果・能力主義型の違いは,双方ともに組織志向と市場志向の双方を重視したHRMであるものの,前者は基本的に長期雇用や内部人材を重視した組織志向ベースのものであるのに対し,後者は市場志向のHRMをベースに,そこに人材育成の要素を取り入れたも

のだということがわかる。またプロセス重視の成果主義型は多くの企業にみられるのだが，中村・石田（2005）を参照すればわかるように，それは多様な評価基準や複雑な仕組みを用いてなされる成果主義といえる。このことはある面では丁寧な成果主義といえるし，ある面ではマイルドな成果主義，あるいは統制された成果主義ともいえる。それに比べると強い成果・能力主義型は統制が少ないものだと考えられる。強い成果・能力主義型は，知識労働者のHRMをみるうえでの一つのモデルだと考えられるわけであるが，他の類型との比較の中から，その特性が明らかになってきたことは意義深いと思われる。開かれた競争，人材育成，統制の少なさなどは，今後の研究のポイントになるものと考えられる。

3 キャリア研究への応用

三つ目の理論的インプリケーションは，本書がHRMをキャリアと結びつけて考察したことに由来する。本書では各々のHRMの類型ごとに，成長感やキャリア志向などの比較を行った。そこには事前に想定できた結果もみられたし，想定できなかった結果もみられたといえる。例えば個人重視の競争的なHRMにおいて，社外効力感が強いことは想定した通りであったといえる。また三輪（2011）では，組織間キャリアを歩む知識労働者が社会貢献志向を強く持っていることが明らかになっているが，そうしたキャリア志向の持ち主は市場志向型のようなHRMにおいて多いこともわかった。この点についても想定通りだといえる。

一方，組織重視の協働的なHRMにおいて，成長感が強いという明確な結果は得られなかった。そうしたHRMでは内部の人材を大事にして登用していくために，成長感が得られると考えられたのだが，そうとはいい切れなかった。それはキャリア志向についても同様で，組織重視のHRMにおいて管理職志向が強いとはいい切れない結果となった。

強い成果・能力主義型において知識労働者の成長感や有能感が強く，さらに管理職志向が強い人が多いことを考慮するならば，知識労働者のキャリア発達には，厳しい競争の中で鍛えられる側面[12]と，企業の教育訓練等によって育てられる側面があるのだと考えられる。そしてその双方の組み合わせやバランスによって，彼（彼女）らのキャリア発達の様相は変わってくる可能性があると考えられる。このことは，まだはじまったばかりの議論だといえようが，優秀な知識労働者の育成と活用を考えるうえでは重要なものとなる。知識労働者のキャリア発達は，企業から守られ，育てられるだけでは不十分であることが考えられる。むしろ厳

しい環境で鍛えられることが基盤になるのかもしれない。本書はそれら二つのHRMの施策と，キャリア発達の関連性を研究する糸口をみつけたのではないだろうか。

第4節 効果的なHRMを目指して
——実践的インプリケーション

1 適切なHRMの選択

今度は実践的なインプリケーションについて述べていきたい。まず本書における分析結果を応用することによって，より個々の企業に適したHRMを選択しやすくなるといえるのではないだろうか。本書では，仕事の先進・独自性や知識の企業特殊性，あるいは企業ブランドや競争の厳しさに応じて，HRMがどう異なるのかを明らかにしてきた。またHRMの違いによって，知識労働者の企業への定着意志や相互作用，キャリア発達がどう異なるのかについてもみてきた。もちろん，その他にわかっていないこともたくさんあるのだが，本書の結果をもとに，それぞれの企業が採るべきHRM，あるいは将来目指すべきHRMというのを考えるヒントができたと思われる。

あまり歴史のない企業などでは，HRMが他社の模倣であったり，あるいはコンサルタントの勧めるままに導入したものであることが珍しくない。それでも一応しばらくは機能するのであろうが，それが自社の置かれた状況や事業特性に合わない場合だと，いずれ何らかの問題が発生してくる。比較的定型的な知識・情報サービスを低コストで提供するような企業と，独自開発した新技術で新しいビジネスを展開する企業では，HRMは異なるであろう。また，競合がひしめく事業領域と，そうでない領域では別のHRMが必要になるだろう。さらに，企業が成長して規模が大きくなり，ブランドが高まればHRMも変化させた方がよい。本書の分析結果により，そうしたことがはっきり認識できるようになったと思われる。そしてその先には，HRMの合理的な選択や，再設計の道筋が開けていくことが期待できる。

2 日本的なHRMの意義と限界の認識

本書におけるプロセス重視型の成果主義の分析結果をみることで，日本的なHRMの意義や限界がはっきりしてきたと思われる。まず意義としては，知識労

働者の企業への定着や相互作用が，まずまず良い状態にあるという点である。それはキャリア発達についても同様で，専門職志向だけでなく管理職志向もそれなりに高い状態になり，成長感も同様になっている。プロセス重視の成果主義型は，知識労働者のHRMとして最善であるかは別としても，手堅い選択であると思われる。特に，堅実な知識労働者が多数必要になるような企業にとっては，使いやすいHRMだということができる。

　ただし，その一方で限界もみることができる。プロセス重視の成果主義型では，キャリア志向のはっきりしない知識労働者の比率が高かった。またそれと同時に，社外効力感も低めであった。それらをみると，プロセス重視の成果主義型の知識労働者には，自律性が低くて組織に依存したイメージが抱かれてしまう。そうであるならば知識労働者本来の特性が弱くなるわけだから，決して好ましいこととはいえない。

　日本的なHRMが高い評価を得ていた理由には，そこで働く人々が自律的に考えて創意工夫していることがあった。ただし，そうした評価は多くの場合，製造現場の人たちに対してなされることが多かったのも事実である。日本の工場の作業労働者たちは，他国の作業労働者に比べて多くの技能を持ち，現場の作業改善やPDCA管理にも参加してきた（奥林，1988；小池，1993；石田・三谷・富田，2009）。彼（彼女）らはマネジャーに従うだけでなく，自ら考えて働いてきたのである。

　しかしそこにみられる自律性は，本来定型的な仕事に従事する人に与えられた小さな自律性である。日本の工場は中村（1996）が「分離をもとにした統合」と表現したように，完全に計画機能と実行機能が統合されたものではない。実行を担当する作業者が部分的に計画機能に参画していたのが日本の作業組織であり，そこでの自律性は一定の範囲に制限されたものだといえる[13]。その制限の範囲で自律性を発揮し，改善を重ねることがインクリメンタル・イノベーションを生み，高品質の日本製品を生み出してきたのだと考えられる。

　長期雇用や配置転換，年功的昇給を重視する日本的なHRMは，こうした作業組織を支えるものだといわれてきた（小池，1993a）。つまり一定の範囲の自律性を持ち，改善を繰り返すような労働と，日本的HRMは相性が良かったのである。ただし，これから必要とされる知識労働についてはどうであろうか。今後期待される知識労働は，一定の範囲の自律性において改善を行うものにとどまらないであろう。What is the task?　を常に問うような，高いレベルの自律的思考が必要になる仕事が増加してくると思われる。

本書でみたプロセス重視の成果主義型は，多くの企業で採用されていることから推察できるように，古くからある日本的HRMが進化したものであろう。そしてそれが知識労働者の意識や行動からみて，それほど良い状態にないということは，そこに一定の限界があるということではないだろうか。日本的HRMは自律性が高く，高い評価を受けてきたが，それは工業化社会の文脈においてであるとも考えられる。もちろん，今後の知識労働にも日本的HRMが貢献できるところは多々あるだろうが，本書の分析結果をみれば，それに必要以上に固執するメリットは多くないと思われる。より大きな自律性が必要とされる時代には，新しいHRMが必要となるだろう。特に，高度で先進的な知識労働に従事する企業であるほど，そうした認識が必要になると思われる。

3 成果主義の評価と運用

次に本書の分析結果から，成果主義をどう評価し，運用していくか，いくつかのヒントが得られたものと思われる。第4章でみた通り，成果主義は批判を受けやすいものである。その背景には，従来の日本的HRMが高い評価を受けていたことと，実際に運用されている成果主義HRMに問題がみられることがあるといえる。

ただ，本書の分析結果をみると，競争的なHRMが知識労働者に特に悪い影響を与えているとは考えにくい。さらに，日本的な組織重視のHRMが特に良い影響を与えているわけでもないことも明らかになった。むしろ，非競争型のHRMとの比較や，強い成果・能力主義の分析結果をみると，知識労働者のHRMはいくらかの成果主義的な要素が不可欠とも考えられる。少なくとも成果主義といったものに対し，過度の警戒感を持つ必要はないといえるだろう。

ただし，その施策や運用には工夫が必要であることは間違いない。いくら成果主義だと言っても従業員を突き放して金銭的インセンティブを示すだけでは上手くいかないのは当然である。強い成果・能力主義型をみるとわかるように，人材の育成は競争的なHRMにおいても重要である。それがないがしろにされてはならない。その一方で，人事考課や昇進・昇格に過度の統制があると，成果主義は上手く働かなくなる恐れがある。HRM運用における人事部の介入は強すぎないように注意する必要があるのである。

プロセス重視の成果主義型では，単純な業績の評価だけでなく，行動やプロセスの評価が行われ，内部人材の登用が行われるが，そこには成果主義に対する人

事部の介入が存在するものと思われる。その介入が上手く行われるか否かによって，このHRMが機能するかどうかが異なってくるであろう。もし過度に介入しすぎれば，HRMの方針が不明瞭になり，従業員にとって魅力もメリットも少ないものになるだろう。そしてもし適度の介入ができれば，成果主義の荒々しい部分が制御され，チーム重視の企業にも適したHRMになるであろう。本書の分析結果は，そうした成果主義の運用上のポイントを指し示したといえるのではないだろうか。

第5節　今後の研究課題

1　四類型のより厳密な分析

　最後に，今後の研究課題をあげていく。最初にあげるのは，本書で見出したHRMの四類型のさらに厳密な分析である。
　本書では，インタビューによる企業調査，アンケートによる従業員調査による二つのアプローチから，これらの類型を導き出した。二つの調査に整合性がみられたことから，これらの類型には一定の信頼性はあると思われる。
　しかしながらインタビューは23社，アンケートは18社，520名によるものでしかない。各類型に分けられた人数や企業数になるとさらに少なくなるため，本書の分析結果に，そうした企業の持つ文脈によるものが含まれている可能性は否定できない。それゆえ，今回の分析結果を検証し，さらに確かなものにしていく研究が必要になるだろう。
　特に強い成果・能力主義型は知識労働者の意識や行動等が極めて良い状態にあるものであるし，市場志向と組織志向を統合した一つのモデルのようにも捉えられる。こうしたHRMが他にどの程度みられるのか。それらの企業での従業員の意識や行動，成長はどうなっているのか，詳しく調べてみる必要がある。
　それに加え，今回の調査結果では非常に少なかったのだが，IT技術者に対して個人と競争を重視したHRMを行っている企業の事例を詳しく調べてみる必要がある。本書の分析では，IT技術者のHRMは組織重視になりやすく，かつそれが彼（彼女）らに適しているという結果が得られた。しかしながらアメリカのIT企業では市場志向型のHRMが珍しくない。そうしたことを考えれば，日本のIT企業においてそのようなHRMはどれくらい行われているのか，そしてそこでのIT技術者の意識や行動，成長はどのような状態なのかを調べてみる必要があ

ると思われる。そうしたことができれば，本書で見出した四類型の意義は，より明確なものになるであろう。

2　動態的なHRMの分析

　二番目にあげるのは，HRMを動態的に分析することである。本書の分析は，ある一時点を切り取るような形でHRMの特徴を把握し，その背景にある要因と，知識労働者の意識や行動，成長との関わりを分析している。いわば静態的な分析である。それによって，それぞれの類型がどのような背景で成立し，どのように機能しているかを理解することができた。ただし，それぞれの類型がどのような経緯で形成されてきたのか，あるいは今後変化する可能性はあるのかといったことについては論及していない。つまり，HRMの形成プロセスや変化については何もわかっていないのである。

　例えば強い成果・能力主義型では知識労働者の意識や行動等が望ましい状態にあるが，そうしたHRMは一朝一夕にできるものとは考えにくい。あるいはプロセス重視の成果主義型も，かなり複雑な仕組みを持っており，簡単に形成されるとは思えない。それらはある一つの形から進化して形成されるものなのか，あるいはそれぞれに異なる形成過程があるのか，それらを解明する必要があると思われる。もちろん，市場志向型も非競争型も最初からそのような形であったのか，そうでないのかを明らかにする必要がある。

　このようなHRMの動態的な分析であるが，一つのアプローチは，企業が発展していくに従ってHRMが変わっていくという見方である。組織が大きくなり，従業員の人数や職種が増えるとともにHRMはどう変わるのか，あるいはHRMを変えるために企業はどんな努力をするのかを分析することになる。もう一つのアプローチは，大きな戦略転換，事業内容の変更，あるいはM&A等を期に，HRMが変わるという見方である。こちらの変化はより意図的な変化ということになり，どのような目的でHRMが変えられるのか，その方法はどのようなものかが分析されることになる。

　こうした分析において，本書が示した四類型がどこまで有効であるかは不明であるが，HRMの変化の過程がわかれば，それぞれのHRMの意義をより深いレベルで捉えることができる。そのための研究が求められるだろう。

3 理念的インセンティブの研究

次にあげられるのは，知識労働者の理念的インセンティブの研究である。強い成果・能力主義型の企業の実例の検討において，それらの企業では経営のスローガンや理念などが重視されており，それが従業員に浸透していることを議論した。おそらくそれらの理念やスローガンは，知識労働者の仕事の意義をより強くすることを通じて，彼（彼女）らを動機づけているものと思われる。そして理念的インセンティブがあることによって，知識労働者が厳しい競争の中でも利己的にならず，組織や同僚に協力的になるとも考えられる。

ただし，こうした考え方は今回取りあげた企業の事例から導出したものにすぎず，多くの企業にあてはまるかどうかはまだ検証されていない。それゆえ，理念的インセンティブが知識労働者にとってどの程度重要なものなのか，またどのような効果を持つものなのかを明らかにする必要がある。

理念的インセンティブが強い企業では，そこで働く人が自分の仕事を正当化することができ，その仕事をやり遂げることが他者や社会のためになると信じることができる。それゆえ，何らかの報酬が与えられることによるインセンティブと同様に，あるいはそれ以上に働く人の原動力になるといわれている。知識労働者は元々，金銭よりも仕事自体に動機づけられるといわれており，もし理念的インセンティブが与えられれば仕事に没頭する可能性は高い。その検証が求められるだろう。

その際に注意が必要なのは，どのような理念やスローガン，あるいはビジョン等が知識労働者の心を捉えるかといったことであろう。知識労働者は聡明な人が多いため，単に恰好のいい言葉が並んでいるだけのビジョンや理念は却って軽蔑される恐れがある。どのような内容の理念やスローガンをどのような方法で知識労働者に浸透させればいいのか。こうした点もかなり重要になると思われる。知識労働者にとって，魅力的で取り組むに値する理念やビジョンの探索が求められる。

4 さらに人間性を尊重したHRMの探求

最後に，知識社会のHRMを研究するうえで，その本質に関わる課題を取りあげたい。

本書の分析対象は主に知識集約型企業であったが，今後はあらゆる企業において知識労働者が増加すると考えられる。そこでは新しい人間観に基づくHRM，

あるいはさらに人間性を尊重したHRMが求められるものと思われる。

　工業化社会において高く評価されていた日本企業のHRMは，先にも触れたように作業労働者の能力を活用し，計画機能への参画を促すものであった。それは奥林・庄村・竹林・森田・上林（1994）や森田（2004）が指摘するように，人間的な組織や経営を目指したものだったといえるだろう。日本的HRMが支持され続ける理由はそこにあるものと思われる。

　しかし従来の日本的HRMにおける自律性は，ある制限の範囲内のものであったし，そこにあった人間観は，やや画一的なものだったと考えられる。企業で働く人はすべて，企業に強くコミットしており，それに貢献するために努力を惜しまず，長期間勤務してその企業内での成功を目指すことを求められていたと思われる。そして働く人々もそれに応え，長時間労働をいとわず，配置転換を拒まず，目の前の仕事に没頭してきたといえる[14]。そうした人々は真面目で善良な，優れた労働者であったといえるだろう。ただし別の見方をするならば，自分の意志や独自のキャリアの目標のようなものは，それほど強く持っていない人々だともいえる。

　日本企業はこうした人たちを大量に雇用することによって，優れた現場主義の経営をしてきたと考えられる。特に製造業では，それらの人たちによる協働が，高い品質と柔軟な生産システムを実現していたといえるだろう。ただその一方で，企業に全面的にコミットしない人や，何らかの自分の意志を持つような人たちは，働きにくい思いをしてきたのではないだろうか。

　これまでの日本企業では，真面目ではあるが特に自分の意志を持っていない「勤勉な大衆」を前提としたマネジメントが行われてきたのではないだろうか。本書の分析において知識労働者のキャリアの意志の側面であるキャリア志向をみたのだが，日本企業に非常に多いプロセス重視の成果主義型では，特に明確な方向性のないバランス型のキャリア志向が非常に多かった。このことをみても，日本的なHRMには意志や目標を持たない人が多くなる傾向があるように思われる。そしてそのようなマネジメントは，工業化社会においては有効であったが，今後はその再検討が求められていると考えられる。

　知識社会で求められるのは，自律的な個人による協働であろう。自らの意志や目標を持ちつつ，他者を尊重するという，さらに高い次元での働き方である。高度な知識労働者であるほど，従来よりも自律性や創造性を発揮して働くことになる。三輪（2011）や本書の分析結果が示すように，知識労働者として活躍する人

は自らの意志で学習し，自らの意志で課題を定めて実行する人である。そうした人たちの協働を促すHRMは，これまでの同質的な人材の協働を促すHRMとは異なるものであろう。企業にとっては，これまでよりも高次の人間性を尊重した経営やHRMが求められるようになるものと思われる[15]。知識労働者のHRMを研究することの延長線上には，このような企業経営の大きなテーマがあるように思える。

多くの先行研究が，知識社会の進展とともに，経営やHRMが市場志向になっていることを論じていた。それとともに，人材育成やチームワークが疎かになることが懸念されていたが，もしそうであるならばそれは望ましい変化ではないだろう。同様に，個人が組織の中に埋没してしまうようなマネジメントも知識社会にはそぐわない。それらは性格は異なるものの，どちらも高次の人間性尊重とはいえないだろう。本書の分析結果において，少しだけ糸口がみえはじめたが，これからは個人の自律性が重視されながら，人々の成長や協働が促進される必要がある。意志を持った主体的な個人が生き生きと働き，協力し切磋琢磨できるHRMが求められているのである。そのようなHRMの探求こそが，今後の社会において求められる研究だと思われる。

● 注

1 もともと日本の労働者の帰属意識はそれほど高くないという説もあり，その点を検証する研究も行われている。松山（2014）などを参照されたい。
2 この結果については，Thite（2004）やJacoby（2005）の見解とは著しく異なっている。やはり日米両国の社会的文脈の違いもあるのかもしれない。
3 専門職志向は満足度を高めることがわかっている。
4 もちろんこのようなHRMは誰にでも受け入れられやすいものではない。自分の能力に自信がない人や，安定的な環境を望む人には厳しすぎるHRMになりえる。
5 Drucker（1993, 1999）のいうWhat is the task?を問う姿勢，自己管理，継続的なイノベーションは，組織に依存して受け身になっている人からは失われやすいであろう。
6 Maister（1993）では，コンサルティング・ファームが各部門での優れたプラクティス情報を収集して共有する取り組みを行っていることが紹介されている。そのような活動の責任者は，ナショナル・プラクティス・リーダーと呼ばれる。
7 このような円滑に働くための努力を怠った場合，事前教育を受けていない人を現場で試行錯誤させて育てるしかなくなってしまう。そうなると，仕事上の

失敗のリスクが高くなるだけでなく，労働時間が長くなり，職場環境も悪くなる恐れがある。日本のIT企業には長時間労働や低賃金に対する批判が少なからずあるが，そうしたことの一因として，人材の採用から育成に関わる問題があることは十分に考えられる。
8　インテリジェンスの事例の一部は，三輪（2015）においても紹介している。なお，2017年に，インテリジェンスはパーソルキャリア株式会社に，インテリジェンスビジネスソリューションズはパーソルプロセス＆テクノロジー株式会社に社名変更している。
9　その他，インテリジェンスの企業理念を体現して働く人に贈られるDNA賞，優れた求人広告をつくったチームに贈られるＡ１グランプリ（非正規従業員も対象）などがある。
10　類似の取り組みとして，外部の人も招いて実施するアイデアソンなどもある。
11　ただし，同社の役職者として相応しいかどうかのチェックとして，同社が掲げるライフプランナー憲章に照らして，それにかなった人であるかが確認される。
12　三輪（2013b）において，企業の技術者の成長には，タイトなスケジュールや膨大な仕事量などの「ハードな仕事」経験，前例のない仕事や最先端技術の導入などの「高度な仕事」体験が多くの学習成果につながることが示されている。そのことからもわかるように，知的な仕事をする人にとって，厳しい仕事や競争の中で鍛えられることは重要である。
13　それゆえ奥林（1988）や奥林・庄村・竹林・森田・上林（1994）では，そうした作業組織が半自律型作業集団と表現されている。
14　濱口（2014）では，そのような特徴を持つ雇用がメンバーシップ型の雇用と呼ばれ，職務を定めて雇用する欧米の雇用がジョブ型雇用と呼ばれて対比されている。
15　反対に山田（2006）がいうように，社会の変化に適応できずに意欲を失う人たちや，消極的な職業生活を送る人たちも出てくる。それに対する企業や社会の対応も別途求められる。

【引用および参考文献】

Adams, M. and Oleksak, M. (2010) *Intangible Capital : Putting Knowledge to Work in the 21st -Century Organization*, Prager.
Al-Suwaidi, J.S. (2003) "Human resource development in a knowledge-based economy" in The Emirates Center for Strategic Studies and Research eds. *Human Resource Development in a Knowledge-based Economy*, The Emirates Center for Strategic Studies and Research, pp.3-18.
Alvesson, M. (2004) *Knowledge Work and Knowledge-Intensive Firms*, Oxford University Press.
Aoki, M. (1988) *Information,Incentives,and Bargaining in the Japanese Economy*, Cambridge University Press.
Arthur, M.B. and Rousseau, D.M. (1996) *The Boundaryless Career - A New Employment Principle for a New Organizational Era*, Oxford University Press.
Arthur, M.B., Inkson, K. and Pringle, J.K. (1999) *The New Careers : Individual Action and Economic Change*, Sage Publications.
Aubriet-Beausire, J. and Gaiö, S. (2006) "Knowledge management : A way to make a difference in our field of industry," in Domsch, M. E. and Hristozova, E. eds. *Human Resource Management in Consulting Firms*, Springer, pp.157-171.
Baldwin, C.Y. and Clark, K.B. (2000) *Design Rules, Vol.1 : The Power of Modularity*, The MIT Press (安藤晴彦訳『デザイン・ルール ――モジュール化パワー――』東洋経済新報社, 2004年).
Barney J. B (1991) "Firm resources and sustained competitive advantage", *Journal of Management*, Vol.17, No.1, pp.99-120.
Beer, M., Spector, B., Lawrence, P.R., Mills, D.Q. and Walton, R.E. (1984) *Managing Human Assets*, The Free Press. (梅津祐良・水谷栄二訳『ハーバードで教える人材戦略』日本生産性本部, 1990年).
Boxall, P. (1996) "The strategic human resource management debate and the resource-based view of the firm", *Human Resource Management Journal*, Vol.6, No.3, pp.59-75.
Boxall, P. (1998) "Achieving competitive advantage through human resource strategy : Towards a theory of industry dynamics", *Human Resource Management Review*, Vol.8, No.3, pp.265-288.
Boxall, P. and Purcell, J. (2003) *Strategy and Human Resource Management*, Palgrave Macmillan.
Boxall, P. and Steeneveld, M. (1999) 'Human resource strategy and competitive advantage: A longitudinal study of engineering consultants', *Journal of Management Studies*, 36. pp.443-463.
Boyatziz, R.E. and Kolb, D.A. (2000) "Performance, learning, and development as

modes of growth and adaptation throughout our lives and careers," in Peiperl, M. and Arthur, M. and Goffee, R. and Morris, T. eds. *Career Frontiers : New Conceptions of Working Lives*, Oxford University Press, pp.76-98.

Burgelman, R.A. (2002) *Strategy Is Destiny*, The Free Press（石橋善一郎・宇田理『インテルの戦略　―企業変貌を実現した戦略形成プロセス―』ダイヤモンド社，2006年）．

Burt, R.S. (2005) *Brokerage and Closure : An Introduction to Social Capital*, Oxford University Press.

Child, J. and Ihrig, M. (2013) *Knowledge, Organization, and Management : Building on the Work of Max Boisot*, Oxford University Press.

Clark, K.B. and Fujimoto, K. (1991) *Product Development Performance*, HBS Press（田村明比古訳『製品開発力』ダイヤモンド社，1993年）．

Cortada, J.W. (1998) eds. *Rise of the Knowledge Worker*, Butterworth-Heinemann.

Cross, R., Nohria, N. and Parker, A. "Six myths about informal networks –and how to overcome them" In Lesser, E. and Prusak, L. eds. *Creating Value with Knowledge*, Oxford University Press, pp.47-60.

Cusumano, M.A. (1991) *Japan's Software Factory : A Challenge to U.S. Management*, Oxford University Press（富沢弘之・藤井留美訳『日本のソフトウェア戦略　アメリカ式経営への挑戦』三田出版会，1993年）．

Cusumano, M.A. (2004) *The Business of Software*, The Free Press（サイコム・インターナショナル監訳『ソフトウェア企業の競争戦略』ダイヤモンド社，2004年）．

Cusumano, M.A. and Selby, R.W. (1995) *Microsoft Secrets*, Simon&Schuster（山岡洋一訳『マイクロソフト・シークレット　上・下』日本経済新聞社，1996年）．

Davenport, T.H. (2005) *Thinking for a Living: How to Get Better Performance and Results from Knowledge Workers*, Harvard Business School Press（藤堂圭太訳『ナレッジワーカー　―知識労働者の実力を引き出す経営―』ランダムハウス講談社，2006年）．

Davenport, T.H. and Prusak, L. (1998) *Working Knowledge : How Organizations Manage What They Know*, Harvard Business School Press.

Deci, E.L. (1975) *The Psychology of Self-Determination in Human Behavior*, Plenum Press.

DeFillippi, R.J. and Arthur, M.B. (1996) "Boundaryless contexts and careers : A competency-based perspective," in Arthur, M.B. and Rousseau, D.M. (eds), *The Boundaryless Career : A New Employment Principle for a New Organizational Era*. Oxford University Press. pp.116-131.

DeFillippi, R.J., Arthur, M.B. and Lindsay, V.J. (2006) *Knowledge at Work : Creative Collaboration in the Global Economy*, Blackwell Publishing.

Delery, J.E. and Doty, D.H. (1996) "Modes of theorizing in strategic human resource management : Test of universalistic, contingency, and configurational performance predictions", *Academy of Management Journal*, Vol.39, No.4, pp.802-835.

Dickmann, M., Graubner, M. and Richer, A. (2006) "Human resource management in international consulting firms : Distinguishing second and third wave company patterns", in Domsch, M.E. and Hristozova, E. edts. *Human Resource Management in Consulting Firms*, Springer, pp.53-83.

Drucker, P.F. (1993) *Post Capitalist Society*, HarperBusiness (上田惇生訳『ポスト資本主義社会』ダイヤモンド社, 2007年).

Drucker, P.F. (1999) *Management Challenges for The 21st Century*, Elsevier.

Drucker, P.F. (2002) *Managing in The Next Society*, St Martins Pr. (上田惇生訳『ネクスト・ソサエティ ―歴史が見たことのない未来がはじまる―』ダイヤモンド社, 2002年).

Edvinsson, L. (2003) "Investing intellectual capital : Potential costs and benefits" in The Emirates Center for Strategic Studies and Research eds. *Human Resource Development in a Knowledge-based Economy*, The Emirates Center for Strategic Studies and Research, pp.181-200.

Frorida, R (2002) *The Rise of The Creative Class*, Susan Schulman (井口典夫訳『クリエイティブ資本論 ―新たな経済階級の台頭―』ダイヤモンド社, 2008年).

Frorida, R (2005) *The Flight of The Creative Class*, HarperCollins Publishers. (井口典夫訳『クリエイティブ・クラスの世紀 新時代の国, 都市, 人材の条件』ダイヤモンド社, 2007年).

Gouldner. A, W. (1957) "Cosmopolitans and locals: Toward an analysis of latent social roles Ⅰ," *Administrative Science Quarterly*, 2. pp.281-306.

Gratton, L. (2011) *The Shift : The Future of Work Is Already Here*, HarperCollins Business. (池村千秋訳『ワーク・シフト』プレジデント社, 2012年).

Greenwood, E. (1957) "Attributes of a profession," *Social Work*, Vol.2, No.3, pp.45-55.

Hall, D.T. (1976) *Career in Organizations*. Scott, Foresman and Company.

Hall, D.T. (2002) *Careers In and Out of Organizations*, Sage Publications.

Hall, R.H. (1975) *Occupations and the Social Structure*. Prentice-Hall.

Helfalt, C.H. and Peteraf, M.A. (2003) "The dynamic resource-based view: capability life cycles", *Strategic Management Journal*, Vol24, pp.997-1010.

Hirsh, W. (2006) *Career Development for Knowledge Workers Facing the Challenge*, Institute for Employment Studies.

Huber, F. (2007) *Social Networks and Knowledge Spillovers : Networked Knowledge Workers and Localised Knowledge Spillovers*, Peter Lang.

Hunter, M.G. and Tan, F.B. (2005) "Voluntary turnover decisions : Reflective biographies of information systems," in Niederman, F. and Ferratt, T.W. eds. *IT Workers : Human Capital Issues in a Knowledge-based Environment*, Information Age Publishing, pp.139-171.

Jacoby, S.M. (2005) *The Embedded Corporation*, Princeton University Press (鈴木良始・伊藤健市・堀龍二訳『日本の人事部・アメリカの人事部』東洋経済新報社, 2005年).

Jones, C. (1996) "Careers in project networks : The Case of a film industry," in Arthur, M.B. and Rousseau, D.M. (eds), *The Boundaryless Career : A New*

Employment Principle for a New Organizational Era. Oxford University Press. pp.58-75.

Jones, C. and Lichtenstein, B.M.B. (2000) "The 'architecture' of careers : How career competencies reveal firm dominant logic in professional services," in Peiperl, M. and Arthur, M. and Goffee, R. and Morris, T. (eds) *Career Frontiers : New Conceptions of Working Lives*, Oxford University Press, pp.153-176.

Kanter, R.M. (2006) "Individual knowledge at work," in Defillippi, R.J. and Arthur. M.B. and Lindsay, V.J. eds. *Knowledge at Work : Creative Collaboration in the Global economy*, Blackwell Publishing, pp.25-49.

Kaplan, R.S. and Norton, D.P. (1996) *Balanced Scorecard : Translating Strategy into Action*, Harvard Business School Press. (吉川武男訳『バランス・スコアカード —新しい経営指標による企業変革』生産性出版, 1997年).

Kelley, R.E. (1985) *The Gold Collar Workers*, Addison-Wesley Publishing.

Kim, H. and Going, Y. (2009) "The roles of tacit knowledge and OCB in the relationship between group-based pay and firm performance" *Human Resource Management Journal*, Vol 19, No.2, pp120-139.

Kinnie, N. And Swart, J. (2012) "Commited to whom? Professional knowledge worker commitment in cross-boundary organisations" *Human Resource Management Journal*, Vol 22, Issue1, pp21-38.

Kornhauser, W. (1962), *Scientists in Industry*, University of California Press (三木信一訳『産業における科学技術者』ダイヤモンド社, 1964年).

Krackhardt, D. and Hanson, J.R. (1997) "Informal networks: The company behind the chart". in Prusak, L. eds. *Knowledge in Organizations*, Butterworth-Heinemann.

Kram, K.E. (1988) *Managing at Work : Developmental Relationships in Organizational Life*, Foresman. (渡辺直登・伊藤知子訳『メンタリング —会社の中の発達支援関係』白桃書房, 2003年).

von Krogh, G. and Ichijo, K. and Nonaka, I. (2000) *Enabling Knowledge Creation : How to Unlock the Mystery of Tacit Knowledge and Release the Power of Innovation*, Oxford University Press (ゲオルグ・フォン・クロー・一條和生・野中郁次郎『ナレッジ・イネーブリング』東洋経済新報社, 2001年).

Lave, J. and Wenger, E. (1991) *Situated Learning : Legitimate Peripheral Participation*, Cambridge University Press (佐伯胖訳, 福島真人解説『状況に埋め込まれた学習 —正統的周辺参加—』産業図書, 1993年).

Lee, T.W. and Maurer, S.D. (1997) 'The retention of knowledge workers with the unfolding model of voluntary turnover', *Human Resource Management Review*, Vol.7, No.3, pp.247-275.

Leistner, F. (2010) *Mastering Organizational Knowledge Flow : How to Make Knowledge Sharing Work*, John Wiley & Sons.

Lepak, D.P. (2007) "Strategic human resource management : A look to the future" in Schular,R.and Jackson,S. eds. *Strategic Human Resource Management Second Edition*, Blackwell Publishing, pp.457-465.

Lepak, D.P. and Snell, S.A. (1999) "The human resource architecture : Toward a theory of human capital allocation and development," *Academy of Management Review*, 24, pp.31-48.

Lepak, D.P. and Snell, S.A. (2003) "Managing the human resource architecture for knowledge-based competition" in Jackson,S.E., DeNisi,A. and Hitt,M.A. eds. *Managing Knowledge for Sustained Competitive Advantage*, Jossey-Bass, pp.127-154.

Lorsch, J.W. and Tierney, T.J. (2002) *Alligning the Stars*, Harvard Business School Press,（山本真司・大原聡訳『スター主義経営 ―プロフェッショナルサービスファームの戦略・組織・文化』東洋経済新報社, 2007年）

Machlup, F. (1962) *The Production and Distribution of Knowledge in The United States*, Princeton University press.

Maister, D.H. (1993) *Managing the Professional Service Firm*, The Free Press.（高橋俊介監訳・博報堂マイスター研究会訳『プロフェッショナル・サービス・ファーム ―知識創造企業のマネジメント』東洋経済新報社）.

March, J.G. (1991) "Exploration & exploitation in organizational learning." *Organization science* 2(1), pp.71-87.

Martinez-Fernandez, C., Miles, I. and Weyman, T. (2011) *The Knowledge Economy at Work Skills and Innovation in Knowledge Service Activities*, Edward Elgar.

May, T. (2001) *Social Research 3rd edition*, Open university Press（中野正大監訳『社会調査の考え方 ―論点と方法―』世界思想社, 2005年）.

McCall, M.W. (1998) *High Flyers*, President and Fellows of Harvard College（金井壽宏監訳・リクルートワークス訳『ハイ・フライヤー』プレジデント社, 2002年）.

McDonald, D. (2013) *The Firm*,（日暮雅通訳『マッキンゼー ―世界の経済・政治・軍事を動かす巨大コンサルティング・ファームの秘密』ダイヤモンド社, 2013年）.

McGregor, D. (1960) *The Human Side of Enterprise*, McGraw-Hill.（高橋達男訳『企業の人間的側面 ―統合と自己統制による経営』産業能率大学出版部, 1986年）.

McKercher, C. and Mosco, V. eds. (2007) *Knowledge Workers in the Information Society*, Lexington Books.

Meyer, J.P. and Allen, N.J. (1997) *Commitment in the Workplace*, Sage publishing.

Miles, R.E. and Snow, C.C. (1984) "Designing strategic human resource systems," *Organization Dynamics*, Summer, pp.26-52.

Mitchell, K.E. and Levin. AL S. and Kurumboltz, J.D. (1999) "Planned happenstance : Constructing unexpected career opportunities," *Journal of Counseling and Development*, Vol.77, pp.115-124.

Mumford, E. (1972) *Job Satisfaction : A Study of Computer Specialists*, longman.

Newell, S., Robertson, M., Scarbrough, H. and Swan, J. (2009) *Managing Knowledge Work and Innovation*, Palgrave Macmillan.

Niederman, F. and Ferratt, T.W. (2006) eds. *It Workers : Human Capital Issues in a Knowledge-Based Environment*, Information Age Publishing.

Nonaka, I. and Takeuchi, H. (1995) *The Knowledge-Creating Company:How Japanese*

Companies Create the Dynamics of Innovation, Oxford University Press（梅本勝博訳『知識創造企業』東洋経済新報社，1996年）．
North, K. and Gueldenberg, S. (2011) *Effective Knowledge Work : Answers to the Management Challenges of the 21st Century*, Emerald.
O'Reily, C.A. and Pfeffer, J. (2000) *Hidden Value : How Great Companies Achieve Extraordinary Results with Ordinary People*, Harvard Business School Press.（長谷川喜一郎監修・監訳，廣田里子・有賀裕子訳『隠れた人材価値 ―高業績を続ける組織の秘密』翔泳社，2002年）．
Organ, D.W. (1988) *Organizational Citizenship Behavior : The Good Soldier Syndrome*. Lexington Books.
Parker, P. and Arthur, M.B. (2000) "Careers, organizing, and community," in Peiperl, M. and Arthur, M. and Goffee, R. and Morris, T. (eds) *Career Frontiers : New Conceptions of Working Lives*, Oxford University Press, pp.99-121.
Pelz, D.C. and Andrews, F.M. (1966) *Scientist in Organizations*, John Wiley and Sons（兼子宙監訳『創造の行動科学』ダイヤモンド社，1971年）．
Pfeffer, J. (1994) *Competitive Advantage through People*, Harvard Business School Press.
Pfeffer, J. (1998) *The Human Equation : Building Profits by Putting People First*, Harvard Business School Press.（守島基博監修・佐藤洋一訳『人材を活かす企業 ―「人材」と「利益」の方程式』翔泳社，2010年）．
Pfeffer, J. (2003) "Designed for success : Organizational structure in the knowledge economy", in The Emirates Center for Strategic Studies and Research eds. *Human Resource Development in a Knowledge-based Economy*, The Emirates Center for Strategic Studies and Research, pp.265-292.
Pink, D.H. (2001) *Free Agent Nation*, Warner Books（池村千秋訳『フリーエージェント社会の到来 ―「雇われない生き方」は何を変えるか―』ダイヤモンド社，2002年）．
Porter, M.E. (1980) *Competitive Strategy : Techniques for Analyzing Industries and Competitors*, Free Press.（土岐坤・服部照夫・中辻万治訳『競争の戦略』ダイヤモンド社，1995年）．
Porter, M.E. (1985) *Competitive Strategy : Creating and Sustaining Superior Performance*, Free Press.（土岐坤訳『競争優位の戦略』ダイヤモンド社，1985年）．
Powell, M.J., Brock, D.M. and Hinings, C.R. (1999) 'The changing professional organization', in Brock, D.M., Powell, M.J. and Hinings, C.R. eds. *Restructuring the Professional Organization*, Routledge, pp.1-19.
Prusak, L. and Cohen, D. (2004) 'How to invest in social capital', in Lesser, E. and Prusak, L. eds. *Creating Value with Knowledge*, Oxford University Press, pp.13-23.
Prusak. L. and Matson, E. (2006) eds. *Knowledge Management and Organizational Learning : A Reader*, Oxford University Press.
Reich, R.B. (1991) *The Works of Nations*, Alferd A. Knopf（中谷巌訳『THE WORK OF NATIONS ―21世紀資本主義のイメージ』ダイヤモンド社，1993年）．

Sacks, M. (1994) *On-the-Job Learning in Software Industry*, Quorum Books.
Schein, E.H., (1978) *Career Dynamics: Matching Individual and Organizational Needs*, Addison-Wesley (二村敏子・三善勝代訳『キャリア・ダイナミクス』白桃書房, 1991年).
Schein, E.H., (1990) *Career Anchors : Discovering Your Real Values*, Jossey-Bass/Pfeiffer (金井壽宏訳『キャリア・アンカー ―自分の本当の価値を発見しよう―』白桃書房, 2003年).
Schmidt, E., Rosenberg, J. and Eagle, A. (2014) *How Google Works*, Grand Central Publishing. (土方奈美訳『How Google Works ―私たちの働き方とマネジメント』日本経済新聞社, 2014年).
Schuler, R. and Jackson, S. (1987) "Linking competitive strategies with human resource management practices", *Academy of Management Executives*, Vol.1, pp.207-219.
Schuler, R. and Jackson, S. (2007) eds. *Strategic Human Resource Management, Second Edition*, Blackwell Publishing.
Schwenker, B. (2006) "Human resource management at Rolland Berger Strategy Consultants", in Domsch, M.E. and Hristozova, E. edts. *Human Resource Management in Consulting Firms*, Springer, pp.107-124.
Sharpe, S. (2011) "Venture capitalists as knowledge intensive service activity providers" in Martinez-Fernandez,C., Miles,I. and Weyman,T. eds. *The Knowledge Economy at Work : Skills and Innovation in Knowledge Service Activities*, Edward Elgar.
Shapero, A. (1985) *Managing Professional People : Understanding Creative Performance*, The Free press.
Shepard, H.A. (1958) "The dual hierarchy in research," *Research Management*, Vol.1. No.3, pp.177-187.
Spencer, L.M. and Spencer, S.M. (1993), *Competence At Work*, John Wiley and Sons. (梅津祐良・成田攻・横山哲夫訳,『コンピテンシー・マネジメントの展開 導入・構築・活用』生産性出版, 2001年).
Starbuck, W.H. (1997) "Learning by knowledge-intensive firms". in Prusak,L. eds. *Knowledge in Organizations*, Butterworth-Heinemann.
Stewart, T.A. (2003) "The human capitalist in the knowledge economy", in The Emirates Center for Strategic Studies and Research eds. *Human Resource Development in a Knowledge-based Economy*, The Emirates Center for Strategic Studies and Research, pp.293-302.
Sumner, M., Yager S.E. and Franke, D. (2005) "Career orientations of IT personnel," in Niederman, F. and Ferratt,T.W. eds. *IT Workers : Human Capital Issues in a Knowledge-based Environment*, Information Age Publishing, pp.225-239.
Swart, J. and Kinnie, N. (2004) *Managing the Career of Professional Knowledge Workers*, Chartered Institute of Personnel and Development.
Swart, J. and Kinnie, N. (2010) "Organizational learning, knowledge assets and HR

practices in professional service firms" *Human Resource Management Journal*, Vol 20, No.1, pp64-79.

Tayler, F.W. (2006) *The Principles of Scientific Management*, COSIMO CLASSICS, Cosimo.Inc. (有賀裕子訳『新訳　科学的管理法　—マネジメントの原点』ダイヤモンド社, 2009年).

Thite, M. (2004) *Managing People in the New Economy : Targeted HR Practices that Persuade People to Unlock Their Knowledge Power*, Response Books.

Tierney, T. and Nohria, N. and Hansen, M.T. (1999) "What your strategy for managing knowledge?" *Harvard Business Review*, March-April 1999 (黒田由貴子訳「コンサルティング・ファームに学ぶ「知」の活用戦略」『ダイヤモンド・ハーバード・ビジネス』第24巻第5号, 60-74頁).

Toffler, A. (1980) *The Third Wave*, W. Morrow & Co., (徳山二郎監修, 鈴木健次・桜井元雄他訳『第三の波』日本放送出版協会, 1980年).

Ulrich, D. (2001) "Alignment of human resources and their impact on business performance", in Fay, C.H., Knight, D. and Thompson, M.A. eds. *Executive Handbook on Compensation*, Free Press, pp.17-31.

Weick, K.E. (1996) "Enactment and the boundaryless career : Organizing as we work," in Arthur, M.B. and Rousseau, D.M. (eds) *The Boundaryless Career : A New Employment Principle for a New Organizational Era*. Oxford University Press, pp.40-57.

Wenger, E (1998) *Communities of Practice : Learning, Meaning, and Identity*, Cambridge university Press.

Wenger, E. (2006) "Community knowledge at work," in Defillippi, R.J. and Arthur, M.B. and Lindsay, V.J. (eds) *Knowledge at Work, Creative Collaboration in the Global Economy*, Blackwell Publishing, pp.50-74.

Wenger, E and McDermott, R. and Snyder, W.M. (2002) *Cultivating Communities of Practice*, Harvard Business school press (野村恭彦監修・野中郁次郎解説・桜井祐子訳『コミュニティ・オブ・プラクティス　—ナレッジ社会の新たな知識形態の実践—』翔泳社, 2002年).

Willensky, H.L. (1964) "The professionalization of everyone?" *The American Journal of Sociology*, Vol.70, No.2, pp.137-158.

van Winkelen, C. and McKenzie, J. (2011) *Knowredge Works*, John Wiley & Sons.

Wright, P.M. (1994) "A comparative study of the contents of personnel and human resources management textbooks", *International Journal of Human Resource Management*, Vol.5, No.1, pp.225-247.

Wright, P.M., Dunford, B.B. and Snell, S.A. (2001) "Human resource and resource-based view of the firm", *Journal of Management*, Vol.27, pp.701-721.

Wright, P.M. and McMahan, G.C. (1992) "Theoretical perspectives for strategic human resource management", *Journal of management*, Vol.18, No.2, pp.295-320.

Yin, R.K. (1994) *Case Study Research*, Sage Publications (近藤公彦訳『ケース・スタディの方法』千倉書房, 1996年).

Yoong, P. and Huff, S. (2007) *Managing IT Professionals in the Internet Age*, Idea Group Publishing.
Youndt, M.A. and Snell, S.A. (2001) "Human resource management, intellectual capital, and organizational performance." Working Paper, Skidmore College.
Youndt, M.A. and Snell, S.A. (2004) "Human resource configuration, intellectual capital, organizational performance", *Journal of Managerial Issues* Vol.16, No.3, pp.337-360.
Youndt, M.A., Snell, S.A., Dean, J.W. Jr. and Lepak, D.P. (1996) "Human resource management, manufacturing strategy, and firm performance", *Academy of Management Journal*, Vol.39, No.4, pp.836-866.

相田洋・大崎敦 (1996)『NHKスペシャル 新・電子立国 第1巻 ソフトウェア帝国の誕生』日本放送出版協会。
相田洋, 大崎敦 (1996)『新・電子立国 第3巻 世界を変えた実用ソフト』日本放送出版協会。
相田洋・荒井岳夫 (1996)『NHKスペシャル 新・電子立国 第2巻 マイコン・マシーンの時代』日本放送出版協会。
青木昌彦 (2002)「産業アーキテクチャのモジュール化 ―理論的イントロダクション」青木昌彦・安藤晴彦編著『モジュール化 新しい産業アーキテクチャの本質』東洋経済新報社, 3-31頁。
青島矢一・延岡健太郎 (1997)「プロジェクト知識のマネジメント」『組織科学』Vol 31. No.1, 20-36頁。
浅沼萬里 (1997)『日本の企業組織革新的適応のメカニズム:長期取引関係の構造と機能』東洋経済新報社。
石井脩二 (2003)「人事労務管理から人材資源管理への発展」石井脩二編著『シリーズ人的資源を活かせるか3 知識創造型の人材育成』中央経済社, 1-28頁。
石田光男 (2006)「賃金制度改革の着地点」『日本労働研究雑誌』, No.554, 47-60頁。
石田光男・三谷直紀・富田義典 (2009)『日本自動車企業の仕事・管理・労使関係 ―競争力を維持する組織原理』中央経済社。
石山恒貴 (2013)『組織内専門人材のキャリアと学習』公益財団法人日本生産本部生産性労働情報センター。
伊丹敬之 (2005)『場の論理とマネジメント』東洋経済新報社。
伊丹敬之・伊丹研究室 (1996)『日本のコンピュータ産業 なぜ伸び悩んでいるのか』NTT出版。
今野浩一郎編著 (2003)『個と組織の成果主義』, 中央経済社。
岩出博 (2002)『戦略的人的資源管理論の実相 ―アメリカSHRM論研究ノート』泉文堂。
岩本純・吉井博明 (1998)『「情報」の商品化と消費』学文社。
内山力 (2008)『コンサルタント論 ―次世代コンサルタントのイノベーション―』同友館。
梅澤隆 (1996)「情報サービス産業の分業とソフトウェア技術者のキャリア・職業意識」『三田商学研究』第39巻第1号, 63-80頁。

梅澤隆（2000）『情報サービス産業の人的資源管理』ミネルヴァ書房．
太田肇（1993）『プロフェッショナルと組織　―組織と個人の「間接的統合」―』同文舘．
太田肇（1997）『仕事人の時代』新潮社．
太田肇（1999）『仕事人と組織』有斐閣．
太田肇（2008）「成果主義の挫折と再生」若林直樹・松山一紀編『企業変革のマネジメント』ナカニシヤ出版，75-86頁．
大竹文雄（2006）「市場主義的賃金制度」樋口美雄・八代尚宏・日本経済研究センター編著『人事経済学と成果主義』日本評論社，27-40頁．
大竹文雄・唐渡広志（2003）「成果主義的賃金制度と労働意欲」『経済研究』Vol. 54, No. 3, 193-205頁．
大西勝明（1998）『大競争下の情報産業　―アメリカ主導の世界標準に対抗する日本企業の選択―』中央経済社．
大庭さよ（2003）「ダグラス・ホール:関係性アプローチ」渡辺三枝子編著『キャリアの心理学　―働く人の理解＜発達理論と支援への展望＞―』ナカニシヤ出版，113-126頁．
大橋岩雄（1991）『研究開発管理の行動科学』同文舘．
奥西好夫（2001）「「成果主義」賃金の導入の条件」『組織科学』Vol.34, No.3, 6-17頁．
奥林康司（1988）「日本的経営の展望」奥林康司編著『ME技術革新下の日本的経営』中央経済社，175-184頁．
奥林康司編著（2003）『入門　人的資源管理』中央経済社．
奥林康司（2010）「企業経営と人的資源管理」　奥林康司・上林憲雄・平野光俊編著『入門人的資源管理』中央経済社，第1章，2-15頁．
奥林康司・庄村長・竹林明・森田雅也・上林憲雄（1994）『柔構造組織パラダイム序説　―新世代の日本的経営－』文眞堂．
奥村昭博（1986）『企業イノベーションへの道　―新企業家精神の創生』日本経済新聞社．
勝田悟（2005）『知っているようで知らないシンクタンクとコンサルタントの仕事』中央経済社．
加藤忠宏（1999）『提案型システムコンサルタント養成講座　―システムソリューションの具体策』同友舘．
金井壽宏（1994）『企業者ネットワーキングの世界　―MITとボストン近辺の企業者コミュニティの探求―』白桃書房．
鴨志田晃（2003）『コンサルタントの時代　―21世紀の知識労働者』文藝春秋．
上林憲雄（2010）「組織構造と職務内容」奥林康司・上林憲雄・平野光俊編著『入門人的資源管理』中央経済社，36-54頁．
具承桓（2008）『製品アーキテクチャのダイナミズム　―モジュール化・知識統合・企業間連携』ミネルヴァ書房．
国友義久（1994）『情報システムの分析・設計』日科技連出版社．
久保克行（2005）「人事の経済学と成果主義」都留康・阿部正浩・久保克行『日本企業の人事改革　―人事データによる成果主義の検証』東洋経済新報社，13-26頁．

玄田有史・神林龍・篠崎武久（2001）「成果主義と能力開発」『組織科学』Vol.34, No.3, 18-31頁。
小池和男（1991）『大卒ホワイトカラーの人材開発』東洋経済新報社。
小池和男（1993a）「日本企業と知的熟練」伊丹敬之・加護野忠男・伊藤元重編『日本の企業システム　第3巻　人的資源』有斐閣, 53-76頁。
小池和男（1993b）『アメリカのホワイトカラー　―日米どちらがより『実力主義』か』東洋経済新報社。
小池和男（1997）『日本企業の人材育成』, 中公新書。
厚東偉介（2003）「技術職の能力開発」石井脩二編著『シリーズ人的資源を活かせるか3　知識創造型の人材育成』中央経済社, 129-153頁。
國領二郎（1999）『オープン・アーキテクチャ戦略　―ネットワーク時代の協働モデル』ダイヤモンド社。
國領二郎・野中郁次郎・片岡雅憲（2003）『ネットワーク社会の知識経営』NTT出版。
小林裕（2001）「人的資源管理システムにおける成果主義報酬施策の役割「ハイ・インボルブメント」モデルの実証的検討」『組織科学』Vol.34, No.3, 53-66頁。
笹島芳雄（2001）『アメリカの賃金・評価システム』日経連出版部。
笹島芳雄監修, 社会経済生産性本部生産性労働情報センター編（1997）『成果主義人事・賃金Ⅰ　―日本的展開にみる先進8社の事例―』社会経済生産性本部生産性労働情報センター。
笹島芳雄監修, 社会経済生産性本部生産性労働情報センター編（1998）『成果主義人事・賃金Ⅱ　―日本的展開にみる先進6社の事例―』社会経済生産性本部生産性労働情報センター。
笹島芳雄監修, 社会経済生産性本部生産性労働情報センター編（2007）『成果主義人事・賃金Ⅸ　―日本的展開にみる先進8社の事例―』社会経済生産性本部生産性労働情報センター。
笹島芳雄監修・社会経済生産性本部生産性労働情報センター編（2008）『成果主義人事・賃金Ⅹ　―日本的展開にみる先進4社の事例―』社会経済生産性本部生産性労働情報センター。
佐藤厚編著（2007）『業績管理の変容と人事管理　―電機メーカーにみる成果主義・間接雇用化』, ミネルヴァ書房。
佐藤厚・佐野嘉秀（2005）「「成果主義」先進企業の変革　―電機メーカー」中村圭介・石田光夫編『ホワイトカラーの仕事と成果　―人事管理のフロンティア』東洋経済新報社, 77-130頁。
佐野陽子（1998）「ゴールドカラーの人材育成」二神恭一編著『戦略的人材育成　―コンティンジェント雇用システム』中央経済社, 77-88頁。
柴田友厚・玄場公規・児玉文雄（2002）『製品アーキテクチャの進化論　―システム複雑性と分断による学習―』白桃書房。
清水耕一（2001）「高度情報化時代の自動車組立職場　―トヨタ自動車の事例―」尾高煌之助・都留康編『デジタル化時代の組織革新』有斐閣, 15-45頁。
城繁幸（2005）『日本型「成果主義」の可能性』東洋経済新報社。
須田敏子（2010）『戦略人事論―競争優位の人材マネジメント』日本経済新聞出版社。

潜道文子（1998）「知識労働者の人的資源管理（HRM）　―リテンションを中心として」『産業経営』25号，早稲田大学産業経営研究所，53-68頁。
高橋潔（1998）「企業内公平性の理論的問題」『日本労働研究雑誌』，No.460, 49-58頁。
高橋俊介（2003）『キャリア論』東洋経済新報社。
高橋伸夫（2004）『虚妄の成果主義　―日本型年功制復活のススメ―』日経BP社。
竹内規彦（2005）「日本の製造企業における事業戦略，人的資源管理施策，および企業業績―コンティンジェンシー・アプローチ」『日本労務学会誌』，第7巻1号，12-27頁。
田中裕輔（2012）『なぜマッキンゼーの人は年俸1億円でも辞めるのか？』東洋経済新報社。
寺本義也・中西晶（2000）『知識社会構築と人材革新　―主体形成―』日科技連出版社。
東京大学社会科学研究所（1989）『情報サービス産業の経営と労働』。
戸塚秀夫・中村圭介・梅澤隆（1990）『日本のソフトウェア産業　経営と技術者』東京大学出版会.
中村圭介（1996）『日本の職場と生産システム』東京大出版会。
中村圭介（2005）「緩やかな業績管理と成果・業績重視　―情報通信企業」中村圭介・石田光男編『ホワイトカラーの仕事と成果　―人事管理のフロンティア』東洋経済新報社，131-159頁。
中村圭介（2006）『成果主義の真実』東洋経済新報社。
中村圭介（2007）「成果主義と人事改革」『日本労働研究雑誌』，No.560, 43-47頁。
中村圭介・石田光男編（2005）『ホワイトカラーの仕事と成果　―人事管理のフロンティア―』東洋経済新報社。
日本経営者団体連盟（1995）『新時代の「日本的経営」：挑戦すべき方向とその具体策：新・日本的経営システム等研究プロジェクト報告』日本経団連出版。
日本経団連人事センター（2002）『事例研究』第477号。
日本労働研究機構（1998）「構造調整下の人事処遇制度と職業意識に関する調査」
日本労働政策研究・研修機構（2003）「企業の人事戦略と労働者の就業意識に関する調査」
野中郁次郎（1985）『企業進化論　―情報創造のマネジメント―』日本経済新聞社。
野中郁次郎（1990）『知識創造の経営　―日本企業のエピステモロジー―』日本経済新聞社。
野中郁次郎・紺野登（2003）『知識創造の方法論　―ナレッジワーカーの作法―』東洋経済新報社。
延岡健太郎（1995）『マルチプロジェクト戦略　―ポストリーンの製品開発マネジメント―』有斐閣。
花田光世・宮地友紀子・大木紀子（2003）「キャリア自律の新展開」，『一橋ビジネスレビュー』51巻1.号，東洋経済新報社，6-23頁。
濱口桂一郎（2014）『日本の雇用と中高年』筑摩書房。
原口恭彦（2014）「組織市民行動」開本浩矢編著『入門組織行動論　第2版』中央経済社，77-92頁。
樋口美雄・八代尚宏（2006）「人事経済学とは何か」樋口美雄・八代尚宏・日本経済研

究センター編著『人事経済学と成果主義』日本評論社，1-10頁．
開本浩矢（2006）『研究開発の組織行動　—研究開発技術者の業績をいかに向上させるか—』中央経済社．
平野光俊（2006）『日本型人事管理　—進化型の発生プロセスと機能性』中央経済社．
藤田英樹（2008）「成果主義とモチベーションの変化」若林直樹・松山一紀編『企業変革のマネジメント』ナカニシヤ出版，104-119頁．
藤本隆宏（2000）「効果的製品開発の論理　—自動車産業を出発点として—」藤本隆宏・安本雅典編著『成功する製品開発　—産業間比較の視点—』有斐閣，3-25頁．
藤本隆宏（2003）『能力開発競争　—日本の自動車産業はなぜ強いのか』中央公論新社．
藤本隆宏・武石彰・青島矢一（2001）『ビジネス・アーキテクチャ　—製品・組織・プロセスの戦略的設計—』有斐閣．
藤本雅代（2005）『専門職の転職構造　—組織準拠性と移動—』文眞堂．
正亀芳造（2010）「賃金制度」奥林康司・上林憲雄・平野光俊編著『入門人的資源管理 第2版』中央経済社，147-165頁．
松尾睦（2006）『経験からの学習　—プロフェッショナルへの成長プロセス—』同文舘出版．
松山一紀（2014）『日本人労働者の帰属意識　—個人と組織の関係と精神的健康—』ミネルヴァ書房．
三崎秀央（1998）「研究開発従事者の二重のロイヤリティに関する体系的研究」神戸商科大学博士論文．
三崎秀央（2004）『研究開発従事者のマネジメント』，中央経済社．
三輪卓己（2001）『ソフトウェア技術者のキャリア・ディベロップメント　成長プロセスの学習と行動』中央経済社．
三輪卓己（2003）「人事考課制度」奥林康司編著『入門人的資源管理』中央経済社，121-141頁．
三輪卓己（2004）「UFJ総合研究所のプロジェクト・チーム制度」奥林康司・平野光俊編著『フラット型組織の人事制度』中央経済社，129-144頁．
三輪卓己（2009a）「経営コンサルタントの自律的キャリアの実態の分析—知識の獲得，人的ネットワーク，キャリア志向の多様性—」『京都産業大学論集』社会科学系列 第26号，27-52頁．
三輪卓己（2009b）「知識労働者のキャリア発達における多様性の分析　—ソフトウェア技術者の組織内キャリアと組織を移るキャリア—」『日本労務学会誌』第10巻第2号，2-17頁．
三輪卓己（2010）「知識労働者のキャリア志向と学習　—自律的キャリア発達における複合的キャリア志向の意義—」『日本労務学会誌』第11巻2号，2-16頁．
三輪卓己（2011）『知識労働者のキャリア発達　—キャリア志向・自律的学習・組織間移動』中央経済社．
三輪卓己（2013a）「知識労働者の人的資源管理の多様性　—コンサルティング関連企業12社の事例分析」『日本労務学会誌』Vol. 14　No.2，87-104頁．
三輪卓己（2013b）「技術者の経験学習　—経験と学習成果の関連性を中心に」『日本労働研究雑誌』No.639，27-39頁．

三輪卓己（2014a）「IT技術者の人的資源管理の事例分析 ―成果主義・市場志向の人的資源管理は一般的なのか」京都産業大学論集社会科学系列第31号，29-56頁．
三輪卓己（2014b）「知識労働者の人的資源管理の比較分析 ―4類型にみる組織への定着意志とコミュニケーション」京都マネジメントレビュー 第25号，1-23頁．
三輪卓己（2014c）「知識労働者のマネジメント（パナソニック エコソリューションズ創研）奥林康司・平野光俊編著『多様な人材マネジメント』」中央経済社，101-118頁．
三輪卓己（2015）「インテリジェンス」上林憲雄・三輪卓己編著『ケーススタディ:優良・成長企業の人事戦略』税務経理協会．
村上由紀子（2001）「シリコンバレーにおける労働移動と日系企業の人的資源管理」『日本労務学会誌』第3巻，第2号，23-33頁．
村上由紀子（2003a）「研究開発技術者の配置転換・転職と昇進」『日本労務学会誌』第5巻，第2号，56-67頁．
村上由紀子（2003b）『技術者の転職と労働市場』白桃書房．
森俊治（1989）『研究開発管理論 〔改訂増補版〕』同文舘．
守島基博（1999）「成果主義の浸透が職場に与える影響」『日本労働研究雑誌』，No.474，2-15頁．
守島基博（2002）「知的創造と人材マネジメント」『組織科学』Vol.36，No.1，41-50頁．
守島基博（2004）「成果主義は企業を活性化するか」『日本労働研究雑誌』，No.525，34-37頁．
森田雅也（1994）「作業組織とチーム作業方式」奥林康司・庄村長・竹林明・森田雅也・上林憲雄『柔構造組織パラダイム序説 ―新世代の日本的経営―』文眞堂，48-71頁．
森田雅也（2004）『チーム作業方式の展開』千倉書房．
安室憲一・㈶関西生産性本部（1997）『現場イズムの海外経営 日本企業・13のケーススタディ』白桃書房．
安本雅典（2000）「携帯電話の製品開発 ―モジュラー的開発パターンの条件と可能性―」藤本隆宏・安本雅典編著『成功する製品開発 ―産業間比較の視点―』有斐閣，第2章，35-62頁．
山田昌弘（2006）『新平等社会 「希望格差」を超えて』文藝春秋．
山本寛（2000）『昇進の研究 ―キャリア・プラトー現象の観点から―』創成社．
山本寛（2005）『転職とキャリアの研究 ―組織間キャリア発達の観点から―』創成社．
労務行政研究所（2004）「どこまで進んだ？「成果主義」制度の傾向と対策」『労政時報』2004年10月15日号．
若林直樹（2008）「企業変革としての人材マネジメント改革」若林直樹・松山一紀編『企業変革のマネジメント』ナカニシヤ出版，3-13頁．
渡辺一明（1999）『先進事例にみる「成果主義」人事制度の仕組み』日本実業出版社．
渡部靖樹（2009）『ソニー生命 4000人の情熱』出版文化社．

（参照URL）2015年5月13日閲覧
総務省統計局　国勢調査e-ガイド
　　http://www.stat.go.jp/data/kokusei/2010/kouhou/useful/u18.htm

総務省統計局　労働力調査（基本集計）2015年3月分
　　http://www.stat.go.jp/data/roudou/sokuhou/tsuki/
経済産業省「IT人材を取り巻く環境」
　　http://www.meti.go.jp/committee/sankoushin/jouhoukeizai/jinzai/001_s02_00.pdf

索　引

● 数字・欧文 ●

group-based pay …………………87
ITSS ……………………………42
IT技術者 ………………………5
knowing-how …………………69
knowing-whom ………………69
knowing-why …………………69
KPI ……………………………148
Managed Professional Business ……35
MBA ……………………………115
MBO ……………………………16
OS・ミドルウェア ……………65
SHRM …………………………18
What is the task? ………………25

● あ 行 ●

アイデンティティ ………………67
アップ・オア・アウト …………10
アプリケーション・ソフトウェア …64
アンケート調査 …………………16
因果的曖昧性 ……………………83
インセンティブ …………………10
インタビュー調査 ………………16
インテリジェント・キャリア …69
エンプロイアビリティ …………38

● か 行 ●

改善活動 …………………………5
外的報酬 …………………………11
介入 ……………………………120
外部人材の活用 ………………115
外部労働市場活用 ……………196
科学的管理 ……………………117
価値創造的な資源 ………………83
活用型学習 ………………………59
管理職志向 …………………72, 219
管理・専門志向型 ……………234
管理型HRM編成 ………………94
企業内特殊知識 ………………135
企業ブランド …………………200
企業への定着 ……………………1, 13
企業への定着意志 ……………217
希少な資源 ………………………83
キャリア・アンカー ……………69
キャリア・コンピテンシー ……69
キャリア志向 ……………………61
キャリア自律 ……………………69
キャリア自律行動 ………………69
キャリア発達 ……………………1, 13
キャンセル方式 ………………173
業績連動型賞与 …………16, 112
競争の厳しさ ……………135, 200
協働の度合 ………………………27
業務委託契約 …………………152
業務の複雑さ ……………………27
金融・保険の専門職 ……………5
組み込みソフトウェア ………161
クラスター分析 …………………17
クラフト方式 ……………………30
クロス集計 ……………………238
経営コンサルタント ……………3
経営資源 …………………………81
経営戦略論 ………………………81
経験型サービス …………………32
契約による人材の配置 ………101

工業化社会‥‥‥‥‥‥‥‥‥‥‥‥ 1
高業績をあげる作業システム‥‥‥‥84
高業績をあげる労働慣行‥‥‥‥‥‥84
構造的資本‥‥‥‥‥‥‥‥‥‥‥‥59
効率型サービス‥‥‥‥‥‥‥‥‥‥32
ゴールドカラー‥‥‥‥‥‥‥‥‥‥26
顧客との交流と学習‥‥‥‥‥‥‥‥72
顧客との結びつき‥‥‥‥‥‥‥‥ 199
個人成果重視‥‥‥‥‥‥‥‥‥‥ 196
コスト削減戦略‥‥‥‥‥‥‥‥‥‥90
コストリーダーシップ戦略‥‥‥‥‥82
コスモポリタン的志向‥‥‥‥‥‥‥64
コミュニティ・ベースド・キャリア‥‥68
雇用管理‥‥‥‥‥‥‥‥‥‥‥‥‥ 9
コンサルタント‥‥‥‥‥‥‥‥‥‥ 5
コンサルティング・ファーム‥‥‥‥34
コンティンジェンシー・アプローチ‥81
コンピテンシー‥‥‥‥‥‥‥‥‥ 113
コンフィギュレーショナル・
　アプローチ‥‥‥‥‥‥‥‥‥‥‥81

● さ 行 ●

裁量制勤務‥‥‥‥‥‥‥‥‥‥‥ 139
作業労働者‥‥‥‥‥‥‥‥‥‥‥‥ 5
サクセッション・プラン‥‥‥‥‥ 114
差別化戦略‥‥‥‥‥‥‥‥‥‥82, 90
差別的出来高給制度‥‥‥‥‥‥‥ 117
資源ベース・ビュー‥‥‥‥‥‥‥‥82
志向弱型‥‥‥‥‥‥‥‥‥‥‥‥ 236
自己概念‥‥‥‥‥‥‥‥‥‥‥‥‥67
自己概念のストレッチ‥‥‥‥‥‥‥69
仕事管理‥‥‥‥‥‥‥‥‥‥‥‥ 123
仕事の変革‥‥‥‥‥‥‥‥‥‥‥‥72
市場型HRM編成‥‥‥‥‥‥‥‥‥‥94
市場志向‥‥‥‥‥‥‥‥‥‥‥‥‥37
市場志向型‥‥‥‥‥‥‥‥‥‥‥ 203
システム・インテグレーション‥‥ 161

実績評価‥‥‥‥‥‥‥‥‥‥‥‥ 138
実践コミュニティ‥‥‥‥‥‥‥‥‥60
司法書士‥‥‥‥‥‥‥‥‥‥‥‥ 150
社会貢献志向‥‥‥‥‥‥‥‥ 72, 220
社会貢献・専門志向型‥‥‥‥‥‥ 234
社外効力感‥‥‥‥‥‥‥‥‥‥‥ 217
社会的資本‥‥‥‥‥‥‥‥‥‥‥‥59
社会的複雑性‥‥‥‥‥‥‥‥‥‥‥83
社会保険労務士‥‥‥‥‥‥‥‥‥ 150
重回帰分析‥‥‥‥‥‥‥‥‥‥‥ 215
従属変数‥‥‥‥‥‥‥‥‥‥‥‥ 189
熟練‥‥‥‥‥‥‥‥‥‥‥‥‥‥‥12
主体的な学習‥‥‥‥‥‥‥‥‥‥‥72
昇進・昇格‥‥‥‥‥‥‥‥‥‥‥‥ 9
情報技術‥‥‥‥‥‥‥‥‥‥‥‥‥ 2
情報サービス産業‥‥‥‥‥‥‥‥‥10
情報的側面‥‥‥‥‥‥‥‥‥‥‥ 125
職能給‥‥‥‥‥‥‥‥‥‥‥‥‥ 111
職能等級制度‥‥‥‥‥‥‥‥42, 109
職務給‥‥‥‥‥‥‥‥‥‥‥‥16, 111
職務遂行能力‥‥‥‥‥‥‥‥‥‥‥42
職務等級制度‥‥‥‥‥‥‥‥‥‥‥16
職務ベースの雇用‥‥‥‥‥‥‥‥ 101
ジョブデザイン‥‥‥‥‥‥‥‥‥‥69
序列化‥‥‥‥‥‥‥‥‥‥‥‥‥ 120
自律志向‥‥‥‥‥‥‥‥‥‥ 72, 220
自律性‥‥‥‥‥‥‥‥‥‥‥‥‥‥10
新奇性‥‥‥‥‥‥‥‥‥‥‥‥‥‥12
シンクタンク‥‥‥‥‥‥‥‥‥‥ 137
新興専門職‥‥‥‥‥‥‥‥‥‥‥‥ 3
人材アーキテクチャ‥‥‥‥‥‥‥ 100
人材育成‥‥‥‥‥‥‥‥‥‥ 9, 196
人事管理‥‥‥‥‥‥‥‥‥‥‥‥‥ 7
人事考課‥‥‥‥‥‥‥‥‥‥‥‥‥ 9
人的資源管理‥‥‥‥‥‥‥‥‥‥‥ 1
人的資本‥‥‥‥‥‥‥‥‥‥‥‥‥59
人的資本増大型HRM編成‥‥‥‥‥‥94

人的ネットワーク	68
シンボリック・アナリスト	26
心理的契約	118
スキル開発	69, 72
スター人材	55
ストックオプション	41
頭脳型サービス	32
成果主義	16
成長感	219
製品アーキテクチャ	5
製品やアプリケーション指向のプロジェクト方式	31
税理士	150
先進・独自性	199
先進的な知識	72
専門職志向	72, 220
戦略的人的資源管理論	18
相互作用	1, 13
組織外部との交流と学習	72
組織間移動	38
組織志向	37
組織市民行動	87
組織的公正理論	129
組織的資本	98
組織内部との交流と学習	72
組織人	10
ソフトウェア技術者	3
素朴な成果主義	127

● た 行 ●

第三の波	24
対人的な交流による学習	72
多能工	5
タレント人材	38
探求型	88
探索型学習	59
代替困難な資源	83

知識社会	1
知識集約型企業	1
知識創造理論	4
知識の企業特殊性	135, 198
知識ベースの雇用	101
知識労働者	1
長期雇用	10
賃金	9
強い成果・能力主義型	203
提案・創造重視	196
提携パートナーシップ	101
テクノロジスト	4
デュアル・ラダー	66
同一化のロイヤリティ	55
道具的なロイヤリティ	55
投資銀行	6
独立変数	189
閉ざされた成果主義	120
トヨタ生産システム	5

● な 行 ●

内的報酬	11
内発的動機づけ	116
内部型HRM編成	94
内部人材登用	197
ナレッジ・マネジメント	57
ネットワーキング	69
年功	12
年俸制度	112
能力主義	197

● は 行 ●

パーソネル・コンセプト	43
パートナーシップ制	35
バウンダリーレス・キャリア	67
バランス型	236
バランスト・スコアカード	39

非競争型……………………………203
ヒューマン・キャピタル・
　アドバンテージ…………………43
ヒューマン・プロセス・
　アドバンテージ…………………43
評価分布……………………………122
品質向上戦略…………………………90
ファイナンシャル・プランナー……150
ファクトリー方式……………………30
ファスト・トラック………………114
部門間の交流………………………218
部門内の交流………………………218
プロジェクト・チーム……………138
プロセス・チーム評価……………197
プロセス重視の成果主義…………127
プロセス重視の成果主義型………203
プロティアン・キャリア……………67
プロフェッショナル…………………3
プロフェッショナル・サービス・
　ファーム……………………………1
分散分析……………………………188
分析型…………………………………88
分配的構成や手続き的公正………129
分離型成果主義……………………127
ベスト・プラクティス・アプローチ…84
ベンチャー・キャピタル……………6

防衛型…………………………………88
報酬管理………………………………9
ポスト資本主義社会…………………24

● ま 行 ●

メンター制度………………………175
目標による管理………………………16
模倣が困難な資源……………………83

● や 行 ●

役割給…………………………16, 111
役割等級制度…………………16, 109
有能感………………………………219

● ら 行 ●

ライフプランナー…………………139
ライフプランナー憲章……………140
ラダー…………………………………10
類型化…………………………………17
歴史依存性……………………………83
労働移動………………………………10
労務管理………………………………7
ローカル的志向………………………64

● わ 行 ●

ワンファーム・ファーム……………57

■著者紹介

三輪　卓己（みわ　たくみ）

京都産業大学経営学部教授　博士（経営学）

1964年　徳島県に生まれる
1988年　横浜市立大学商学部卒業
2001年　神戸大学大学院経営学研究科博士後期課程修了
　　　　㈱三菱UFJリサーチ＆コンサルティング，チーフコンサルタント，
　　　　京都産業大学経営学部専任講師，准教授などを経て2014年より現職

著書：
『ソフトウェア技術者のキャリア・ディベロップメント
　　―成長プロセスの学習と行動―』中央経済社，2001年。
『成果と公平の報酬制度』（共著）中央経済社，2003年。
『フラット型組織の人事制度』（共著）中央経済社，2004年。
『入門 人的資源管理（第2版）』（共著）中央経済社，2010年。
『知識労働者のキャリア発達―キャリア志向・自律的学習・組織間移動』中央経済社，
　2011年。(第34回　労働関係図書優秀賞）
『ケーススタディ 優良・成長企業の人事戦略』（共編著）税務経理協会，2015年。

知識労働者の人的資源管理
■企業への定着・相互作用・キャリア発達

2015年12月20日　第1版第1刷発行	
2017年8月25日　第1版第2刷発行	

著　者　三　輪　卓　己
発行者　山　本　　　継
発行所　㈱中央経済社
発売元　㈱中央経済グループ
　　　　パブリッシング

〒101-0051　東京都千代田区神田神保町1-31-2
電話　03 (3293) 3371（編集代表）
　　　03 (3293) 3381（営業代表）
http://www.chuokeizai.co.jp/
印　刷／昭和情報プロセス㈱
製　本／誠　製　本㈱

© 2015
Printed in Japan

＊頁の「欠落」や「順序違い」などがありましたらお取り替えいたしますので発売元までご送付ください。（送料小社負担）
ISBN978-4-502-16061-5　C3034

JCOPY〈出版者著作権管理機構委託出版物〉本書を無断で複写複製（コピー）することは，著作権法上の例外を除き，禁じられています。本書をコピーされる場合は事前に出版者著作権管理機構（JCOPY）の許諾を受けてください。
JCOPY〈http://www.jcopy.or.jp　eメール：info@jcopy.or.jp　電話：03-3513-6969〉

大好評発売中

入門人的資源管理〈第2版〉

奥林康司・上林憲雄・平野光俊〔編著〕

A5判・336頁・ソフトカバー・2色刷

第1部　人的資源管理の基本的な考え方
　第1章　企業経営と人的資源管理
　第2章　モチベーション・リーダーシップ・コミットメント
　第3章　組織構造と職務内容
　第4章　人事等級制度
第2部　人的資源管理の仕組み
　第5章　雇用管理
　第6章　キャリア開発
　第7章　人事考課制度
　第8章　専門職制度
　第9章　賃金制度
　第10章　福利厚生制度
　第11章　労使関係
第3部　新しい勤労スタイル
　第12章　非正規労働者
　第13章　女性労働者
　第14章　高年齢労働者
　第15章　海外派遣者
　第16章　研究開発技術者

入門組織行動論〈第2版〉

開本浩矢〔編著〕

A5判・308頁・ソフトカバー・2色刷

第1章　組織行動論への招待
第2章　モチベーション
第3章　組織コミットメント
第4章　意思決定と合意形成
第5章　キャリア・マネジメント
第6章　組織市民行動
第7章　組織ストレス
第8章　チーム・マネジメント
第9章　リーダーシップ
第10章　組織学習
第11章　組織変革
第12章　組織文化
第13章　組織的公正
第14章　組織社会化
第15章　ダイバーシティ・マネジメント
第16章　プロフェッショナル・マネジメント

中央経済社

一般社団法人 **日本経営協会**［監修］　特定非営利活動法人 **経営能力開発センター**［編］

経営学検定試験公式テキスト

経営学検定試験（呼称：マネジメント検定）とは，
経営に関する知識と能力を判定する唯一の全国レベルの検定試験です。

1 経営学の基本（初級受験用）  **2** マネジメント（中級受験用）

3 人的資源管理／経営法務（中級受験用) **4** マーケティング／IT経営（中級受験用）

5 経営財務（中級受験用)  キーワード集

過去問題・解答・解説 初級編   過去問題・解答・解説 中級編

中央経済社

人と組織を最適につなぐ理論と実践の叡智

経営行動科学ハンドブック

経営行動科学学会 [編]

A5判・ハードカバー・860頁

経営における行動主体（経営組織，集団，個人）の全ての活動分野から，経営行動科学の理論と方法，経営組織，組織行動，人的資源，職場適応，国際経営，経営戦略という7つのパート，103項目を取り上げ，理論から現場に密着した応用実践に至るまで，さらには，内外の古典から最新の研究成果までを，各分野の第一人者85名が総合的に解説。

本書の構成

Part I	経営行動科学の理論と方法	（11項目）
Part II	経営組織	（15項目）
Part III	組織行動	（22項目）
Part IV	人的資源	（21項目）
Part V	職場適応	（15項目）
Part VI	国際経営	（9項目）
Part VII	経営戦略	（10項目）

中央経済社